Klaus W. Hoeft / Rüdiger Greb
Ha. A. Mehler

Ratgeber Eigentumswohnung

1000 Tips zu Kauf,
Verkauf und Finanzierung

Originalausgabe

WILHELM HEYNE VERLAG
MÜNCHEN

HEYNE RATGEBER
08/9143

2. Auflage

Copyright © 1988 by Wilhelm Heyne Verlag GmbH & Co. KG, München
Printed in Germany 1989
Umschlaggestaltung: Atelier Ingrid Schütz, München
Innenillustrationen: Erik Liebermann
Redaktionelle Mitarbeit: Ulla Störing, Ernst Haible
Satz: Fotosatz Völkl, Germering
Druck und Bindung: Ebner Ulm

ISBN 3-453-00922-3

Inhalt

Was dieses Buch für Sie bietet oder
Besitzen Sie eine Immobilienphilosophie? 7

I. Kleiner geschichtlicher Rückblick 17

**II. Die Zukunft hat bereits begonnen:
Daten, Fakten, Perspektiven** 25

**III. Keine Kompromisse: die Kunst, der
exakten Standortrecherche** 34
1. Die Welt als Spielplatz 35
2. Die beste aller Republiken: die Bundesrepublik
   Deutschland 39
3. Makrostandorte unter der Lupe 41
4. Wie Sie Mikrostandorte bewerten 47

**IV. Prinzip Identifizierung oder
Wie Profis den Zustand und die Ausstattung beurteilen** 65
1. Für Einsteiger: das kleine Bau-Abc 70
2. Check-Plan für Ihre Eigentumswohnung 95

V. Das Schnäppchen: Die Eigentumswohnung von Privat an Privat 104
1. Information ist alles 107
2. So umgeht man Fallgruben und Fußangeln ... 118

**VI. Gute Geschäfte mit gewerblich tätigen
Unternehmen** 133
1. Das Bauherrenmodell 136
2. Das Erwerbermodell 146
3. Das Erhaltungsmodell 155
4. Das Bauträgermodell 160

VII. Endstation Sehnsucht: Beim Notar 168

VIII. Wie Füchse finanzieren 176
1. Quellen, aus denen Geld sprudelt 178
2. Über den Umgang mit Banken 184

  3. Die Alternative: Fachkundig finanzieren durch
   Versicherungen 197

IX. Steuern: Der Staat als Steigbügelhalter . 209
  1. Steuern steuern oder
   Vorteile bei der Einkommensteuer 215
  2. Ertragreiche Tips 221
  3. Mit Steuern rechnen 226

X. Tips und Tricks beim Verkauf von Eigentumswohnungen 234

Wie geht es weiter? 246

Anhang
  Rechte und Pflichten des Eigentümers einer Eigentumswohnung 247
  Auszug aus dem Wohnungseigentumsgesetz 253

Literaturverzeichnis 264
Register 265

Was dieses Buch für Sie bietet oder Besitzen Sie eine Immobilienphilosophie?

Mögen Sie Superlative? Nun, dann ist es für Sie vielleicht interessant zu erfahren, daß vor kurzem in Tokio eine 200 qm große Eigentumswohnung für den Rekordpreis von 1,8 Milliarden Yen (rund 22,5 Millionen DM) verkauft wurde. Der Quadratmeterpreis lag umgerechnet bei rund 112.000 DM. Nach Angaben aus »gutinformierten Kreisen« handelte es sich dabei um den höchsten Preis, den ein Käufer für einen Quadratmeter jemals bezahlte. Im übrigen mußte der neue Eigentümer *noch einmal* ca. 20 Millionen Yen (rund 250.000 DM) berappen, weil er zusätzlich einen Stellplatz für sein Auto erwerben wollte. Mit anderen Worten: Bei diesem Geschäft handelte es sich um »richtiges Kleingeld« ...

Unter Umständen argumentieren Sie jetzt, daß Sie mitnichten in Tokio einkaufen wollen. Und daß der Preis eine ganze Kleinigkeit zu hoch sei für Ihren Geldbeutel. Oder daß Sie mit Sicherheit keinen Stellplatz am anderen Ende der Welt benötigen.

Natürlich können wir, die Autoren, Ihnen nur beipflichten und zustimmen – zumal Sie sich dieses Buch wahrscheinlich aus einem ganz anderen Grund gekauft haben: Sie wollen im Gegenteil in Erfahrung bringen, *wo* man heute *wie* ein günstiges Schnäppchen machen kann, was Eigentumswohnungen anbelangt. Worauf man zu achten hat bei der Finanzierung und beim Kauf. Und wie man gegebenenfalls seine Eigentumswohnung auch wieder weiterveräußert. Desgleichen interessiert Sie alles, was Themen wie Kapitalanlage, Steuern, Recht und Förderung angeht. Und Sie benötigen Eckdaten, Orientierungspunkte und Leitlinien, was diesen Milliardenmarkt anbelangt, der kontinuierlich brisanter wird. Mehr und mehr setzt sich tatsächlich die Erkenntnis durch, daß Immobilienanlagen anderen Anlageformen weit überlegen sind. Spätestens seit dem 19. Oktober 1987, seit dem sogenannten »Schwarzen Montag«, da an einigen höchst renommierten Börsen der Welt verschiedene Aktien einen Sturzflug antraten, weiß man die Immobilie wieder mehr zu schätzen. Aber auch unabhängig von solchen aktuellen Entwicklungen kennt der Profi und Insider den Wert der Immobilienanlage. Betrachten Sie dazu nur einmal folgendes Schaubild:

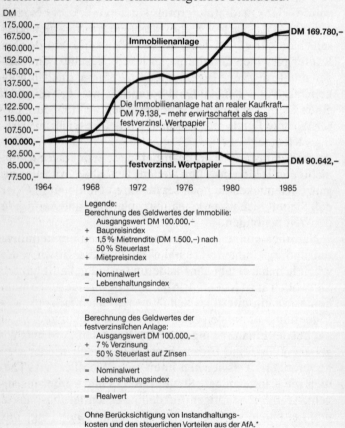

Legende:
Berechnung des Geldwertes der Immobilie:
    Ausgangswert DM 100.000,–
+ Baupreisindex
+ 1,5 % Mietrendite (DM 1.500,–) nach
    50 % Steuerlast
+ Mietpreisindex

= Nominalwert
− Lebenshaltungsindex

= Realwert

Berechnung des Geldwertes der
festverzinslichen Anlage:
    Ausgangswert DM 100.000,–
+ 7 % Verzinsung
− 50 % Steuerlast auf Zinsen

= Nominalwert
− Lebenshaltungsindex

= Realwert

Ohne Berücksichtigung von Instandhaltungs-
kosten und den steuerlichen Vorteilen aus der AfA.*

---

* Quelle: SAB, Bad Homburg, Berechnungen nach Daten aus Stat. Jahrbuch 9/85

Die Graphik verdeutlicht die Kaufkraftentwicklung einer Anlage von 100.000 DM in *festverzinslichen Wertpapieren* (untere Kurve) und einer *Immobilienanlage* von 100.000 DM (obere Kurve) von 1964 bis 1985. Bei dem festverzinslichen Wertpapier (Geldwert) standen zwar trotz Wiederanlage der Zinsen und nach Abzug der auf die Zinsen entfallenden Steuern in dem genannten Zeitraum nominal, das heißt ohne Berücksichtigung des Kaufkraftschwundes, 205.943 DM auf dem Papier; real, das heißt unter Berücksichtigung des Kaufkraftschwundes, besaß die *Geldwertanlage* jedoch *nur noch eine Kaufkraft* von 90.642 DM. Die *Immobilienanlage* stieg im gleichen Zeitraum auf *real* 169.780 DM und *nominal* auf 385.748 DM. Die Immobilienanlage erwirtschaftete also von 1964 bis 1985 an realer Kaufkraft 79.138 DM und nominal 179.805 DM *mehr* als die Anlage in festverzinslichen Wertpapieren im gleichen Zeitraum. Bemerkenswert, meinen Sie nicht?

Nun, wir brauchen solchen Zahlen im Prinzip nichts hinzuzufügen. Die Immobilie besitzt objektive Vorteile, die jeder Fachmann sofort darlegen kann.

Während sich momentan noch die *Gewerbe-Immobilie* größter Beliebtheit erfreut, dürfte dieser spezielle Teilmarkt sich nach Einschätzung von Experten bald beruhigen und auf ein normales Maß einpendeln. In den nächsten zwei bis drei Jahren steht uns jedoch ein Boom auf dem Sektor *Eigentumswohnungen* bevor, und zwar aus mehreren Gründen:

- Soziologische Untersuchungen beweisen, daß ein Trend zum Single-Haushalt gegeben ist. Genannt seien hier nur die Scheidungsraten*), die tendenziell im Zuneh-

---

*) Im vergangenen Jahr wurden in der Bundesrepublik Deutschland 122.443 Ehepaare geschieden, 4,4 Prozent weniger als 1985. Ein Rückgang der Scheidungen war auch im Jahr 1985 festgestellt worden, und zwar um 2 Prozent auf 128.124. In den davorliegenden Jahren war die Zahl der Ehescheidungen beimen begriffen sind – sieht man von den letzten beiden Jahren ab. Tatsächlich hat sich die Einstellung zu Ehe, Familie und Kindern bei uns in den letzten 20 Jahren grundlegend geändert. Rund 1,6 Ehescheidungen pro 1000 Einwohner, wie das die Statistiker so schön ausdrücken, gibt es momentan – das Doppelte im Vergleich zu der vorhergehenden Generation! Scheidungen haben jedoch meistens große finanzielle Belastungen zur Folge. Das Resultat: Der Ex-Ehemann wird wieder als Junggeselle besteuert, das Einfamilienhaus wird im Extremfall sogar zwangsversteigert – und was bleibt, ist die Suche nach einer Eigentumswohnung.

- Im allgemeinen findet die »Nestflucht« heute früher statt, das heißt, das flügge gewordene Kind zieht inzwischen eher aus als anno dazumal.
- Des weiteren ist ein Trend zur individuell gestalteten Freizeit auszumachen. Das »Unternehmen Eigentumswohnung« knebelt den Käufer jedoch weniger als das Einfamilienhaus. Ein Verwalter nimmt hier alle lästigen Pflichten ab.
- Tatsächlich stehen dieser Form der steuerbegünstigten Immobilie, der Eigentumswohnung, wenigstens 2,5 Millionen Haushalte gegenüber, die als potentielle Käufer in Frage kommen. Dabei ist der Zustrom der Ausländer in Rechnung zu ziehen, die bereits mittelfristig gesehen eine Nachfragesteigerung wahrscheinlich machen.
- Nicht nur in einem Eigenheim, auch in einer Eigentumswohnung ist man (fast) unumschränkter Hausherr. So-

---

nahe kontinuierlich angestiegen, von 46.101 im Jahre 1956 auf 130.744 im Jahre 1984. Bei der Interpretation *dieser* sehr kurzfristigen Entwicklung ist jedoch zu beachten, daß sich auch das Heiratsverhalten in den vergangenen Jahrzehnten verändert hat. Kamen 1960 noch 9,4 Eheschließungen auf 1000 Einwohner, so sind es heute nur 6,1 auf 1000 Einwohner.

(Quelle: Statistisches Bundesamt Wiesbaden, 6. Oktober 1987)

fern Sie sich an die Hausordnung halten, können Sie unabhängig in Ihren eigenen vier Wänden schalten und walten, ganz davon abgesehen, daß man als Eigentümer ohnehin unkündbar ist. Auch dies kommt einem modernen Trend entgegen: dem der Unabhängigkeit und der »Autarkie«.
- Die Miete als Teil der Lebenshaltungskosten wird in den kommenden Jahren die höchste Steigerung erfahren. Diesem Teufelskreis der steigenden Lebenshaltungskosten entgeht man auch zum Beispiel durch eine Eigentumswohnung.
- Für das Eigenheim auf der Etage muß man sich nicht auf unabsehbare Zeit verschulden und etwa auf den Jahresurlaub verzichten. Auf dem Markt gibt es praktisch Eigentumswohnungen für jeden Geldbeutel.
- Eine Eigentumswohnung kann man vermieten, verkaufen, vererben, verschenken und beleihen. Hier bestehen die gleichen Rechte wie beim Eigenheim. Lediglich der Verwalter der Wohnanlage wird kraft seines Amtes mitreden wollen. Er darf indes Mieter und Käufer nicht ohne schwerwiegenden Grund ablehnen.
- Die Eigentumswohnung wird zunehmend als Alterssitz

Absicherung

und Altersversicherung in Erwägung gezogen. Die Angst, daß die Rente nicht reicht, greift mehr und mehr aufgrund der diversen öffentlichen Rentendiskussionen um sich. Der Alterssitz kann somit gleichzeitig auch eine Alterssicherung darstellen. Im übrigen vermag die Eigentumswohnung im Alter auch insofern ein Zubrot darzustellen, als man etwa einen oder mehrere Räume untervermieten kann.
- Die (kleine) Eigentumswohnung eignet sich sogar für Azubis, Studenten und Schüler. Auch eine Kleinst-Eigentumswohnung – ein Apartment – stellt somit eine gute Investition dar. Diese Marktlücke haben Wohngesellschaften in Universitätsstädten schon entdeckt und werben dafür. Eine Kleinst-Eigentumswohnung ist auch auf eigene Faust oder über einen guten Makler zu finden. Der Wiederverkaufswert und die Chancen der Vermietung sind heute fast garantiert.
- Die Finanzierung für die Eigentumswohnung gestaltet sich ähnlich der eines Eigenheims, keinesfalls jedoch schwieriger. Finanziert wird mit Hypotheken, Darlehen, per Lebensversicherung oder mit anderen Geldmitteln. Erfüllt man die gesetzlichen Vorschriften, stehen dem Käufer auch noch die zinsgünstigen Mittel der öffentlichen Hand zur Verfügung.
- Die steuerliche Förderung von selbstgenutzten Eigentumswohnungen ist seit dem 1. Januar 1987 erheblich verbessert worden. Aber auch die Vermietung von Eigentumswohnungen ist nach wie vor interessant. Das Finanzamt zeigt sich in beiden Fällen großzügig. Darüber hinaus gibt es noch einige andere steuerliche Vorteile, wie sie in Kapitel IX beschrieben werden.
- Inzwischen pfeifen es die Spatzen von den Dächern: Der Immobilienmarkt ist wieder in Bewegung. Oder um es mit der Sprache der Flieger auszudrücken: er bewegt sich im Aufwind eines sich ständig belebenden Wirtschaftslebens kontinuierlich nach oben. Zunehmend

werden auf diesem Markt wieder höhere Gewinne eingefahren. Die Nachfrage nach Wohneigentum steigt.
- Hypotheken gibt es nach wie vor momentan zu vorteilhaften Bedingungen. Die Renditen aus dem Hausbesitz erreichen zur Zeit eine Höhe, die Anleger auf dem Wertpapiermarkt zum Teil vergebens suchen.

Lassen wir es mit diesen Schlaglichtern genug sein. Verstehen Sie uns recht, uns ist nicht daran gelegen, Ihnen eine Eigentumswohnung zu verkaufen. Aber uns ist sehr wohl daran gelegen, Trends aufzuzeigen, die sich sehr schnell abzeichnen, sobald man einige Rahmendaten unter die Lupe nimmt ...

Die Eigentumswohnung ist offenbar aufgrund der potentiell riesigen Zielgruppe dazu prädestiniert, im Immobilienmarkt in Zukunft eine Vorreiterrolle zu spielen.

Damit tun sich für den Interessenten, für den Anleger, jedoch bestimmte Fragen auf, die sich rund um die Eigentumswohnung ranken.

Zunächst will er zum Beispiel wissen, welchen *Standort* er beim Kauf wählen soll. Der wirklich erfahrene Käufer fragt darüber hinaus auch nach der *Ausstattung*. In diesem Kontext können wir vielleicht mit einer interessanten Neuigkeit für Sie aufwarten. Tatsache ist: Nur der Laie räumt der Ausstattung nicht ebenfalls Priorität ein! Der Profi hingegen weiß, daß eine Eigentumswohnung mit einer guten Ausstattung in einer hervorragenden Lage, selbst wenn sie teuer ist, *preiswerter* ist als eine Wohnung, die lediglich dem Kriterium Standort gerecht wird. Der springende Punkt ist: Man sollte bei dem Erwerb einer Eigentumswohnung *immer* auch an den möglichen Wiederverkauf denken. Der späteste Zeitpunkt, da der Profi einen Wiederverkauf in Betracht zieht, ist bereits beim *Einkauf*. Lassen Sie sich also nicht von kurzfristigen Vorteilen ködern, wenn es um den Kauf einer Eigentumswohnung geht. Langfristig gesehen fahren Sie immer besser, wenn Sie

Qualität kaufen. Führen wir in diesem Zusammenhang einen neuen Begriff ein – den der Mercedes-Mentalität. Sie wissen vielleicht schon, worauf wir damit zielen: Vielleicht haben Sie selbst schon einmal die Erfahrung gemacht, daß ein teures Auto letztlich preiswerter ist als ein billiges – ganz einfach, weil nicht so viel Reparaturen anfallen und der Wiederverkaufswert hoch ist. Außerdem bleibt es nicht auf der Straße liegen, wenn Sie zu einem wichtigen Kunden müssen – wodurch Sie indirekt Geld verlieren. Das gleiche gilt für Kleider. Teure Kleider sind ebenfalls preiswerter als Kleider von minderer Qualität, die man nach einem Jahr etwa wegwerfen muß. Wir könnten die Liste der Vergleichsmöglichkeiten noch eine Weile fortsetzen, aber belassen wir es bei diesem kleinen Ausflug hinsichtlich des Phänomens Qualität.

Gestatten Sie uns jedoch ein offenes Wort: Rund 20 Jahre Erfahrung haben *uns* gelehrt, daß es sich auszahlt, wenn man auch bezüglich Immobilien eine *Mercedes-Mentalität* kultiviert.

Langfristig gesehen ist es preiswerter, teuer und gut zu kaufen. Wenn Sie so wollen, handelt es sich dabei um unsere ganz persönliche Immobilienphilosophie.

Werden wir ein wenig konkreter: Auf dem Immobiliensektor wurde jahrzehntelang ein Teil völlig am Bedarf vorbeiproduziert. Riesige Wolkenkratzer mit Eigentumswohnungen minderer Qualität stehen deshalb heute leer oder werden für ein Butterbrot zum Verkauf angeboten. All dies wäre nicht passiert, wenn man von vornherein eine wirkliche Mercedes-Mentalität kultiviert, wenn man sich zur *Qualität* bekannt hätte. In den 50er und 60er Jahren wurde tatsächlich oft sinnlos drauflosgebaut. Und mittlerweile erscheinen die ersten Bestseller über die »Affäre Neue Heimat«[*] etwa. Eine ganze Branche geriet dadurch ins Zwie-

---

[*] Franz Kusch, Macht, Profit und Kollegen, Die Affäre Neue Heimat, Stuttgart 1986^2

»*Und was hat Sie bei der Planung dieser Siedlung inspiriert?*«

licht, jedoch völlig zu Unrecht; denn es *gibt* den professionellen Kauf, es *gibt* das Schnäppchen. Wirkliche Qualität ist nach wie vor der Grund für gute Geschäfte. Sie sehen, wir haben das Beispiel *Tokio* am Anfang dieses Kapitels nicht ohne Bedacht gewählt. Denn wir können Ihnen mit Sicherheit sagen, daß *dieser* Käufer sein Geld nicht zum Fenster hinausgeworfen haben wird. Damit wollen wir nicht einer Politik das Wort reden, die da heißt »Operation Höchstpreise«. Im Gegenteil: die genaue Recherche *ist* notwendig beim Kauf der Immobilie. Gediegenes Knowhow *ist* unabdingbare Voraussetzung.

Man sollte also zumindest einen gewissen Überblick über den *Markt* besitzen – und in Grundzügen die *Geschichte* und die *Zukunft* der Eigentumswohnung kennen. Von wirklicher Bedeutung *ist* der exakte Standort, bei dem Sie keine Kompromisse eingehen dürfen. Aber relevant ist wie gesagt auch die *Ausstattung,* die *Qualität,* das *Niveau.*

Vergessen wir jedoch nicht, daß man darüber hinaus heute zwischen den einzelnen Modellen differenzieren muß und etwa die Unterschiede zwischen Bauherrenmodell, Ersterwerbermodell, Erwerbermodell und der denkmalgeschützten Eigentumswohnung kennen sollte – auch und gerade was steuerliche Vorteile anbelangt. Desgleichen sollte man sich in den wichtigsten *Finanzierungstechniken* auskennen. Und schließlich empfiehlt es sich, hinsichtlich der Abwicklung des *Kaufes* mindestens ebenso beschlagen zu sein wie in bezug auf den *Verkauf*.

Nun, Sie haben es vielleicht schon erraten: Mit dieser Aufzählung besitzen Sie bereits eine Gliederung, ein Inhaltsverzeichnis und einen Überblick, was dieses Buch bietet. Mit dem Kapitel am Schluß »Tips und Tricks beim Verkauf von Eigentumswohnungen« haben wir eine kleine Überraschung für Sie aufgespart, einen Bonbon, wie wir glauben. Lassen Sie uns hierzu jedoch schon soviel festhalten: Der Kauf und Verkauf einer Eigentumswohnung ist ein echtes Abenteuer. Eine Geldanlage ist immer brisant und kitzlig, ja kann so spannend sein wie ein Hitchcock-Film. Wenn man wirklich einmal auslotet, was im Markt der unbegrenzten Möglichkeiten machbar ist, kann man Herzklopfen bekommen. In diesem Sinne hoffen wir, daß das vorliegende Büchlein auch ein Stück Unterhaltung bietet – ganz davon abgesehen, daß es helfen soll, Sie ein wenig in den Markt einzuführen, so daß Sie wirkliche Entscheidungssicherheit gewinnen, was Ihre Geldanlage anbelangt. Wenn uns dies gelingt, so würde dieses Buch sein Ziel erreichen.

Die Autoren
Im Frühjahr 1988

I. Kleiner geschichtlicher Rückblick

Wenn man ein Phänomen wie die Eigentumswohnung verstehen will, empfiehlt es sich, zunächst einen Blick über die Schulter sozusagen zu riskieren – in der Vergangenheit also zu schauen und einmal zu untersuchen, wie »eigentlich« alles begann. Natürlich können wir nur einige Tupfer auf der Farbpalette zeigen, aber wir glauben, daß wir damit zumindest gewisse Rahmendaten zur Verfügung stellen.

Die Eigentumswohnung ist ein echtes Nachkriegskind, das zuerst noch etwas schwach auf der Brust war. Tatsächlich räumte man ihm zunächst kaum eine Überlebenschance ein. Aber man muß sich die Zeit unmittelbar nach dem Zweiten Weltkrieg vergegenwärtigen, als Wohnraum knapp war und sich gewöhnlich mehrere Personen ein Zimmer teilen mußten. Die blanke Not in der Stunde Null stand also quasi Pate an der Wiege der Eigentumswohnung, denn noch fünf Jahre nach dem Ende des Krieges standen 10,3 Millionen Wohnungen einem Bedarf von 16,7 Millionen gegenüber. Auf diesem Hintergrund ist es zu sehen, daß 1951 das »*Gesetz über das Wohneigentum und das Dauerwohnrecht*«, abgekürzt »*Wohnungseigentumsgesetz (WEG)*«, verabschiedet wurde. Damit war eine neue Rechtsform des Grundeigentums eingeläutet – und die Eigentumswohnung erblickte das Licht der Welt. Nach einigen Kinderkrankheiten nahm die Eigentumswohnung einen ungeahnten Aufschwung. Bis heute wurden mehr als eine Million Eigentumswohnungen errichtet. Mehr als drei Millionen Menschen leben heute in der Bundesrepublik in einer Eigentumswohnung.

Aber verlieren wir nicht den roten Faden. Nach 1959 lasen sich die Kurven auf dem Wohnungsmarkt wie Bilderbuchstatistiken. Von nun an ging's bergauf. Noch heute bereitet es Vergnügen, die Zeiten des Wirtschaftswunders noch einmal zu beschwören. Es ist nach wie vor ein Phänomen, daß sich die Bundesrepublik, die in Schutt und Asche lag, zu einem der größten und leistungsstärksten Industrienationen der Welt entwickelte.

Das Wirtschaftssegment »Immobilien« nahm teil an diesem unglaublichen Aufschwung – und die Eigentumswohnungen entwickelten sich zu des Deutschen liebstem Kind. Fabelhafte Schnäppchen konnten in dieser Periode gemacht werden, ganz einfach weil ein kontinuierlicher Nachfrageüberhang bestand. Aber das Glück war nicht von unbegrenzter Dauer. Im Jahre 1965 beschrieb der Bundesrepublik renommierteste Tageszeitung, die *Frankfurter Allgemeine Zeitung,* die FAZ, die Situation kurz und lapidar mit den Worten: »Der Grundstücksboom scheint gebrochen.« Zwei Jahre später hieß aus der gleichen Quelle: »Es gibt wieder preiswertes Bauland« und »Grundstücke wie Sauerbier angeboten«. Mit anderen Worten: Der Markt hatte einen Einbruch erlitten, die Preise hatten einen Sturzflug angetreten. Jedenfalls *zum Teil*. Denn selbst im Jahre 1967, dem ersten Tiefpunkt nach dem kontinuierlichen Aufwärtstrend, meldete die Statistik noch ein Wohnungsdefizit von 2,5 Millionen Wohnungen! Dennoch war die Wirtschaft – und in ihrem Schlepptau der Immobilienmarkt – insgesamt abgestürzt: Pessimisten und Schwarzmaler schienen wieder einmal »recht gehabt« zu haben.

Aber nicht lange! Schon 1971 meldete die FAZ erneut »Rekordpreise im Wohnungsbau« und prognostizierte: »Der Wohnungsbau wird wachsen!« Tatsächlich stiegen die Kurven wieder in den Himmel. Rund ein halbes Jahrzehnt später setzte indes eine erneute Talfahrt ein – bis die »schwarzen Jahre 1975 bis 1977« wieder von einem Gipfel abgelöst wurden.

Die Schlagzeilen lauteten jetzt: »Bauland ist unerschwinglich. Es fehlen mehr als eine Million Wohnungen.«

»Die Nachfrage nach Wohnungen wird steigen.«

Verfolgen Sie dazu einmal die beigefügte Graphik, die dieses Auf und Ab, diese Fieberkurve der Immobilie, nachzeichnet.

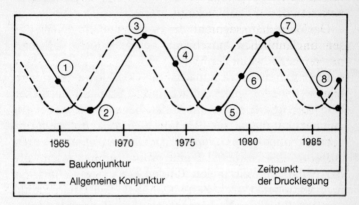

Die Kommentare der FAZ:

①	21.3.1965:	Der Grundstücksboom scheint gebrochen.
②	6.10.1967:	Es gibt wieder preiswertes Bauland.
	7.11.1967:	Grundstücke wie Sauerbier.
③	2.4.1971:	Rekordpreise im Wohnungsbau.
	6.12.1971:	Wohnungsbau wird wachsen.
④	15.7.1974:	Eingefrorene Immobilienmärkte.
	26.9.1974:	Ende des Baulandbooms.
	25.9.1974:	Verluste bei Zwangsversteigerungen.
⑤	8.1.1976:	Wohnungsgrundbedarf gesättigt.
	9.2.1976:	Wohnungsüberhang bleibt bestehen.
⑥	9.7.1979:	Wohnungsnachfrage wird steigen.
	13.7.1979:	Bauland ist unerschwinglich.
⑦	21.11.1980:	Es fehlen mehr als eine Million Wohnungen.
	29.12.1980:	Die Nachfrage nach Wohnungen wird weiter steigen.
⑧	27.1.1985:	»Ganz schlecht.«
	23.1.1985:	Wohnungsbau schrumpft weiter.*)

---

*) Vgl. H. A. Mehler, Ernst Haible, Geld, Vermögen bilden, Steuern sparen, München 1987²

Für den Experten ist eine solche Kurve verräterisch: Sie zeigt ihm zum einen, daß die Immobilienkurve sich kontinuierlich im Schlepptau der allgemeinen Wirtschaftslage bewegt. Außerdem sind Immobilien hierzulande offenbar einem *ständigen* Auf und Ab unterworfen. Das heißt, auf ein Tief folgte unweigerlich ein Hoch – und umgekehrt!

Eine uralte Kaufmannsregel besagt jedoch, daß man kaufen sollte, wenn der Markt *unten* ist ...

Aber schreiben wir zunächst die Geschichte der Immobilie fort, bevor wir endgültig unsere Schlüsse aus dieser Entwicklung ziehen. Im Jahre 1984 begann sich wieder ein Tief anzukündigen, das 1985 und 1986 voll durchschlug.

Eine Statistik des *Göttinger Instituts für Wohnungswesen* im Jahre 1984 bewies, daß eine »Wende« eingetreten war: 26,8 Millionen Wohnungen standen jetzt einem Bedarf von 25,2 Millionen Haushalten gegenüber. Die Überproduktion war für *einige* Verkäufer fatal: Die Preise für Eigentumswohnungen und Eigenheime in klotzigen Trabantenstädten und Hochhaussiedlungen, kurz alle »Betonburgen« und Immobilien, die am Bedarf vorbeigeplant worden waren und die neben einem ungünstigen Standort auch noch eine mangelhafte Ausstattung besaßen, fielen in den Keller. Der Grund: Man hatte sich hier von Anfang an weder um ein Qualitätsdenken noch um eine Immobilienphilosophie gesorgt. Der Verfall der Immobilienpreise muß im übrigen differenziert betrachtet werden. Nach wie vor erzielten Immobilien in München etwa *Gewinn,* während in strukturschwachen Gebieten Preisstürze bis zu 25 Prozent zu beobachten waren, wie in Teilen des Saarlandes und Schleswig-Holsteins etwa. Nicht nur falsche Bedarfsplanung, auch die in jenen Tagen herrschenden allgemeinen wirtschaftlichen Hiobsmeldungen (Stahlkrise, Werftkrise) sowie die damit verbundenen steigenden Arbeitslosenzahlen sorgten dafür, daß auf dem Immobilienmarkt 1985 dem *Schein* nach nichts mehr lief.

Der Immobilienmarkt zeigte erstmals gewisse Sätti-

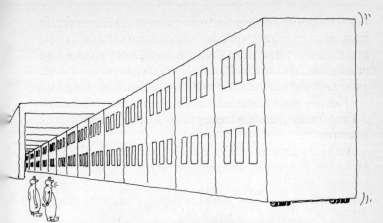

»Damit sind wir unserer Zielvorstellung des Apartments von der Stange deutlich nähergekommen.«

gungserscheinungen. Dem Nachholbedarf an Immobilien war offenbar inzwischen überwiegend Rechnung getragen worden. Hatten Anleger bislang praktisch mit geschlossenen Augen Immobilien erwerben und diese nach einer gewissen Wartezeit wieder mit Gewinn veräußern können, so wurden jetzt zunehmend »Meßlatten« an Wohnungseigentum angelegt; Qualität wurde verlangt.

Offensichtliche *Mängel,* die sich nicht nur in der Ausstattung etwa niederschlagen, sondern auch in einer zweitklassigen Standortwahl, verbunden mit fehlenden Einkaufsmöglichkeiten und einer mangelnden Anbindung an den öffentlichen Verkehr, bildeten zunehmend gewichtige Argumente, wenn ein Preis für eine Eigentumswohnung etabliert wurde.

Die Eigentumswohnung als zunehmend populärer werdende Immobilieninvestition folgte im übrigen nicht sklavisch der allgemeinen Immobilienkurve. Mitunter reagierte man auf diesem Teilmarkt mit einer gewissen Verzögerung. Dennoch blieb das Grundmuster – das kontinuierliche Auf und Ab – ebenfalls bestehen.

Nehmen wir nun die Entwicklung der Eigentumswohnung in der jüngsten Vergangenheit etwas näher unter die Lupe. Lesen wir dazu folgende Statistik – die wir uns diesmal anhand des wechselnden *Quadratmeterpreises* für Eigentumswohnungen zu Gemüte führen wollen. Als Basisjahr wurde für die folgende höchst sorgfältige Recherche des unabhängigen Münchener Instituts das Jahr 1970 angenommen.

Die Verkaufspreise für Eigentumswohnungen in den vergangenen 17 Jahren lesen sich wie folgt:

1970: 1.570 DM/m² =	Index 100
1971: 1.670 DM/m² =	106
1972: 1.790 DM/m² =	114
1973: 1.970 DM/m² =	125
1974: 1.840 DM/m² =	117
1975: 1.910 DM/m² =	122
1976: 1.860 DM/m² =	119
1977: 2.010 DM/m² =	128
1978: 2.080 DM/m² =	132
1979: 2.250 DM/m² =	143
1980: 2.590 DM/m² =	165
1981: 2.900 DM/m² =	185
1982: 3.030 DM/m² =	193
1983: 2.990 DM/m² =	190
1984: 2.820 DM/m² =	178
1985: 2.680 DM/m² =	171
1986: 2.620 DM/m² =	167
1987: 2.610 DM/m² =	166 *)

---

*) Aus: Wertentwicklungen von Wohn- und Gewerbeimmobilien in ausgewählten bundesdeutschen Großstädten, München 1987 (Studie).
Wir danken dem Münchener Institut für Regional- und Wirtschaftsforschung (Dipl.-Geogr. Hartmut Bulwien) für die Erlaubnis der Veröffentlichung.

Auch hier kann man wieder eine Kurve ausmachen. Das heißt, die Verkaufspreise der Eigentumswohnungen stiegen zunächst aus dem Tal in beeindruckende Höhen und sanken daraufhin in ein neues Loch.

Besonders auffallend an dieser Kurzstatistik ist der Gipfel 1982/83, der sich nahtlos in unsere vorangegangene Kurve einfügt. Damals lag der Preis für Eigentumswohnungen bei rund 3.000 DM pro Quadratmeter im Durchschnitt – dies entspricht einer Steigerung von 60 Prozent in etwa sechs Jahren! Der heutige Durchschnittswert beträgt dagegen 2.610 DM pro Quadratmeter.

Damit haben wir offenbar einen erneuten Tiefpunkt erreicht – und können damit rechnen, daß es wieder aufwärtsgeht. Erste Anzeichen existieren längst. Doch damit sind wir bereits im nächsten Kapitel, wo wir uns auf das zugegebenermaßen manchmal glatt gebohnerte Parkett der Prognosen begeben wollen.

Auf einen Blick

1. Die Eigentumswohnung ist ein Nachkriegskind: Es wurde 1951 aus der Taufe gehoben, als es einen Fehlbedarf von 6,5 Millionen Wohnungen ab. Die Eigentumswohnung expandierte in der Folge zu einem echten Renner: Mehr als drei Millionen Menschen leben heute in Eigentumswohnungen.

2. In den Zeiten des »Wirtschaftswunders« nahm die Eigentumswohnung einen enormen Aufschwung. Bis 1964 erfreute sie sich ständig wachsender Beliebtheit.

3. Der erste Tiefpunkt auf dem Immobilienmarkt nach 1945: die Jahre 1967/1968. Dennoch existierte noch ein Defizit von 2,5 Millionen Wohnungen.

4. Der Immobilienmarkt verlief in der Folge in Kurven: Auf den erneuten Höhenflug 1972 folgte 1977 das nächste Tief, darauf wieder ein Hoch (1982/83), darauf ein neues Tief (1985–1987).

5. Selbst in Zeiten des Tiefs konnte man mit der Eigentumswohnung Gewinn schreiben, wenn
   – Immobilienstandort und
   – Ausstattung
   erstklassig waren.
   Verluste schrieb man bei Eigentumswohnungen in klotzigen Trabantenstädten, Hochhaussiedlungen, Betonburgen mit gravierenden Mängeln und in strukturschwachen Gebieten.

6. Die Verkaufspreise von Eigentumswohnungen in den vergangenen 17 Jahren (Gipfel- und Talpunkte):
   1970: 1.570 DM pro Quadratmeter,
   1982: 3.030 DM pro Quadratmeter,
   1987: 2.610 DM pro Quadratmeter.

7. Beherzigen Sie die alte Investmentregel: Kaufen Sie, wenn der Markt unten ist. Handeln Sie antizyklisch.

II. Die Zukunft hat bereits begonnen: Daten, Fakten, Perspektiven

Wie wir bereits gesehen haben, bewegt sich der Immobilienmarkt ständig in Kurven. Er war bislang einem regelmäßigen Auf und Ab unterworfen. Der Experte konstatiert damit die Abhängigkeit von mehreren Faktoren. Es sind dies konkret

- die allgemeine Wirtschaftslage,
- die Quantität der Bautätigkeit (die Errichtung ausnehmend vieler neuer Eigentumswohnungen wirkt hemmend auf die Preise der bestehenden Wohnungen),
- soziologische Entwicklungen,
- allgemeine Tendenzen des Kapitalmarktes.

Betrachten wir die einzelnen Faktoren unter dem Vergrößerungsglas:

(1) Auch was die *allgemeine Wirtschaftslage* anbelangt, denkt man in Kurven. Entwicklungen nicht nur in der Bundesrepublik haben bewiesen, daß es offenbar *zyklische Wellenbewegungen* gibt, was die Konjunktur anbelangt. Im Klartext bedeutet dies: Auf ein Hoch folgt ein Tief – und umgekehrt. Momentan bewegen wir uns jedoch, was die wirtschaftlichen Rahmendaten angeht, wieder auf ein *Hoch* zu. Der Immobilienmarkt kopierte jedoch bislang die gesamtwirtschaftliche Konjunktur mit einer Verzögerung von ca. *zwei Jahren!* Das heißt, daß wir uns mit höchster Wahrscheinlichkeit momentan wieder auf ein Hoch zubewegen – was die Immobilienanlage anbelangt. Im übrigen sei in diesem Zusammenhang noch einmal ausgeführt, daß der gescheite Investor dann kauft, wenn der Markt unten ist. Nur die breite Masse verhält sich *zyklisch,* das heißt sie kauft unklugerweise dann, wenn ein Markt *oben* ist. Es gibt hierzu ein wunderbares Parallelbeispiel aus dem Bereich des Goldinvestments: Konkret im Januar 1980, als Gold sich dem Spitzenpreis von 850 Dollar pro Unze näherte – ein seit fast zwei Jahrhunderten einmaliger Höchststand (!) –, standen die Menschen Schlange vor einer der größten kanadischen Banken, der *Guardian Trust* in Montreal. Sie wollten jedoch nicht etwa Gold verkaufen – sie wollten *kaufen!* Viele stellten sich schon nachts an, um bei der Öffnung der Bank sofort bedient zu werden. Schließlich mußten die Manager der Bank sogar numerierte Karten für die Wartenden ausgeben. Soweit zu der ersten Hälfte der Story. Wie schrieb sich die Geschichte nun fort?

Exakt zwei Jahre später, konkret am 15. März 1982, als Gold auf 312 US-Dollar *gefallen* war, standen die Menschen *wieder* Schlange – vor der gleichen Bank! Diesmal allerdings, Sie werden es erraten haben, um Gold zu *verkaufen*.

Natürlich verloren sehr viele Investoren sehr viel Geld ... Sie verstehen die Moral von der Geschichte? Sie lautet: Die Menge kauft fast immer *zyklisch*. Das heißt, wenn etwas in der Presse hochgekocht wird, wenn »alle Welt« tönt, daß eine Anlage empfehlenswert sei und die Preise in schwindelerregende Höhen schießen, *kauft* Lieschen Müller. Lieschen Müller verhält sich *nicht* antizyklisch. Der Profi, der Experte, der mit allen Wassern gewaschene Insider, kauft jedoch antizyklisch, das heißt, er schwimmt gegen den Strom! Es gehört natürlich eine gewisse Weitsicht dazu, sich gegen die »offizielle« Meinung aufzulehnen und in einen Markt einzusteigen, der »unten« ist. Aber die Zahlen und Fakten beweisen ganz einfach, daß diese Märkte mit absoluter Sicherheit wieder nach oben gehen werden! Das gilt für den Goldmarkt ebenso wie für Diamanten oder Immobilien!

Kaufen Sie also, wenn ein Markt die ersten vorsichtigen

Anzeichen von Erholung zeigt – und nicht erst, wenn alle Welt lamentiert, »daß man ja schon immer gewußt habe, daß die Immobilie eine wertbeständige Anlage sei, der die Inflation nichts anhaben könne«. Sehen Sie, diese Binsenweisheiten werden erst populär und erfreuen sich breiten Zuspruchs, wenn der Zug bereits wieder abgefahren ist.

(2) Betrachten wir nun die *Bautätigkeit* in der Bundesrepublik. Aus dem Konjunktur-Tiefstand des Jahres 1985 lernte die Bau- und Wohnwirtschaft offenbar. Insgesamt fielen die Planungen wesentlich zurückhaltender aus. Über Großprojekte auf dem Wohnbausektor sprach man kaum mehr. 1987 standen lediglich 200 000 Wohnungen auf dem Programm. Das heißt jedoch, daß man für die Zukunft mit steigendem Mietzins zu rechnen hat – beziehungsweise umgekehrt die Besitzer von Wohneigentum mit einer steigenden Rendite. Gleiches meldet auch der Sachverständigenrat zur Begutachtung der gesamtwirtschaftlichen Entwicklung in der Bundesrepublik in seinem Jahresgutachten: Die Deutschen müssen in den nächsten Jahren noch mehr Geld für ihre Mietwohnungen hinblättern. Unter den Lebenshaltungskosten werden Mieten am stärksten steigen.

Wissen Sie im übrigen, welche Schwerpunkte heute die Bundesbürger (in pekuniärer Hinsicht) setzen? Nun, an erster Stelle steht der *Konsum,* wie auch immer er individuell definiert wird. An zweiter Stelle steht das *Auto,* und schon an dritter Stelle rangiert die *Miete!* Da die Miete aber zunehmend steigen wird, bedeutet dies, daß man diesem Faktor zunehmend Aufmerksamkeit widmet. Das wiederum bedeutet ein weiteres Argument für die Eigentumswohnung.

(3) Die *soziologische Entwicklung* haben wir bereits angesprochen.

Wiederholen wir das wichtigste Faktum: Tatsächlich ist heute jeder *dritte* Haushalt ein Single-Haushalt! 1985 war mit 8,9 Millionen jeder dritte (der 26,4 Millionen Haus-

halte) ein Einpersonenhaushalt. Noch 1970 lebte nur in jedem vierten Haushalt lediglich eine Person. Betrug damals der Anteil der Frauen unter den Alleinlebenden 70 Prozent, so liegt er heute bei rund 65 Prozent. Deutlich zugenommen – von 8 auf 11 Prozent – hat der Anteil der unter 25jährigen Singles, während die Gruppe der über 65jährigen nach wie vor rund 40 Prozent der Alleinlebenden stellt. Die Alleinstehenden waren 1985 zumeist verwitwet (43 Prozent) oder ledig (39 Prozent), 12 Prozent waren geschieden und 6 Prozent getrenntlebend. So die exakten Zahlen des Statistischen Bundesamtes, Wiesbaden!*)
Die anderen soziologischen Entwicklungen haben wir bereits aufgezeigt. Unzweifelhaft besteht ein Trend zur Freizeit, zu Autarkie und Freiheit, während in der Frage der Alterssicherung angesichts des Vertrauensverlustes in Renten und Wertpapiere neue Alternativen gesucht werden.

(4) Kommen wir zum letzten Punkt: der allgemeinen Entwicklung des *Kapitalmarktes*. Sehen Sie, wir könnten Ihnen an dieser Stelle abenteuerliche Geschichten von Staatsbankrotten erzählen, die im übrigen auch in dieser unserer ach so sicheren Zeit gang und gäbe sind.

Wenn Sie sich die heutige wirtschaftliche Situation ungeschminkt vor Augen führen wollen, so empfehlen wir Ihnen die Bücher von Paul C. Martin, seines Zeichens Diplom-Volkswirt, Doktor der Philosophie und Wirtschaftsjournalist. Der Titel eines seiner Bücher lautet: »Wann kommt der Staatsbankrott?« Dieses Buch ist sensationell. Übersichtlich zeichnet Martin die wirtschaftliche und finanzielle Entwicklung vieler Staaten nach, in einer Einfachheit und Klarheit, die begeisternd ist, und ohne die pseudoakademische Kompliziertheit, die heute allenthalben an der Tagesordnung ist, weil man es sich als Autor und Wissenschaftler schuldig zu sein glaubt, gelehrt daherzureden.

---

*) Statistisches Bundesamt, Wiesbaden, 10. November 1987

Beim mexikanischen Staatsbankrott am 18. August 1982 etwa, dem größten seit dem Zweiten Weltkrieg, verloren die Sparer weltweit über 250 Milliarden DM. Am Ende stand die vollständige Einstellung aller Zahlungen beziehungsweise die Entwertung aller Ansprüche an den Staat. Zuvor hatte der Staat versucht, sich noch eine Weile durch Pump über die Runden zu retten, aber dies riß letztlich nur immer weitere Löcher auf. Am Schluß wurden weder Zins- noch Tilgungszahlungen geleistet.

Aber selbst die durchschnittliche Preissteigerungsrate in den Industriestaaten des Westens lag am Ende der 70er Jahre bei 14 Prozent. Das bedeutet: Im Durchschnitt wird alles in jeweils fünf Jahren doppelt so teuer. Alle fünf Jahre fällt der Wert der (westlichen) Landeswährungen um die Hälfte. Hinzu kommen die Staatsschulden.

Im übrigen hat selbst unser schönes Deutschland in diesem Jahrhundert schon dreimal den Staatsbankrott erklärt: 1923, 1931 und 1948. Der Staat entledigte sich mit einem Strich seiner alten Schulden – das letzte Mal mit dem bestrickenden Wort »Währungsreform«.

Das erste Mal (1923) hieß es: »Das sind die Schulden des Kaisers! Heute leben wir in einer neuen Zeit, in einer Republik! Solche Gaunereien sind völlig ausgeschlossen ...« Und doch machte die »Republik« bereits 1931 wieder Bankrott.

Es wäre ein eigenes Buch wert, einmal die Geschichte der deutschen Staatsbankrotte oder »Währungsreformen« systematisch zu untersuchen. Und die Gewinne und Verluste, die dabei eingestrichen und verbucht werden konnten. Um konkret zu sein: die öffentlichen Gewinne und die privaten Verluste.*)

Wenn Sie nun immer noch glauben, daß Inflation etwas Ewiggestriges sei, während wir doch heute in einer Zeit

---

*) Vgl. auch Klaus Kempe, Ha. A. Mehler, Wie man mit Immobilien ein Vermögen aufbaut, Bonn 1987², S. 17 bis 20

leben, da zumindest die *Industrienationen* die Geldmengen kontrollieren, so bitten wir Sie, das Geldmengenwachstum der Vereinigten Staaten in den Jahren 1985 und 1986 einmal zu studieren. Lesen Sie dazu folgende Graphik:

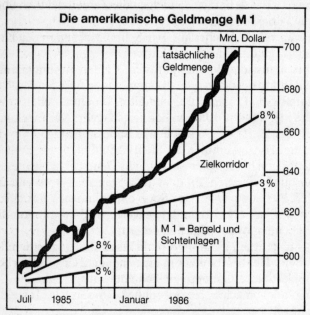

Geldmengen-Entwicklung in den USA: Seit dem Frühjahr ein Anstieg »weit über Zielkorridor«

Interpretieren wir dieses Schaubild ein wenig: Die tatsächliche Geldmenge stieg in den Jahren 1985 und 1986 in den USA ungeheuer an. Gigantisches Geldmengenwachstum ohne gleichzeitiges Wirtschaftswachstum ist jedoch die Voraussetzung für eine Inflation. Der bereits zitierte Paul C. Martin schrieb dazu in der *Welt am Sonntag:*

»In den westlichen Industrienationen wächst die Geldmenge in einem atemberaubenden Tempo. Die Geldgröße M 1, sie umfaßt Bargeld und Sichteinlagen, also das Geld, das jedermann sofort ausgeben könnte, liegt in den USA, gemessen an den letzten sechs Monaten, um 17,9 Prozent über dem Vorjahr. In der Bundesrepublik Deutschland sind 9,5 Prozent Zuwachs erreicht (Monatsbericht der Bundesbank für September, Seite 12), in Großbritannien, Japan, Kanada und Italien liegen die Zahlen deutlich über der Zweistelligkeit.

Das Wachstum der Geldmenge liegt weit über den ›Zielkorridoren‹, die sich die Notenbanken vorgegeben haben. Als Zielkorridor gilt jener Prozentsatz, um den die Geldmenge steigen ›darf‹, um ein ›inflationsfreies‹ Wirtschaftswachstum zu ermöglichen. Für die USA waren beispielsweise maximal acht Prozent erwünscht, also nur halb soviel, wie jetzt die Geldmenge in die Höhe schießt.«*)

Dem ist nichts hinzuzufügen. Der Verfall des Dollars war die erste Antwort auf diesen unkontrollierten Geldmengenschub. Die Inflation ist also *kein* Thema von gestern! Auch in der besten aller Republiken, der Bundesrepublik Deutschland, muß man, wiewohl wir kurzfristig sogar eine geringe *Deflation* hatten, mit der Inflation rechnen; das Thema Inflation geht nicht nur die »armen Schuldnerländer« an. Selbst die »stabile« deutsche Mark halbierte sich in den letzten zwölf Jahren.

Inflation bedeutet jedoch, daß wieder ein Run auf Sachwerte einsetzen wird – wobei die Immobilie hier an exponierter Stelle steht.

Momentan verleihen die Kreditinstitute Gelder noch zu niedrigem Zins. Interessante Angebote für Wohneigentum und billige Kredite sind jedoch eine einzigartige Kombination. Tatsächlich stellen sie die ideale Voraussetzung für den richtigen Zeitpunkt dar, eine Immobilie zu erwerben.

Mit diesen Rahmendaten kann man die Zukunft der Eigentumswohnung praktisch hochrechnen. Sie sieht glän-

---

*) Paul C. Martin, Welt am Sonntag, 15.1.1987

zend aus. Wahr ist dennoch: Die goldenen Zeiten, da man »blind« eine Immobilie kaufen konnte, sind vorbei, weil die ungeheure Nachfrage unmittelbar nach dem Zweiten Weltkrieg einfach nicht mehr gegeben ist.

Man muß heute *auch* informiert sein, was Standort und Ausstattung etwa anbelangt. Genau davon handeln unsere nächsten Kapitel.

Auf einen Blick

1. Die Konjunktur durchläuft zyklische Bewegungen, das heißt, der Markt bewegt sich in Kurven.
Im allgemeinen folgt der Immobilienmarkt diesen Kurven mit einer zeitlichen Verzögerung von ca. zwei Jahren.

2. Die Masse verhält sich zyklisch, das heißt sie kauft, wenn ein Markt oben ist, und verkauft in schlechten Zeiten.
Der Experte verhält sich antizyklisch.

3. Insgesamt ist man zurückhaltender geworden, was den Neubau von Immobilien anbelangt. Das bedeutet, daß der Wert des bisherigen Wohnungsbestandes steigt.

4. Die Experten prognostizieren, daß die Mieten unter den Lebenshaltungskosten am stärksten aussteigen werden.

5. Von den 26,4 Millionen Haushalten in der Bundesrepublik Deutschland ist heute rund ein Drittel (8,9 Millionen) ein Single-Haushalt.

6. Inflationen werden vorprogrammiert durch unkontrolliertes Geldmengenwachstum. Die Geldmenge in den USA lag in den letzten Jahren weit über dem »Zielkorridor«. Ähnliches gilt für Großbritannien, Japan, Kanada und Italien. Selbst die »stabile« deutsche Mark halbierte sich in den letzten zwölf Jahren.

7. Die ideale Kombination für den Kauf einer Eigentumswohnung: preiswerte Immobilien und niedrige Zinsen.

III. Keine Kompromisse: die Kunst der exakten Standortrecherche

Experten betonen immer wieder, daß es *drei* Beurteilungsmerkmale für die Bewertung einer Immobilie gäbe. Sie weisen darauf hin, daß erstens die Lage, zweitens die Lage und drittens die Lage wertbestimmend seien ...

Nun, Sie verstehen sicher, was wir mit diesem ein wenig provokativ formulierten Tip zum Ausdruck bringen wollen. Tatsächlich mißt der Profi von allen Faktoren – als da sind (1) optimale Ausstattung, (2) ein vernünftiges Preis/Wert-Verhältnis und (3) Standort – dem letzteren absolute Priorität zu. Dies ist unschwer nachzuvollziehen, denn die Ausstattung kann man zumindest in gewissem Umfang auch zu einem späteren Zeitpunkt noch ändern – der Standort einer Immobilie ist jedoch sozusagen auf ewig festgeschrieben. Natürlich gibt es auch unrealistische Vorstellungen bezüglich einer guten Lage. Die Idealvorstellungen eines Interessenten am Immobilienmarkt formulieren sich manchmal in einem mit bester Bauqualität und höchstmöglichem Komfort ausgestatteten Haus, das in möglichst ruhiger, aber sehr verkehrsgünstiger Lage zu einer monatlichen Rate zu kaufen ist, die die jetzige Mietzahlung nicht überschreitet. Dabei müßte jeder wissen, daß ein solches Angebot am Immobilienmarkt genauso selten vorkommt wie ein Sechser im Lotto. Man muß sich also etwas realistischer mit dem Problem auseinandersetzen. Nur: An welcher Ecke soll man beginnen?

Nun, unserer Erfahrung nach werden zu oft von zu vielen Zeitgenossen Ratschläge erteilt, bei denen keine *Gewichtung* der einzelnen Tips vorgenommen wird. Unseres Erachtens gibt es jedoch so etwas wie eine Priorität Nummer eins im Immobiliengeschäft. Es ist dies wie gesagt –

der *Standort*. Gehen Sie also bezüglich der *Lage* nie Kompromisse ein! *Wo* soll man also Eigentumswohnungen erwerben – und *wo nicht?*

1. Die Welt als Spielplatz

Als Immobilienkäufer steht Ihnen prinzipiell die ganze Welt zur Verfügung. Jedenfalls auf den ersten Blick! Dürfen wir Sie in diesem Sinne zu einem kleinen Urlaub in den sonnigen Süden Europas einladen?

Tatsächlich verleben jedes Jahr Millionen von Bundesbürgern hier ihren Urlaub. Was läge näher, als ausländische Standorte für Immobilien unter die Lupe zu nehmen und mit dem Gedanken an ein Häuschen oder eine Eigentumswohnung unter tropischer Sonne in bevorzugten Feriengebieten zu spielen?

Grundsätzlich ist gegen eine solche Vorstellung nichts einzuwenden. Eine solide Eigentumswohnung in einer touristisch erschlossenen und frequentierten Gegend kann eine gute Rendite garantieren. Im übrigen gelten die gleichen Raster wie für Eigentumswohnungen im eigenen Land: Standort, Ausstattung und Preis/Wert-Verhältnis müssen stimmen.

Natürlich müssen Sie das Domizil selbst in Augenschein nehmen. In diesem Sinne ist es empfehlenswert, an Ort und Stelle zu recherchieren – und in der Folge einen Korrespondenzanwalt zu bestellen, der Ihre Rechte vertritt und der der Landessprache mächtig ist, ja der Sie zunächst mit der geltenden Gesetzgebung vertraut macht. Die wunderbaren Touristenburgen, an denen Sie per Auto und Bus vorbeichauffieren, könnten sich sonst als Potemkinsche Dörfer entpuppen.

Im Ausland gibt es – vor allem in den großen Finanzmetropolen – Immobilien mit Renditen und Preisen, die schwindelerregend sind. Selbst in den Jahren 1985/86, da der Inlandsmarkt für Immobilien in der Bundesrepublik eine neue Talsohle durchschritt, erlebten die ausländischen Immobilien einen Boom ohnegleichen.

Tokio dürfte hierbei als das teuerste Pflaster der Welt gelten. Um 53,9 Prozent stiegen die Bodenpreise in der Hauptstadt Nippons in den letzten fünf Jahren!

Desgleichen ist London ein begehrter Standort. Allein der Umstand, daß die Hafenanlagen Londons kürzlich weit vor die Stadt, an die Themsemündung, verlegt wurden, schlug sich in den Preisen nieder. Eine völlig neue Konzeption des ehemaligen Londoner Hafenviertels, in früheren Jahrzehnten Schauplatz ungezählter Filmkrimis, eröffnet heute hier erstklassige Lebensbedingungen, auch vom ökologischen Standpunkt aus. Die hervorragende Qualität der neu entstandenen Immobilien trug zu einem Run auf Eigentums- und Apartmentwohnungen bei, der sich in 20prozentigen Gewinnen innerhalb kürzester Zeit niederschlug. Desgleichen stieg die Nachfrage in England an guten Standorten generell. In einem Stadtteil Londons *verdoppelte* sich der Wert einer Luxuswohnung innerhalb von nur drei Jahren! Ein konkreter Einzelfall: Statt 225.000 DM für ein Zweizimmer-Apartment berappt man heute hier an bestimmten Stellen 450.000 DM.

Eine ähnliche Entwicklung zeichnete sich aufgrund eines »Revitalisierungs-Programms« am East River im New Yorker Hafenviertel ab. Hier wurden unmittelbar neben den Wohnungen auch Sportanlagen und Bootsanlegestellen errichtet. Die *Schroeder Capital Corporation* – die Tochter einer Berliner Immobilien AG – kalkuliert mit 200 Prozent Gewinn beim Vertrieb solcher Immobilien ...

Natürlich sind hier absolute Profis mit profunder Kenntnis von Land, Markt und Leuten am Werk. Oft gehen exakte und intensive Recherchen solchen Großprojekten voraus. Aber es zeigt doch, *was* dieser Markt potentiell bietet.

So weit, so gut! Lassen wir es vorderhand bei diesen Leckerbissen bewenden. Versäumen wir es jedoch *nicht,* auch

»Hier weht übrigens stets ein angenehmes Lüftchen vom Meer.«

von den *Schwierigkeiten* zu sprechen: *Wenn* Sie im Ausland investieren wollen, so sollten drei unabdingbare Voraussetzungen gegeben sein:

(1) Sie müssen das Land bis zu einem gewissen Grad *selbst* durchrecherchieren können, speziell hinsichtlich der wirtschaftlichen Besonderheiten.
(2) Sie müssen über absolut verläßliche Partner verfügen, die auch der deutschen Sprache mächtig sein sollten.

(3) Sie müssen mit den juristischen Gepflogenheiten des Landes vertraut sein.

Ein offenes Wort in diesem Zusammenhang: Diese Umstände sind meist *nicht* gegeben. Wenn Sie ein Newcomer im Immobiliengeschäft sind, würden wir schlicht und ergreifend sogar davon abraten, im Ausland zu investieren. Zu groß sind die Chancen, über den Tisch gezogen zu werden.

Mehr als ein Anleger, dem für einen »Traumpreis« eine Eigentumswohnung oder auch ein Häuschen angeboten wurde, kann davon ein Lied singen. Abenteuerliche Storys von Spaniern, die *ein* Häuschen, das *gleiche* Häuschen, gleich *viermal* hintereinander verkauften (viermal also Gewinn einstrichen), können auch Ihnen begegnen.*)

Wenn Sie also die Punkte (1), (2) und (3) nicht guten Gewissens abhaken können, müssen wir dringend davon abraten, im Ausland zu investieren. Zu vielfältig sind hier die Fußangeln und die Tretminen. Oft besitzen potentielle Käufer nicht die nötige Nähe zu Land und Leuten, ganz davon abgesehen, daß die juristischen Gepflogenheiten unbekannt sind.

Natürlich *können* Sie im Ausland Ihr Schnäppchen machen. Aber es wäre unseres Erachtens ein vermessenes Unterfangen, in einem Büchlein dieses Umfangs alle Länder dieser Welt vorzustellen und forsch einige »Tips« zu geben. Allein über Florida ließen sich leicht zehn Bücher schreiben. Es ist unseres Erachtens also kaum vertretbar, etwas lapidar darauf hinzuweisen, daß zum Beispiel Miami vor kurzem noch als Geheimtip galt, jetzt jedoch dort Immobilien zu überteuerten Preisen offeriert werden, und Tampa etwa sich zunehmend mausert – obwohl dies durchaus der

---

*) »Die Sünden« des Immobilienmarktes sind nachzulesen in dem Buch »Der Millionencoup« von Klaus Kempe/Ha. A. Mehler, Bonn-Bad Godesberg, 1987

Wahrheit entspricht. Auch für das Ausland gilt prinzipiell, daß

(1) der Standort,
(2) die Ausstattung und
(3) das Preis/Wert-Verhältnis stimmen müssen.

Aber alle flotten Artikel, die Ihnen suggerieren, daß man auf die Schnelle ein ausgezeichnetes Schnäppchen auf Mallorca etwa machen könne, sollte man unseres Erachtens mit einer gewissen Distanz betrachten. Generell gilt: Informationen, die *Sie* ganz persönlich nicht nachvollziehen können, die Sie nicht *selbst* beurteilen können, sind mit Vorsicht zu genießen.

Zum Glück gibt es jedoch einen Markt, der für Sie normalerweise sehr viel leichter zu überschauen ist: Ihr »eigenes« Land. Warum also in die Ferne schweifen, wenn das Gute so nahe liegt?

2. Die beste aller Republiken: die Bundesrepublik Deutschland

Ephraim Kishon, der berühmte Satiriker, würde unsere schöne Republik vielleicht als »die beste aller Republiken« bezeichnen. Nun, trotz der hundert möglichen Abstriche, Kritiken und Vorbehalte, die man haben mag, hätte er *recht*. Tatsächlich leben wir in einem Land, wo die wirtschaftlichen Rahmendaten stimmen und das Investitionsklima nach wie vor hervorragend ist. Dies muß einmal zu sagen erlaubt sein! Bekennen wir uns doch zu der Tatsache, daß es uns wirklich gutgeht! Durch die Presse geistert indes immer wieder die Behauptung, daß es hinsichtlich des möglichen Investments in Immobilien gefährlich sei, hierzulande Geld anzulegen. Angeblich stünden in der Bundesrepublik ohnehin schon zu viele Häuser leer. Nun, die Wahrheit der Geschichte ist, daß keine Information falscher sein könnte!

Schauen wir uns zu diesem Thema einmal die folgende Graphik an:

Land	Leerstehende Wohnungen in unseren Nachbarländern und den USA in %
BR Deutschland	1
Schweden	2
Belgien	2,7
Großbritannien	3,2
Dänemark	4,9
Niederlande	5,9
Frankreich	6,1
USA	7,9

Mit anderen Worten: Die Situation hierzulande ist hervorragend. Der Immobilienstandort Bundesrepublik Deutschland könnte gar nicht *besser* gewählt sein. Damit dürfte die erste Entscheidung getroffen sein – nämlich hier Wohnungseigentum zu erwerben.

Andere Zahlen untermauern übrigens die Richtigkeit dieser Entscheidung. Betrachtet man nämlich die Wohnungseigentumsquote, also den Anteil der Eigentümerhaushalte im Verhältnis zu der Gesamtzahl der Haushalte, so ergibt sich folgendes Bild: Die Wohnungseigentumsquote liegt in der Bundesrepublik nur bei ca. 40%, während in Belgien und Italien mehr als 60%, in Dänemark und Großbritannien über 55% und in Frankreich und den Niederlanden mehr als 40% der Haushalte ihre eigenen vier Wände besitzen. Man könnte also sogar von einer Unterversorgung sprechen!*)

Der Wunsch nach Wohneigentum wird also bei uns stei-

---

*) Vgl. Klaus Kempe, Ha. A. Mehler, Immobilien ohne Geld, Frankfurt 1987, S. 27

gen, unterstützt durch den Trend zum Einpersonenhaushalt, zur Zweitwohnung in der Stadt und durch den ständigen Zuzug von Ausländern, wie bereits ausgeführt.

Damit haben wir bereits eine erste Entscheidung getroffen. Nur: *Wo* soll man in der Bundesrepublik investieren?

3. Makrostandorte unter der Lupe

Gestatten Sie uns zur Klärung dieser Frage eine Vorbemerkung: Wenn ein Profi Standorte beurteilt, unterscheidet er prinzipiell zwischen zwei Aspekten: dem *Makrostandort* und dem *Mikrostandort*. Als Makrostandort bezeichnet man den *größeren* Raum, in dem sich eine Immobilie befindet. So spricht man zum Beispiel vom »Makrostandort München«. Unter dem Mikrostandort versteht man dagegen etwa einen Stadtteil, einen Vorort oder eine Trabantenstadt – wie zum Beispiel München-Perlach. Für die optimale Wahl des Standortes einer Immobilie sollte jedoch sowohl der Makrostandort stimmen wie auch der Mikrostandort. Wenn Sie also zum Beispiel in München eine Eigentumswohnung kaufen, so ist das zweifellos eine richtige Entscheidung, weil der Makrostandort hervorragend ist. Kaufen Sie jedoch in Perlach, einer Trabantenstadt Münchens, so haben Sie *falsch* entschieden. Das heißt, nicht nur der Makrostandort muß gut gewählt sein, sondern auch der Mikrostandort.

Diese beiden Themen gilt es somit unter die Lupe zu nehmen, wenn man das Thema »Standort« durchrecherchiert. Beginnen wir mit den verschiedenen *Makrostandorten* in der Bundesrepublik:

Auch mit dem Image der Stadt will sich der Eigentümer einer Wohnung üblicherweise identifizieren können. Noble Adressen wie München, Wiesbaden oder Bad Homburg etwa besitzen einen *hohen Identifikationswert*. Der Wert der verschiedenen Makrostandorte läßt sich im übrigen problemlos eruieren – indem man nämlich einfach die diversen Preise pro Quadratmeter in Augenschein nimmt. Hierfür gibt es exakte Untersuchungen. Zunächst verraten solche Untersuchungen, daß in der Bundesrepublik ein »Nord-Süd-Gefälle« am Immobilienmarkt gegeben ist. Dieses Schlagwort bedeutet de facto, daß in den Städten südlich des Mains die Preise im allgemeinen stabiler und höher sind. Für Eigentumswohnungen zahlte man pro Quadratmeter 1986 in Norddeutschland nämlich durchschnittlich 2.600 DM, während die Preise in Süddeutschland bei 2.900 DM lagen. Damit besitzen wir einen ersten Anhaltspunkt, wo wir gute Makrostandorte zu suchen haben.

Die exakte Recherche verrät indes mehr. Mittlerweile gibt es glücklicherweise schon Institute, die wissenschaftliche Untersuchungen darüber anstellen, welcher Wert den einzelnen Makrostandorten beizumessen ist. Lesen Sie dazu einmal in der rechts stehenden Graphik:*)
Interpretieren wir diese Graphik ein wenig:

In unserem Kontext interessieren uns *nicht* die Gewerbeimmobilien, so wenig wie uns an dem Gesamtindex (= Gewerbeimmobilien plus Wohnimmobilien) gelegen ist. Von Interesse ist lediglich der »Index Wohnen«, der uns verrät, daß hinsichtlich des Makrostandortes an der Spitze

(1) München,
(2) Wiesbaden und
(3) Frankfurt liegen, gefolgt von
(4) Stuttgart,
(5) Heidelberg und
(6) Berlin.

Am Ende der Skala rangieren:

(41) Celle,
(42) Bremen und
(43) Hamm.

Als kluger Investor können wir also etwa Celle, Bremen und Hamm von unserer Liste streichen.

---

*) Münchener Institut für Regional- und Wirtschaftsforschung, Prinzregentenplatz 10, 8000 München 80, Tel: 089/474042, Diplom-Geograph Hartmut Bulwien

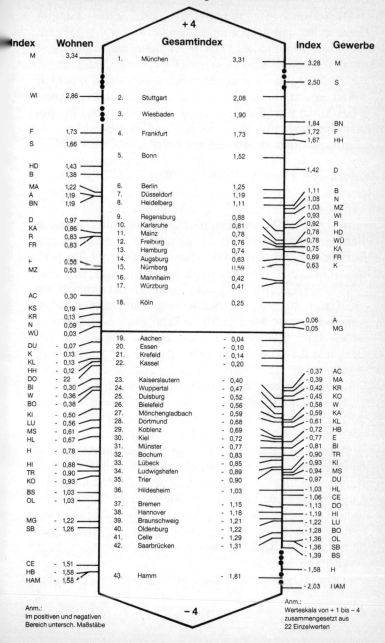

Wiederholen wir jedoch noch einmal: Dies bedeutet noch *nicht,* daß in den an der Spitze stehenden Städten jedes Objekt an jedem (Mikro-)Standort empfehlenswert ist, obwohl das Risiko an solchen Orten zweifellos geringer ist. Es bedeutet desgleichen *nicht,* daß in den am Schluß rangierenden Städten kein Objekt mehr zukunftsträchtig ist. Allerdings müßte hier der Mikrostandort absolut optimal sein, wenn man auf seine Kosten kommen wollte.

Interessant ist im übrigen die Frage, *warum* ein Makrostandort »gut« ist. Nun, empfehlenswerte Regionen sind prinzipiell Gebiete mit blühender Wirtschaft – also die Gegenden um München, der Raum Stuttgart, das Rhein-Main-Gebiet und andere mehr. Weltkonzerne wie das Unternehmen BMW, wie Daimler-Benz oder internationale Banken bürgen quasi für das gesamte regionale Umfeld. Mit anderen Worten: Große Firmen garantieren Prosperität. In Gebieten mit industrieller Monostruktur, wo dagegen nur *ein* Industriezweig oder nur *ein* großer Arbeitgeber existiert, bewirken (Teil-)Schließungen und Massenentlassungen immense wirtschaftliche Probleme, die sich sofort auf die Immobilienpreise niederschlagen. Nehmen wir als Beispiele die Liquiditätsschwierigkeiten der Maxhütte in Nordbayern, die strukturschwache Schuhindustrie rund um Pforzheim, die Stahlindustrie im Saarland, die Zechenschließungen im Ruhrgebiet und die notleidende Werftindustrie an der Nordseeküste in Hamburg und Bremen, und wir erhalten eine Vorstellung davon, welch ungeheure Bedeutung dem wirtschaftlichen Umfeld zuzumessen ist. In diesem Sinne sind Investitionen in den Randzonen der Bundesrepublik (etwa im sogenannten »Zonenrandgebiet« entlang der Grenze zur DDR) nicht unproblematisch. Der Grund ist wieder in dem wirtschaftlichen Umfeld zu suchen, das hier bescheiden ist. Die Grundregel lautet also: In Regionen mit gesundem wirtschaftlichem Wachstum empfiehlt es sich zu investieren. Feine Adressen sind wie gesagt München, Stuttgart, Frankfurt und Wiesbaden, aber auch Düsseldorf, Bonn und Mannheim etwa, was Eigentumswohnungen anbelangt. Blättern Sie zurück auf Seite 43 und überfliegen Sie nochmals die Aufstellung über den »Index Wohnen« in den einzelnen Städten der Bundesrepublik. Prinzipiell könnte man also dazu anraten, in Regionen mit blühendem Wirtschaftsleben systematisch zu recherchieren. Auch mittlere und kleine Städte können ein Geheimtip sein. Wachsende Wirtschaftszweige, aber auch Technologie- und Verwaltungszentren, Universitäten und Hochschulen ziehen neue Mitarbeiter, vorwiegend hochdotierte Spezialisten, an, die für sich und ihre Familien Mietwohnungen suchen. Aufgrund ihres guten Salärs sind sie bereit, einen hohen Mietpreis für guten Wohnwert zu zahlen. Nach den Erkenntnissen des Marktes besteht bei dieser Gruppe von High-Tech-Personal wenig Neigung zum *Kauf* von Immobilien, aber sie suchen hervorragende *Miet*wohnungen. Diese Zielgruppe will ihre berufliche Mobilität nicht einschränken. In diesem Sinne existieren in der Bundesrepublik Deutschland sogenannte »Mini-Silicon-Valleys«, also technologieorientierte Standorte, die es im Einzelfall zu recherchieren gilt.

Hierzu einige konkrete Beispiele: Im Raum München etablierte sich in den letzten Jahren eine Art »Silicon-Valley«, also ein Gürtel mit Ansiedlungen von Fertigungsstätten der Hochtechnologie. In der Folge erhöhten sich systematisch in den angrenzenden Stadtgebieten die Preise für Wohnraum. »Silicon-Valley« steht synonym für die stattlichen Gewinne, die Halbleiter- und High-Tech-Unternehmen einfahren. Ein ähnliches Phänomen konnte man in Silicon Valley in Kalifornien beobachten, wo die Grundstücks- und Immobilienpreise rund um die Fertigungsstätten anfänglich ins Uferlose stiegen. Silicon Valley/Kalifornien entwickelte sich zum Spekulationsobjekt Nummer eins. Damit folgten die Immobilienspekulanten der Regel, nur dort zu investieren, wo die wirtschaftlichen Rahmendaten stimmen. Doch eines Tages geschah das, was keiner für möglich gehalten hatte, die High-Tech-Gesellschaften arbeiteten plötzlich mit Verlust. Infolgedessen fielen natürlich auch die Immobilienpreise. Doch das ist die Ausnahme! Natürlich darf man nie in einen überhitzten Markt investieren. Spätestens dann, wenn ein »Tip« in aller Munde ist, ist kein wirkliches Schnäppchen mehr möglich. Gute Kasse machen Sie am besten aufgrund eigener Recherchen.

In diesem Sinne sollten Sie Hinweise auf Standortveränderungen von Unternehmen, von Bauten großer Kliniken, auf Errichtung bedeutender internationaler Begegnungs- oder Verwaltungsstätten (zum Beispiel im Rahmen der EG, der NATO und der UNO) aufhorchen lassen. Der quirlige Immobilienkäufer ist bereits bei der ersten Verlautbarung solcher Art auf dem Sprung. Sondieren Sie also das wirtschaftliche Umfeld und betreiben Sie Marktanalyse. Die Immobilienriesen beschäftigen eigene Experten für solche Recherchen. Aber auch in Ihrer Region und Ihrer Stadt werden jährlich *mehrere* solcher Standorte neu geschaffen – die Voraussetzung für eine gewinnträchtige Anlage in Immobilien! Lesen Sie in diesem Sinne täglich Zeitung, hören und sehen Sie mit neuen Augen die Regionalnachrichten. Hier kann sich eine wertvolle Informationsquelle befinden, die Ihnen bei der Planung Ihrer Geldanlage in Immobilien unschätzbare Dienste leisten mag.

Ein weiteres Beispiel: Als vor mehr als 15 Jahren in Wiesbaden die Deutsche Klinik für Diagnostik nach dem Vorbild der amerikanischen Mayo-Klinik errichtet wurde, schnellten schon in der *Planungsphase,* sozusagen über Nacht also, die Preise für Eigenheime und Eigentumswohnungen in die Höhe – vom Baugrund gar nicht zu sprechen. Die Verhandlungen über den Standort dieser Klinik zogen sich im übrigen über einen längeren Zeitraum hin, so daß Immobilieninsider schon in der Anfangsphase Gelegenheit fanden, zu investieren. Sie wußten, daß ein zusätzlicher Bedarf an Wohneigentum für die Ärzte und das gesamte Personal der Klinik entstehen würde und daß diese Belegschaft in der Lage sein würde, für gute Wohnqualität Höchstpreise zu zahlen. Allerdings bot der ausgewählte Standort – der sich an die Kuranlagen in Wiesbaden anschließt – alle Vorteile einer exklusiven Wohnlage: Eine gewisse Stadtrandlage gewährte den Kontakt mit der Natur, gepaart mit besten Anbindungen an das öffentliche Verkehrsnetz.

Aber als vor einigen Jahren die neuen Städtischen Kliniken ihr Domizil aus dem Stadtkern hinaus auf die grüne Wiese (etwa fünf Kilometer vor Wiesbaden) verlegten, passierte mit den Preisen nichts. Der Grund: Das angrenzende Neubaugebiet bestand überwiegend aus Sozialbauwohnungen der Neuen Heimat. Ein Kauf- und Verkaufsboom blieb aus. Die auf dem Reißbrett entworfene und einfallslos gebaute Trabantenstadt mußte im Gegenteil mit zahlreichen sozialen Problemen fertig werden. So waren etwa die Wege in den Abendstunden in der weitläufigen Anlage nicht sicher – alles Umstände, die den Standort einer Immobilie beeinträchtigen.

Das *wirtschaftliche* Umfeld allein darf also nicht das einzige Entscheidungskriterium sein. Aber zweifellos ist es immens wichtig. Es existieren zahlreiche Success-Stories, die belegen, daß man mit dieser »Denke« zu 90 % richtig liegt. Im übrigen haben wir mit dem letzten Beispiel bereits einen Fuß in der Tür zum nächsten Kapitel – das vom *Mikrostandort* handelt. Auch hierzu gibt es einiges gediegenes Know-how, das, wenn Sie es anwenden, verursachen kann, daß Sie anderen Investoren die berühmte Nasenlänge voraus sind.

4. Wie Sie Mikrostandorte bewerten

Wiederholen wir in gebotener Kürze: Wenn der Makrostandort stimmt und das wirtschaftliche Umfeld positiv einzuschätzen ist, haben Sie hinsichtlich des Standorts bereits eine gute Ausgangsbasis. Aber eine Schwalbe macht noch keinen Sommer. Auch der Mikrostandort muß durchrecherchiert sein. Nur: Wo erhält man hieb- und stichfeste Informationen? Grundsätzlich besitzen Sie mehrere Quellen, aus denen Sie schöpfen können:

Information vom Bauplanungsamt

Zunächst bietet sich ein Besuch bei dem Bauplanungsamt der Stadt oder des Kreises an. Auch Bauherren, Architekten und überhaupt Immobilienexperten erkundigen sich hier. Im Planungsamt werden Sie deshalb vorwiegend nur professionelle Fragesteller antreffen. Erfahrung beweist, daß die Angestellten im Planungsamt auch Bürgern bereitwillig zu Diensten stehen und im allgemeinen gerne Auskunft erteilen. Sie erhalten im Planungsamt sowohl Auskunft über rein bauliche Fragen als auch über baurechtliche Probleme. Darüber hinaus können Sie aber auch Unklarheiten hinsichtlich eines Standorts ausräumen. Hier sprudelt eine der besten und klarsten Quellen, was unparteiische Information in bezug auf die Lage anbelangt.

Liegt die von Ihnen ins Auge gefaßte Immobilie im Verwaltungsbereich eines Kreises oder einer größeren Gemeinde, dann empfiehlt es sich, zuerst über Ihre Gemeindeverwaltung in Erkundung zu bringen, *wer wo* für die Planung in dem betreffenden Gebiet zuständig ist. Fahren Sie aber nicht stante pede dorthin, sondern rufen Sie dort an und erfragen Sie die Öffnungszeiten für den Publikumsverkehr. Lassen Sie sich am besten mit dem für Sie zuständigen Sachbearbeiter verbinden und vereinbaren Sie einen Besuchstermin.

Üblicherweise werden Sie eine ganze Latte von Fragen zu stellen haben; planen Sie deshalb genügend Zeit ein. Kommen Sie unangemeldet, dann müssen Sie damit rechnen, daß ein professioneller Fragesteller vor Ihnen unter Umständen den ganzen Vor- oder Nachmittag hinter der

Tür des Sachbearbeiters verschwindet. Ein weiterer Tip: Wollen Sie sich schon vorab über die gesetzlichen Grundlagen der Bauplanungsbehörden ein Bild verschaffen sowie für spätere Fragen ein kleines Nachschlagewerk besitzen, dann stöbern Sie zuvor in dem Büchlein »Baugesetzbuch«.*) Wirklich wichtig für Laien sind eigentlich nur zwei Paragraphen des Baugesetzes, der § 1 der Baunutzungsverordnung in der Fassung von 1977 und der § 34. Im übrigen kann man Ihnen im Bauplanungsamt mitteilen, ob für den Standort Ihrer favorisierten Eigentumswohnung ein »rechtsverbindlicher Bauplan« besteht oder nicht. Existiert eine solche Bauplanung, dann findet der § 1 Anwendung. Dieser Paragraph enthält die *Baunutzungsverordnung* mit den entsprechenden Vorschriften. Er verrät Ihnen unter Umständen viel. So unterscheidet man hierin beispielsweise zwischen »*reinen Wohngebieten*« und »*allgemeinen Wohngebieten*«. In *reinen Wohngebieten* ist kein Gewerbe und kein Geschäft zugelassen, allenfalls ein kleiner Lebensmittelladen für die unmittelbare Versorgung der Anwohner, also nicht ein Supermarkt oder die Filiale einer Lebensmittelkette. Beruflich niederlassen dürfen sich hier lediglich die Angehörigen der sogenannten freien Berufe: Ärzte, Rechtsanwälte, Architekten und Journalisten zum Beispiel.

In den als »*allgemeines Wohngebiet*« ausgewiesenen Bereichen sind nicht störende Gewerbebetriebe, Handwerksbetriebe und Hotels zugelassen.

Den größten Teil der Städte nehmen »*Mischgebiete*« ein. Neben Wohnhäusern sind hier Bürohäuser, Gaststätten, Verwaltungsbüros und Banken angesiedelt. Neben den im »Mischgebiet« möglichen verschiedenen Dienstleistungsbetrieben gibt es Kauf- und Parkhäuser, Bars, Kneipen und Vergnügungsbetriebe.

Während man über einige Mischgebiete als Standort

---

*) Baugesetzbuch, erschienen im dtv-Verlag (Nr. 501 b)

durchaus diskutieren kann, scheiden als Standorte für Wohnimmobilien die *»Gewerbegebiete«* und die *»Industriegebiete«* auf jeden Fall aus. Bordelle sind – nebenbei bemerkt – nur in Gewerbe- und Industriegebieten erlaubt, alles andere ist illegal und wird auf Antrag geschlossen.

Wenn alle Gebiete rechtsverbindlich ausgewiesen sind, kann man einen möglichen Standort klar interpretieren. Tatsächlich überwiegen in der Praxis solche Gebiete, da die Bausubstanz im Laufe der Jahre organisch gewachsen ist und die über *keine* Bauplanung verfügen. Wird hier in späteren Jahren ein verbindlicher Bauplan erstellt, dann werden die in diesem Gebiet angesiedelten Handwerksbetriebe oder Bars mit Nachtkonzession oder andere Geschäfte keineswegs vertrieben. Das Vorhandene wird als gegeben und nicht mehr veränderbar von den Behörden akzeptiert. Eine einmal erteilte Konzession zum Betrieb eines Gewerbes, einer Gaststätte, einer Bar oder anderer Vergnügungsstätten wird nicht plötzlich ohne Grund zurückgezogen, nur weil es einem neuen Nachbarn nicht gefällt, daß neben seinem Anwesen getischlert wird, oder weil die Bar oder Kneipe stört. Allenfalls prüfen die Behörden, ob ein Verstoß gegen erteilte Auflagen vorliegt.

Existiert in dem von Ihnen favorisierten Gebiet kein Bebauungsplan, dann haben die Baubehörden ein »Beurteilungsvermögen« nach dem Baugesetzbuch, Paragraph 34. Das Beurteilungsvermögen, *was* dort also *wie* gebaut werden darf, orientiert sich an der bereits bestehenden Nachbarbebauung. Hierbei werden etwa Fragen berücksichtigt, wie weit die bereits bestehenden Gebäude von der Straße entfernt stehen (in der Regel drei bis fünf Meter), sodann die übliche Grundflächenzahl (GRZ) und die Geschoßflächenzahl (GFZ). Besitzt hier ein Bauherr zwischen zwei bereits bestehenden Gebäuden ein Grundstück und will dorthin zum Beispiel bauen, dann genehmigt das Bauamt die Bebauung nur entsprechend der bereits bestehenden Bauten rechts und links davon. Errechnet wird dies durch

die GRZ und die GFZ. Es besteht also keinesfalls ein rechtloser Zustand in Gebieten ohne verbindliche Baupläne – die zukünftige Bebauung orientiert sich jedoch wie gesagt an dem bereits Bestehenden. Aber diese Details interessieren den potentiellen Käufer von Eigentumswohnungen nur in besonderen Fällen.

Halten wir fest: Wenn Sie sich also für einen Standort in einem *Mischgebiet* oder *ohne* gültige Bauleitplanung entscheiden, muß man sich mit den Gegebenheiten abfinden.

Wenn Sie schon einmal unterwegs sind, so empfiehlt es sich außerdem, unter Umständen das *Tiefbauamt* zu besuchen, in dem Sie über die vor »Ihrem« Eigentumswohnungs-Objekt vorbeiführende Straßen und Kanalanschlüsse und über eventuell geplante Ausbau- und Änderungsarbeiten informiert werden können. Wenn Sie es genau wissen wollen, so können Sie auch noch beim *Vermessungsamt* einige Pläne einsehen und weitere Fakten bezüglich des Standorts einholen. Ihrer Neugier sind keine Grenzen gesetzt. Wir können Ihnen so viel versprechen: Nach einer sorgfältigen Recherche in den verschiedenen Ämtern sind Sie eine Menge klüger, was empfehlenswerte Mikrostandorte anbelangt.

Einige Planungsämter verfügen im übrigen über regelrechte Atlanten, die jedem Bürger zugänglich sind und in denen unter anderem die Richtwerte für Grundstücke festgelegt sind. Darüber hinaus sind in solchen Atlanten die einzelnen Gebiete in bestimmte Zonen eingeteilt. Jeder angefragte Standort besitzt gewöhnlich eine bestimmte Zonen-Nummer, die Auskünfte hinsichtlich des Wohngebietes (Handelt es sich um ein reines Wohngebiet? Können Anliegerkosten in Zukunft auf Sie zukommen? und anderes mehr) gilt. Diese Informationen sind für den Investor pures Gold wert.
Rekapitulieren wir: Idealerweise sollte Ihre in Aussicht genommene Wohnimmobilie in einem reinen oder allgemeinen Wohngebiet liegen. Industrie- und Gewerbegebiete stellen keinen akzeptablen Mikrostandort dar. Mischgebiete und Standorte ohne Bebauungsplan müssen von Fall zu Fall beurteilt werden.

Im übrigen können Sie beim Planungsamt auch Auskünfte über geplante Sanierungen einholen. Sanierungsmaßnahmen erstrecken sich üblicherweise über einen sehr langen Zeitraum. Bringen Sie solche Umstände *vor* Kauf einer Eigentumswohnung in Erfahrung.

Denkmalschutz

Wenn Sie schon bei den Behörden sind, schauen Sie am besten auch einmal beim *Denkmalpfleger* rein. Manchmal sitzt er direkt im Zimmer neben dem Herrn vom Bauplanungsamt. Er erteilt Auskünfte darüber, welche Häuser denkmalgeschützt sind.

Die persönliche Recherche

Selbstredend können Sie nicht nur in öffentlichen Ämtern Auskünfte einholen, was den Mikrostandort anbelangt. Prinzipiell empfiehlt es sich, auch andere Fachleute um Rat anzugehen. Konsultieren Sie einfach *alle* Experten, deren Sie habhaft werden können. Ein Bauträger kann in diesem Sinne weiterhelfen, aber auch Architekten, Bauingenieure, Immobilienmakler, Baufirmen, Immobilien-Vertriebsgesellschaften und Anlagegesellschaften. Zapfen Sie alle Quellen an, aus denen Informationen sprudeln können. Darüber hinaus empfiehlt es sich jedoch auch, persönliche Recherchen anzustellen.

Im übrigen zunächst ein Wort in eigener Sache: Natürlich wissen wir nicht, ob Sie es vorziehen, beim Kauf einer Eigentumswohnung bedient zu werden, und sozusagen alles »aus einer Hand« kaufen wollen. Ein solches Vorgehen besitzt seine Vorteile, wenn man von einem guten Unternehmen beraten wird. Wir wissen darüber hinaus ebenfalls nicht, ob Sie – unabhängig von dem existierenden »Nord-Süd-Gefälle« – nicht doch eine Eigentumswohnung an einem Ort erstehen wollen, wo die Nordseewellen an den Strand schlagen oder wo die Alphörner tönen. Was den Makrostandort anbelangt, sollte Ihre Immobilie wie gesagt in einer gefragten Gegend liegen. Aber es *muß* nicht immer die Großstadt sein. Ihr ganz persönliches Schnäppchen kann Sie auch in einer kleinen Stadt und sogar auf dem Land in idyllischer Umgebung erwarten. Die von Ihnen favorisierte Gegend bestimmen Sie damit ganz allein. Wenn Sie Eigentumswohnungen zum Zwecke der Wertsteigerung erwerben wollen, bedeutet dies auch nicht, daß Sie diese Eigentumswohnung in unmittelbarer Nähe Ihres Wohnortes kaufen müssen. Eine nicht selbst genutzte Eigentumswohnung zum Zwecke der Gewinnmaximierung können Sie in den Städten und Regionen kaufen, die Ihnen als die geeignetsten erscheinen. Man *kann* wie gesagt auch bei einem zweitklassigen Makrostandort, aber einem erstklassigen Mikrostandort gute Gewinne einfahren. Was wir in diesem Kontext nur beschreiben *können,* ist eine idealtypische Vorgehensweise.

Man muß differenzieren, ob die Eigentumswohnung als »reine« Geldanlage dienen soll oder ob der Umstand, daß sie den künftigen Mittelpunkt des Lebens darstellt, von größerer Bedeutung ist. Wollen Sie von hier aus Ihrer Arbeit nachgehen? Werden Ihre Kinder Schulen und nahe Ausbildungsstätten besuchen? Sollen Einkaufsmöglichkeiten, der Arzt, das Kino, das Theater und vieles mehr in der Nähe sein? Oder wollen Sie »nur« unter netten Leuten leben in einem ansprechenden Milieu? Bestimmte Präferenzen, spezielle Schwerpunkte *müssen* Sie selbst setzen, sie können nicht sozusagen vom grünen Tisch aufoktroyiert werden.

Wir können also nur empfehlen, wie Sie vorgehen sollten, wenn Sie *selbst* eine *optimale Geldanlage* ausfindig machen wollen ...

In diesem Fall raten wir, trotz allen Informationen, die Ihnen ausgefuchste Profis geben können, den Standort der ins Auge gefaßten Eigentumswohnung auch stets *selbst* zu begutachten. In diesem Sinne empfiehlt es sich, einen Sonntagsspaziergang für diese Kundschafterarbeit zu nutzen! Gehen Sie wirklich zu Fuß, fahren Sie nicht durch die Gegend. Sie werden nämlich nur einen Bruchteil des speziellen Flairs einer Straße oder eines Stadtteils aufnehmen, wenn Sie mit dem Auto eine Region auskundschaften. Auf Schusters Rappen bleibt Ihnen indes fast nichts verborgen: Sie nehmen die alten wie die jungen Leute wahr, die in den anliegenden Häusern verschwinden. Sie sehen die »Nachbarschaft« Ihrer Immobilie. Und die Inaugenscheinnahme per pedes gibt Ihnen auch erste Hinweise auf störende Faktoren. In den sogenannten »Mischgebieten« – das ist der überwiegende Teil einer Stadt – erheben sich nämlich neben schmucken, denkmalgeschützten Miethäusern aus der Gründerzeit mitunter auch wenig ästhetische Bürohäuser, Flachbauten mit Supermärkten oder gar ein häßlicher Schornstein. Wenn dieser nur zu einer Bäckerei gehört, dann schnuppern Sie morgens beim Aufstehen allenfalls den Geruch von frischen Brötchen, aber es kann schlimmer sein! Im konkreten Fall kann wieder das städtische Planungsamt Auskünfte geben – etwa was erhöhte Emissionen (Abgase) anbelangt oder wo Änderungen der Bauleitlinien vorgesehen sind. Das Tiefbauamt verfügt über Unterlagen hinsichtlich der Entscheidung über verkehrsberuhigende Maßnahmen – oder den Ausbau von Straßen.

Im übrigen sind in dichtbesiedelten Räumen wie im Ruhrgebiet oder im Rhein-Main-Gebiet die Grenzen der einzelnen Gemeinden oft fließend. Die dichte Besiedelung bringt es mit sich, daß sie praktisch und optisch ineinander übergehen. Es ist deshalb meist unerheblich, gerade in der Gemeinde der Stadt A zu wohnen, weil sich dort zum Beispiel Ihre Arbeitsstelle befindet. Unmittelbar an die Stadt A kann sich auch ein attraktives Gemeinwesen mit günstigeren Immobilienpreisen für Eigentumswohnungen, das der Stadt B angegliedert ist, befinden. Wenn Sie – nebenbei bemerkt – einen unverbaubaren Blick und die Waldnähe einem Wohnen in einem geschlossenen Gemeinwesen vorziehen, dann sollten Sie vor dem Kauf einer Eigentumswohnung zusätzlich noch beim Kreisamt vorbeischauen.

»Ja aber«, werden Sie einwenden, »wer garantiert mir denn, daß ich gerade in ›meinem‹ Wohngebiet eine Eigentumswohnung kaufen kann?« Nun, niemand wird Ihnen garantieren, daß sich Ihre Wünsche bezüglich des Standortes auch tatsächlich erfüllen werden. Seien Sie deshalb flexibel! Entscheiden Sie sich vor allem eindeutig *gegen* bestimmte Gebiete und behalten Sie gleich mehrere andere Wohngebiete im Auge. Verlegen Sie sich aufs Warten, wenn die Angebote nicht Ihren Vorstellungen entsprechen. Geduld macht sich bezahlt.

Wenn Sie »nur« Investor sind – und also Ihre Eigentumswohnung nicht selbst beziehen wollen – so empfiehlt sich im übrigen ein kleiner Trick: Stellen Sie sich dennoch vor, Sie würden in der von Ihnen favorisierten Eigentumswohnung wohnen wollen! Plötzlich fällt Ihnen auf, daß die Immobilie in einem reinen Wohnbaugebiet unmittelbar in der Nähe der City liegt. Sie bemerken, daß Sie auch ohne Auto die City erreichen können, da Sie zwischen drei Buslinien praktisch vor Ihrer Tür zu wählen vermögen. Die Geschäfte für den täglichen Bedarf liegen darüber hinaus im Umkreis von 200 Metern; die äußerste Fußgängerzone der City erreicht man gut per pedes in fünf Minuten. Haben Sie dort zuviel eingekauft und wird der Einkaufskorb schwer, dann bringt Sie auch der Bus direkt wieder vor die Haustür. Mit anderen Worten: Wenn Sie recherchieren, versetzen Sie sich auf jeden Fall *in* den Benutzer der Eigentumswohnung, gleichgültig ob Sie selbst darin Ihre Wurzeln schlagen wollen oder nicht. Tatsache ist: In *jeder* Stadt und in *jeder* Gemeinde existieren mehrere Möglichkeiten, sich den Wunsch nach dem passenden Standort zu erfüllen. Recherchieren Sie und legen Sie zunächst fest, welche Bedingungen der Standort ohne Einschränkung erfüllen soll. Rund um die City gibt es gewöhnlich einen Ring von Wohngebieten, die mehr oder minder akzeptabel sind. Versteifen Sie sich also nicht auf eine ganz bestimmte Straße, sondern finden Sie heraus, in welchen Stadtteilen rund um den Stadtkern ein ähnlich guter und für Sie annehmbarer Standort vorliegt, mit gleich guter Anbindung an den öffentlichen Verkehr, an Einkaufs- und Vergnügungsmöglichkeiten. Liegen Ihnen letztendlich gleich mehrere gute Angebote in akzeptablen Wohnlagen vor, so sind Sie besser bedient, als wenn Sie auf nur eine Eigentumswohnung fixiert sind.

Im übrigen wollen wir, was den geeigneten Standort anbelangt, nicht nur dem Wohnen in der Stadt das Wort reden. Gerade in den Ballungszentren der Stadt erschweren Verkehrslärm und Autoabgase das Leben unmittelbar. Einige Kilometer außerhalb der City finden sich ebenfalls in guter Lage, in guter Luft, nahe an der Natur, empfehlenswerte Standorte für Eigentumswohnungen. Die Anbindung an das öffentliche Verkehrsnetz ermöglicht im konkreten Fall auch den Einkauf in der City, ebenso wie den Besuch kultureller Veranstaltungen bis spät in die Nachtstunden. Idealerweise befinden sich Schulen und Kindergärten entweder in unmittelbarer Nähe – oder sind problemlos zu erreichen, so daß auch hier nicht notwendigerweise ein Zweitwagen angeschafft werden muß. Für den täglichen Bedarf sollten kleine Ladenstraßen innerhalb des Siedlungswesens sorgen. Selbst für den Liebhaber unberührter Natur, der in den Metropolen seiner Arbeit nachgeht und das gesamte Familienleben in idyllisch-abgelegene Ortschaften »auslagern« will, stellt sich die Frage, ob es nicht günstiger und auf die Dauer für die Familie erträglicher ist, dem Trend zum stadtnahen Wohnen zu folgen und damit auch erhebliche Kosten einzusparen. Der Zweitwagen ist oft eine große Belastung für das Familien-Portefeuille. Die 400 oder 500 DM, mit denen der fahrbare Untersatz monatlich zu Buche schlägt, könnten beispielsweise dem Kapitaldienst zugeschlagen werden und dazu beitragen, ein stadtnäheres, landschaftlich vielleicht ebenso reizvolles, aber insgesamt preisgünstigeres Wohnen in einer Eigentumswohnung zu erlauben.

Prinzipiell jedoch gilt: Bei der Standortbestimmung Ihrer Immobilie darf es keinen Kompromiß geben. Der Standort mit seiner Umgebung, dem Straßenverkehr und den dort wohnenden Leuten läßt sich *nicht* verändern. Denken Sie immer daran und hoffen Sie nicht auf eine bessere Zukunft. Einmal vergebene Konzessionen für Gaststätten oder andere Etablissements werden in der Regel nicht rückgängig gemacht. In manchen Straßen sollten Sie besser keine Wohnimmobilie erwerben. Sprechen Sie auch persönlich mit den Anwohnern eines Gebiets. Selbst als weltoffener Bürger sollten Sie es sich überlegen, ob es empfehlenswert ist, inmitten eines überwiegend von ausländischen Mitbürgern bewohnten Stadtteiles eine Eigentumswohnung zu erwerben. Vom marktstrategischen Gesichtspunkt her gesehen sind Immobilien in solchen Gebieten mit großen Risiken behaftet. Andere äußere »Schönheitsfehler«, wie die Lärmbelästigung durch Spiel- und Sportstätten (Stadion, Sportplatz, Schwimmbad, Tennisplatz), die Nähe landwirtschaftlicher Betriebe, die Nachbarschaft des Flugplatzes (Einflugschneisen), die allzu nahe Autobahn oder der Autolärm einer häufig frequentierten Autobahnzubringerstraße, sollten ebenfalls Ihre Entscheidung beeinflussen. Selbst wenn Sie eine Immobilie als Geldanlage in einer Stadt wie Frankfurt, München oder Düsseldorf suchen. Kaufen Sie also keine noch so attraktiv erscheinende Wohnung an einem schlechten Standort!

Profis unterscheiden bei der Frage des Mikrostandortes im übrigen oft noch einmal zwischen

– der Wohngegend,
– den einzelnen Straßen und
– den diversen Immobilien in einer Straße.*)

Das heißt, im konkreten Fall mag es sich durchaus um eine gute Gegend handeln, aber die Straße etwa ist zweitklassig. Auch hier hilft praktisch nur der persönliche Augenschein, die persönliche Recherche.

Man kann in der Frage des Standortes ein wirklicher Experte werden, indem man etwa die Entwicklung in einem überschaubaren Gebiet systematisch verfolgt. Steht der Profi vor einer speziellen Immobilie, deren Kauf er ernsthaft in Erwägung zieht, so unterwirft er sie stets einer ge-

---

*) Vgl. auch Klaus Kempe, Ha. A. Mehler, Wie man durch Immobilien ein Vermögen aufbaut, Bonn-Bad Godesberg 1987[2], S. 61 ff.

nauen Beurteilung, das heißt, er bedient sich beispielsweise eines Check-Plans, auf dem die für eine Immobilie wichtigen Punkte aufgelistet sind. Mittels dieses Check-Plans nimmt er die einzelnen Kriterien in Augenschein und versieht sie (beispielsweise) mit einer Note. Je mehr Pluspunkte oder gute Noten eine Immobilie hinsichtlich des Standorts besitzt, um so besser. Fügen wir einen solchen Check-Plan bei, der Ihnen bei einer solchen Bewertung dienlich sein kann.

Check-Plan Standort

Gebiet:	Reines Wohngebiet	_____
	Allgemeines Wohngebiet	_____
	Dorf/Vorort	_____
	Mischgebiet	_____
	Gewerbegebiet/Industriegebiet	_____
	rechtsverbindlicher Bauplan:	_____
	vorhanden/nicht vorhanden	_____
Wohnlage:	Naherholung	_____
	Lärmquellen	_____
	Flugzeue (Einflugschneise?)	_____
	Sportplatz/Freizeitanlage	_____
	Kneipen	_____
	Verkehr	_____
	Klima	_____
	Industrieanlagen (Luftverschmutzung)	_____

Infra- struktur:	Einkaufsmöglichkeiten	____
	Gewerbe	____
	Post, Bank, Sparkasse	____
	Ärzte, Apotheke	____
	öffentliche Verkehrsmittel	____
	Schule, Kindergarten	____
Freizeit- angebot:	Essen, Unterhaltung	____
	Sportplatz/Turnhalle	____
	Schwimmbad/Hallenbad	____
	Vereine	____
Kulturelle Einrich- tungen:	Kino, Theater	____
	Bücherei	____
	Kirchen	____
Soziale Einrich- tungen:	Krankenhaus	____
	Altenheime	____
	Jugendzentren/Altenzentren	____
Bevölke- rungs- struktur:	Altersstruktur (jung/alt)	____
	ausländische Mitbürger	____
	Sozialstruktur (Arbeiter/ Angestellte/Selbständige)	____

Beenden wir damit das Kapitel über den Mikrostandort. Mit diesem Know-how sind Sie bereits gut gewappnet und haben die erste Hürde erfolgreich genommen. Wenn Sie die zweite Hürde (Ausstattung und Qualität einer Eigentumswohnung) ebenso bravourös nehmen, haben Sie im wahrsten Sinne des Wortes die halbe Miete bereits in der Tasche.

Auf einen Blick

1. Von den drei Bewertungsfaktoren
   (1) Standort,
   (2) Ausstattung und
   (3) Preis/Wert-Verhältnis
   ist dem Standort erste Priorität einzuräumen.

2. Drei unabdingbare Voraussetzungen für den Erwerb von Immobilien im Ausland:
   (1) Sie müssen das Land, die Region und die Stadt selbst beurteilen können.
   (2) Sie müssen über absolut verläßliche Partner verfügen, die auch der deutschen Sprache mächtig sind.
   (3) Sie müssen mit den juristischen Gepflogenheiten des Landes vertraut sein.

3. Die Bundesrepublik Deutschland ist ein erstklassiger Immobilienstandort. Nur 1 % der Wohnungen steht hierzulande leer – im Gegensatz zu den USA mit 7,9 % oder Frankreich mit 6,1 %. Auch die Wohnungseigentumsquote ist relativ niedrig (ca. 40 %), was auf einen noch nicht gesättigten Markt Rückschlüsse zuläßt.

4. Sowohl der Makrostandort wie der Mikrostandort einer Immobilie müssen stimmen.

5. Gute Makrostandorte: München, Wiesbaden, Frankfurt, Stuttgart, Heidelberg, Berlin.

6. Investieren Sie nicht in Makrogebieten mit industrieller Monostruktur. Der Immobilienmarkt ist abhängig von dem wirtschaftlichen Umfeld und steht und fällt mit ihm. Interessant sind »Mini-Silicon-Valleys« (High-Tech-Standorte), Hinweise auf Standortveränderung großer Unternehmen, geplante Klinikbauten und die Errichtung neuer internationaler Begegnungs- und Verwaltungsstätten etwa.
   Betreiben Sie selbst ein wenig Marktanalyse und verfolgen Sie Entwicklungen.

7. Recherchenmöglichkeiten für den Mikrostandort:
   (1) Das Bauplanungsamt. Man unterscheidet reine Wohngebiete/allgemeine Wohngebiete/Mischgebiete/Gewerbe- und Industriegebiete/Gebiete *ohne* Bauplanung.
   (2) Holen Sie unter Umständen auch Auskünfte ein beim Denkmalpfleger, im Tiefbauamt und im Vermessungsamt.
   (3) Konsultieren Sie prinzipiell alle Fachleute, deren Sie habhaft werden können – zum Beispiel Immobilienmakler, Bauträger, Architekten, Bauingenieure, Baufirmen, Immobilien-Vertriebsgesellschaften und Anlagegesellschaften.
   (4) Nehmen Sie die in Aussicht genommene Wohnung persönlich in Augenschein, und zwar per pedes. Versetzen Sie sich *in* den Mieter/Bewohner der in Frage kommenden Eigentumswohnung, wenn Sie eine Wohnung beurteilen.
   (5) Persönliche Präferenzen können Sie nur selbst setzen (Eigennutzung). Ansonsten gelten als objektive Bewertungskriterien für einen guten Mikrostandort:
      – Gebiet
      – Wohnlage
      – Infrastruktur
      – Freizeitangebot
      – kulturelle Einrichtungen
      – soziale Einrichtungen
      – Bevölkerungsstruktur
   Arbeiten Sie anhand eines Check-Plans, wenn Sie eine Eigentumswohnung bewerten.

IV. Prinzip Identifizierung oder Wie Profis den Zustand und die Ausstattung beurteilen

Im vorangegangenen Kapitel haben wir darauf hingewiesen, daß Sie in Ihrem eigenen Interesse nie und nimmer Kompromisse eingehen dürfen, was den Standort anbelangt. Nun, auch was die Ausstattung und den Zustand Ihrer Eigentumswohnung angeht, sollten Sie sich nicht mit Notlösungen zufriedengeben. Erfahrung hat bewiesen, daß die billigere Eigentumswohnung unter dem Strich letztlich teurer ist, wie wir bereits in unserem Vorwort dargelegt haben. Wir raten also immer zu einer Immobilienphilosophie, die die Qualität betont.

Wie aber etabliert sich Qualität? Und wie kann man diesem Begriff etwas näher zu Leibe rücken?

Wie auch beim Standort gibt es eine ganz einfache Methode; sie besteht darin, sich mit den Wünschen, Gepflogenheiten und Vorstellungen der potentiellen Bewohner zu *identifizieren*. Versetzen Sie sich also *in* den Bewohner – und Sie werden sehr schnell beurteilen können, was Qualität ist und was nicht. Ein guter Mieter wird immer *Ansprüche* anmelden. Mit einem schlechten Standort in einer hohlen Gasse wird er sich nicht identifizieren können, ebensowenig wie mit einer Eigentumswohnung in einem stillosen Wolkenkratzer. Tatsächlich reißt man Hochhäuser heute schon ab (!) – einzig und allein aus dem Grunde, weil den qualitativen Ansprüchen beim Bau vormals nicht Genüge getan wurde und man heute keine Mieter mehr dafür findet. Bei Licht betrachtet besteht in der Bundesrepublik Deutschland tatsächlich ein qualitativer *Bedarf*, was Eigentumswohnungen anbelangt. Die statistischen Zahlen über die Situation auf dem Markt der Eigentumswohnungen müßte man gänzlich umschreiben, wenn man sauber differenzieren würde zwischen Eigentumswohnungen, die sich auf unakzeptablem Niveau befinden, und Eigentumswohnungen, deren Lage und Ausstattung erstklassig sind. Hinsichtlich komfortabler Eigentumswohnungen besteht ein wirklicher Nachholbedarf! In den 50er und 60er Jahren gab man sich vielleicht kurzzeitig mit diesen entsetzlichen Betonburgen zufrieden. Materialien wie Stahlbeton etwa wurden unbesehen akzeptiert und toleriert, ganz einfach weil die Wohnungsnot gravierend war. Fehlt heute indes der Keller oder die Gegensprechanlage bei einer Eigentumswohnung, so bedeutet das, daß von vorneherein Abstriche gegeben sind, was potentielle Mieter *oder* Wiederverkauf anbelangt. Sind Wohnungen hingegen gepflegt und kann sich der Bewohner damit identifizieren, so sind sie ungleich leichter zu verkaufen.

Treffen Sie also von Anfang an die richtige Entscheidung, damit nicht später beim Wiederverkauf Probleme auftreten. Unterschätzen Sie nie die *Wohnqualität,* mit der Begriffe wie Lebensqualität, Niveau, Einkommen und eine gehobene soziale Position assoziiert, ja gleichgesetzt werden.

Wir könnten Ihnen in diesem Zusammenhang abenteuerliche Stories erzählen, da unerfahrene Investoren auf eigene Faust wohlgemut eine Eigentumswohnung erwarben und die unglaublichsten Überraschungen erlebten. Nun ja, ganze Wissensgebiete ranken sich um die Kunst, »richtig« zu kaufen. Bedenken Sie also *vor* dem Kauf die »kleinen Details«. Denn: Was tun Sie, wenn die Eigentümergemeinschaft nicht miteinander harmoniert? Wenn die Gemeinschafts-Ölzentralheizungsanlage nicht funktioniert? Oder wenn man plötzlich feststellen muß, daß die Heizung nicht durch Schieber für die einzelnen Wohnungen abzutrennen ist? Nun, im letzten Fall kann man von vornherein auf einer unabhängigen Etagenheizung bestehen, wie sie in vielen Neubauten gegeben ist. Darüber hinaus sollte eindeutig durch die Eigentümergemeinschaft festgelegt sein,

»Ich hatte dir doch gesagt: bring nicht so viel Kuchen auf den Balkon!«

wer die Kosten für die Heizung trägt und wie sie aufgeschlüsselt sind. Was aber, wenn der Küchenmöbelhersteller, der für die verschiedenen elektrischen »Zapfstellen« verantwortlich ist, hinter den Küchenmöbeln unzureichende Verlängerungskabel verlegt hat? Wenn es also mit der Länge der Kabel haperte und einfach Lüsterklemmen benutzt wurden, um Verbindungen herzustellen? Bei der erstbesten Renovierung in der Küche wird es an den Tag kommen. Nur, momentan ist die Küche bereits gefliest und verputzt. Wer denkt jedoch noch ans Schlitzeklopfen? Also muß das Provisorium insgesamt bestehen bleiben, es sei denn, man verlegt wie zu Großmutters Zeiten Leitungen auf Putz, immer in der Hoffnung, daß sie die Optik nicht stören.

Die gute Nachricht: Für alle diese Probleme *gibt* es eine Lösung. Mittels eines Check-Plans kann man genau untersuchen (oder untersuchen lassen), wie der Zustand einer Immobilie sein sollte. Profis gehen sogar noch weiter und differenzieren zwischen einem Check-Plan, der bei der *ersten* Besichtigung zu benutzen ist, und einem Check-Plan, der bei der *zweiten* Recherche eingesetzt wird. Sie können solche Check-Pläne auch zusammen mit dem Verkäufer durchgehen, aber es empfiehlt sich immer, außerdem einen unabhängigen Fachmann die ins Auge gefaßte Eigentumswohnung unter die Lupe nehmen zu lassen.

Worauf achtet also der Experte? Bevor wir uns mittels eines kleinen »Bau-Abcs« einen ersten Einblick verschaffen, gestatten Sie uns noch eine weitere Vorbemerkung:

Wetten, daß ... Sie noch nie mit dem Zollstock auf einer zugigen Baustelle gestanden haben, um die Tür- und Fensteröffnungen nachzumessen? Dann wird es Zeit! Aber selbst wenn Sie schon einiges Wissen um die Baumaterie besitzen, so wird Ihnen das folgende Abc eine Stütze sein. Anbei finden Sie also das Rüstzeug für ein fast schon professionelles Gespräch mit dem Vertreter des Bauträgers, dem Maurer-Polier auf der Baustelle oder mit dem Verkäufer einer Gebrauchtwohnung.

Damit können Sie unmittelbar den Finger in die Wunde legen, sprich: auf die Schwachstellen einer Eigentumswohnung, sofern sie vorhanden sind.

Auch das Gespräch mit dem von Ihnen bestellten Gutachter, dem Handwerker oder dem Architekten wird dadurch viel effektiver. Selbst als Laie sollten Sie über bestimmte Details am Bau Bescheid wissen, damit Sie Ihre Interessen wirkungsvoll wahrnehmen können.*) Um Ihrer

---

*) Vgl. auch die Broschüre »Brüllen wie ein Baulöwe« von Dipl.-Ing. Dieter Diemann, München 1985

im Entstehen begriffenen Eigentumswohnung auf den Zahn fühlen zu können, empfiehlt sich also hin und wieder ein Besuch auf der Baustelle, nicht nur, um den Arbeitern beim »Häuslebauen« zuzuschauen, sondern auch, um einen Blick auf die Materialien zu werfen, die zur Verwendung kommen, und um die Wirklichkeit mit dem Entwurf auf dem Papier zu vergleichen. Papier ist geduldig. Steht erst einmal der gesamte Komplex und ist alles verputzt, ist der Zug abgefahren.

Im übrigen sollten Sie mündliche Absprachen mit dem Bauträger oder auch direkt am Bau – besonders was zusätzlich anfallende Kosten für Sonderwünsche betrifft – schriftlich, unter Zugrundelegung der Verdingungsordnung für Bauleistungen, kurz »VOB« genannt, festlegen. Von den drei Teilen (A, B, C) der VOB lautet Teil B: »Allgemeine Vertragsbedingungen für die Ausführung von Bauleistungen«, und Teil C: »Allgemeine technische Vorschriften für Bauleistungen«. Für Käufer von Eigentumswohnungen sind dies hochinteressante Kapitel! Dabei ist die VOB keine Rechtsvorschrift. Sie regelt lediglich die technischen und vertraglichen Bedingungen, die im Zusammenhang mit Bauarbeiten aller Art auftreten, jedoch nur, wenn sie ausdrücklich im Vertrag zwischen den Parteien festgehalten sind. Außerdem regelt zum Beispiel die VOB die *Gewährleistungspflicht,* die zwei Jahre, aber auch fünf Jahre betragen kann!

Fragen Sie bei Abschluß des Kaufvertrages über eine Neubau-Eigentumswohnung also, wie lange die Baufirmen verpflichtet sind, Mängel am Bau zu beseitigen. Es empfiehlt sich somit nicht nur, sich über den Ruf des Verkäufers von Eigentumswohnungen zu informieren. Gleichzeitig sollten Sie sich auch über die bauausführenden Firmen ein Bild verschaffen. Denn geht eine der am Bau beteiligten Firmen pleite, so leidet das gesamte Projekt.

Welchen konkreten Details sollten Sie nun Ihre Aufmerksamkeit schenken, wenn Sie eine neue, noch nicht existierende Eigentumswohnung (aber auch eine gebrauchte) kaufen wollen? Gerade beim Kauf einer Wohnung vom Reißbrett weg müssen Sie über einiges Vorstellungsvermögen verfügen, um sich ein Bild von der zukünftigen Eigentumswohnung machen zu können. Zunächst empfiehlt es sich, die Baubeschreibung des Objektes genau zu studieren und bestehende Unklarheiten und vor allem Sonderwünsche *sofort* anzumelden. Obwohl Ihre Wohnung im großen und ganzen den anderen Objekten in der Wohnanlage ähneln wird, so wollen Sie doch unter Umständen Ihre individuellen Vorstellungen soweit wie möglich einbringen, selbst wenn die Eigentumswohnung »nur« als Geldanlage vorgesehen ist. In diesem Sinne: Was ist wirklich wichtig?

1. Für Einsteiger: Das kleine Bau-Abc

Anstrich für Decken und Wände

Vorab so viel: Kalk- und Leimfarben stellen beim Anstrich die billigsten Alternativen dar, Kunstharz-Dispersionsfarben genügen bereits höheren Ansprüchen. Des weiteren differenziert man zwischen wisch-, wasch- und scheuerbeständigen Anstrichen. In diesem Zusammenhang gibt es einen schönen Trick, um herauszufinden, was benutzt wurde: Durch einfaches Anfeuchten des Anstriches können Sie bereits die Qualitätsunterschiede feststellen! Kalk- und Leimfarben nehmen die Feuchtigkeit sofort auf, und es entsteht ein dunkler Fleck. Bei Dispersionsfarben dringt die Feuchtigkeit nicht ein – sie bleibt auf der Farbe stehen.

Die VOB legt fest, welchen Testansprüchen der betreffende Anstrich genügen muß: Kalk- und Leimfarben sollen wischbeständig, Dispersionsfarben jedoch waschbeständig sein. Falls die Baubeschreibung auf die Qualität des Anstriches und der Farben nicht näher eingeht, empfiehlt es sich, danach zu fragen und in der Folge zu entscheiden, ob der vorgeschlagene Anstrich von Ihnen akzeptiert werden kann.

Balkone – Loggien – Terrassen

sind stets der Witterung ausgesetzt und deshalb sehr schaden- und reparaturanfällig. Während Balkone über die Hausfront in die Straße oder das Grundstück hinausragen, bildet der Boden einer Loggia oder einer Terrasse in vielen Fällen die Decke eines darunterliegenden Raumes. Ein Schwachpunkt stellt hier manchmal der Bodenbelag dar, der so gut abgedichtet sein sollte, daß das Eindringen von Sickerwasser unterbunden wird. Das Eindringen hätte zur Folge, daß Wasser durch die Decken dringt und sowohl die Deckenunterseite als auch die Fensterrahmen der darunter befindlichen Wohnung befeuchtet. Balkone, Terrassen und Loggien sollten im übrigen immer ein gewisses Gefälle aufweisen, ein möglicher Schutzanstrich auf dem Bodenbelag wird dadurch nicht ständig »unter Wasser« stehen.

Ein weiteres Problem eröffnet sich mitunter durch den Übergang beziehungsweise die Schwelle von Balkon/Terrasse/Loggia zum angrenzenden Zimmer. Nach der Fertigstellung des Bodenbelages im Außenbereich sollte die Bodenbelags-Schutzschicht 15 cm über der Entwässerungsebene hochgeklebt sein. Damit ergibt sich automatisch eine Schwelle zwischen Balkon/Loggia/Terrasse und angrenzendem Raum, die zwar manchmal nicht ästhetisch wirkt, aber sich im Verlauf der Jahre als praktisch erweist – gerade in unseren mittleren Klimabreiten, in denen wir es oft mit verregneten Sommern zu tun haben. Hat der Bauträger eine andere Lösung vorgesehen, dann sollten Sie sich eingehend danach erkundigen, besonders wenn die höhere Schwelle im Übergang gänzlich fehlt.

Erfolgt die Entwässerung des Balkons ohne besondere Vorrichtung (indem etwa beispielsweise die Balkonplatten über die Ränder hinausragen), dann läuft das Wasser an der Vorder- und Unterseite des Balkons entlang und verschmutzt die Hauswand. Schon bald wird die Eigentümergemeinschaft eine Renovierung des Komplexes beschließen müssen.

Decken

Im allgemeinen besitzen Sie bei Eigentumswohnungen keine Möglichkeit, Veränderungen an den Raumdecken vorzunehmen. Sie bestehen oft aus Stahlbeton. Allerdings können Sie die Deckenunterseite individuell gestalten. Abgesehen von der Farbauswahl mag man den Anstrich und den Putz variieren. So kann man einen einfachen Anstrich auf glattem Sichtbeton anbringen – oder Sie entscheiden sich für normalen Putz, der beim Feuchtigkeitsausgleich Vorteile bringt. Ist die Decke des Raumes genügend hoch, können Sie sie mittels Rigipsplatten oder schicken Raumelementen (Stoff, Holz, wärme- und schalldämmende Styropor-Platten, individuell farblich gestaltet, Kunststoff und anderes) abhängen und damit den Räumen eine eigene Note geben.

Elektroinstallation

Mit der Entscheidung, wo Steckdosen, Fernsehanschlüsse und Lichtquellen installiert werden sollen, bestimmt man bereits über die Einrichtung und Zweckbestimmung der verschiedenen Räume. Die Benutzung größerer elektronischer Geräte erfordert indes unter Umständen mehrere Stromkreise. Man ist also gut beraten, wenn man dem Thema Elektroinstallation einige Aufmerksamkeit widmet, speziell wenn Sie die Eigentumswohnung selbst nutzen wollen. Aber auch die Eigentumswohnung als Geldanlage sollte ausreichend Anschlüsse aufweisen, damit die zukünftigen Mieter nicht ständig neue Schlitze klopfen und neue Kabel verlegen. Die Hauptberatungsstelle für Elektrizitätsanwendung e. V. – HEA – Am Hauptbahnhof 12, 6000 Frankfurt/Main, Telefon 069/23 35 57, kann Ihnen

hinsichtlich der *Elektroinstallation* beste Auskünfte erteilen. In zehn sehr anschaulich gestalteten »Merkblättern« werden Sie hier über folgende Themen informiert:

Merkblatt M 1: Allgemeine Planungsunterlagen/ Empfehlungen
Merkblatt M 2: Hausanschluß
Merkblatt M 3: Fundamente/Potentialausgleich
Merkblatt M 4: Stromkreise etc.
Merkblatt M 5: Elektroheizung – Wärmepumpen
Merkblatt M 6: Elektro-Warmwasserbereitung
Merkblatt M 7: Haussprechanlagen/Fernmeldeanlagen
Merkblatt M 8: Hörfunk- und Fernseh-Empfangssysteme
Merkblatt M 9: Gefahrenmeldeanlagen
Merkblatt M 10: Leitungen und Kabel – Schaltzeichen

Ein *Faltblatt* rundet die Information ab, das drei Ausstattungsstandards unterscheidet. Natürlich können wir nur den mittleren und den höchsten Standard bei der Installation empfehlen. Übersichtliche Symbole, die auch den Laien nicht verwirren, gestatten es Ihnen, im Einzelfall selbst eine Auswahl zu treffen.

Das Informationsmaterial hilft nicht nur bei Neuinstallation, es gibt auch für die zu renovierende Eigentumswohnung wichtige Hinweise, wo bei der ergänzenden Elektroinstallation anzusetzen ist.

Schauen Sie dieses Faltblatt einmal selbst an – zumindest im Überblick:

ELEKTRO-INSTALLATION
AUSSTATTUNGSWERTE

RAL-RG 678/1

Tabellen für die Planung elektrischer Anlagen in Wohngebäuden

★ Ausstattungswert 1 *)

★★ Ausstattungswert 2

★★★ Ausstattungswert 3

*) In Anlehnung an DIN 18015 „Elektrische Anlagen in Wohngebäuden"

Herausgeber: Hauptberatungsstelle für Elektrizitätsanwendung e.V. -HEA-
Am Hauptbahnhof 12, 6000 Frankfurt/Main 1
Verlag: Energie-Verlag GmbH, Blumenstraße 13, 6900 Heidelberg 1

Anforderungen für Ausstattungswert 1 HEA

			⊥	✗
Wohnzimmer	ohne Eßplatz	≥ 18 m²	4	1
	mit Eßplatz	≥ 20 m²	5	2
Eßplatz/-raum		≤ 8 m²	2	1
		$> 8 \leq 12$ m²	3	1
		$> 12 \leq 20$ m²	4	1
Küche	ohne Imbißplatz		6	2
	mit Imbißplatz		7	3
Hausarbeitsraum			7	1
1- o. 2-Bettzimmer Eltern/Kinder		≤ 8 m²	3	1
		$> 8 \leq 12$ m²	4	1
		$> 12 \leq 20$ m²	5	1
Bad			3	2
WC			1	1
Flur/Diele	Länge	$\leq 2,5$ m	1	1
		$> 2,5$ m	1	1
Freisitz, Loggia, Balkon	Breite	≤ 3 m	1	0
		> 3 m	1	0
Terrasse			1	1

Licht- und Steckdosenstromkreise	
Gerätestromkreise	
Stromkreisverteiler	im Belastungsschwerpunkt der Wohnung
Rundfunk-Empfangsantennenanlage	
Fernmeldeanlage	
Klingel- und Türöffneranlage	

[ ] wenn Warmwasserversorgung durch Elektro-Geräte erfolgt.

Angaben für 3 – 4 Personen-Haushalt bzw. 75 – 100 m² Wohnfläche. Bei anderen Bezuggrößen Broschüre „HEA-Planungshilfen Gute Elektro-Installation" beachten.

Anforderungen für Ausstattungswert 3

			⊼**)	✕
Wohn-zimmer	ohne Eßplatz	≥ 18 m²	≥10	3
	mit Eßplatz	≥ 20 m²	≥12	4
Eßplatz/-raum		≤ 8 m²	≥ 5	2
		> 8 ≤12 m²	≥ 7	2
		> 12 ≤20 m²	≥10	3
Küche	ohne Imbißplatz		≥12	≥4
	mit Imbißplatz		≥15	≥5
Hausarbeitsraum			≥11	3
1- o. 2-Bettzimmer Eltern/Kinder		≤ 8 m²	≥ 6	2
		> 8 ≤12 m²	≥ 8	2
		> 12 ≤20 m²	≥11	3
Bad			≥ 5	4
WC			≥ 2	2
Flur / Diele	Länge	≤ 2,5 m	≥ 2	3
		> 2,5 m	≥ 3	3
Freisitz, Loggia, Balkon	Breite	≤ 3 m	≥ 2	1
		>3 m	≥ 3	2
Terrasse			≥ 3	2

*) sofern vorhanden
**) Die über Ausstattungswert 2 hinausgehenden Forderungen können auch durch Leerdosen erfüllt werden.

[ ] wenn Warmwasserversorgung durch Elektro-Geräte erfolgt.

Angaben für 3 – 4 Personen-Haushalt bzw. 75 – 100 m² Wohnfläche. Bei anderen Bezuggrößen Broschüre „HEA-Planungshilfen Gute Elektro-Installation" beachten.

November 1985

Beim Kauf einer Gebraucht-Eigentumswohnung sollten Sie möglichst die gesamte Elektroinstallation einer genauen Prüfung unterziehen oder unterziehen lassen. Engagieren Sie zum Beispiel einen Elektroinstallationsmeister, der nicht nur das eine oder andere lose heraus- oder herabhängende Kabel erkennt, sondern auch etwa mit dem Phasenprüfer checkt, wo Strom »drauf« ist und wo nicht. Später, wenn alles verputzt und renoviert ist und Sie vielleicht davon ausgegangen sind, daß die Installation in Ordnung ist, können ansonsten einige unliebsame Überraschungen auftreten. Dann müssen neue Schlitze in den frischen Putz geklopft werden, und Sie haben das Nachsehen. Lassen Sie also einwandfrei feststellen, auf welchen Dosen kein »Saft« mehr ist, welche Fernsehanschlüsse nicht mehr den heutigen Normen entsprechen, und ergänzen Sie unmittelbar die vorhandenen Lichtquellen. Warnen möchten wir auch vor Eigentumswohnungs-Vorbesitzern, die jahrelang in eigener Regie geradezu lebensgefährliche Kabelverlegungen vorgenommen haben. Bricht einmal ein Brand aus und es stellt sich im nachhinein heraus, daß der Grund in der ungenügenden (früheren Eigen-)Installation zu suchen ist, dann haften Sie dafür.

Fenster

Es ist nicht sehr wahrscheinlich, daß die Baubeschreibung umfassende Auskünfte über Fenster und Türen enthält. Fragen Sie deshalb die Lieferfirma und erbitten Sie eine genaue Beschreibung der vorgesehenen Fenster und Türen.

Die Angebote für Fenster sind heutzutage vielfältig. Es gibt Holzfenster, Kunststoffenster und Aluminiumfenster. Selbst Fachleute streiten sich über die Vor- und Nachteile der einzelnen Typen. Eine Aussage läßt sich jedoch mit Sicherheit treffen: Am häufigsten trifft man nach wie vor Holzfenster an. Üblicherweise handelt es sich heutzutage um ein Holzfenster mit Zweischeiben-Isolierglas. Ein wichtiges Detail bei Holzfenstern ist die Frage, ob die Fenster deckend oder nicht deckend gestrichen werden – das heißt, ob die Holzmaserung durch den Anstrich zu erkennen ist oder nicht. Nicht deckend (zum Beispiel mit einer Holzschutzfarbe) gestrichene Fensterrahmen, bei denen die Holzmaserung erkennbar ist, sind von höherer Qualität, denn das Holz muß dazu eine gewisse Astarmut aufweisen. Deckend gestrichene Fensterrahmen bestehen aus billigerem Fichtenholz. Qualitätsmäßig hochwertige Fenster besitzen darüber hinaus oft einen Rahmen aus Sipo-Mahagoni. Des weiteren ist es bestimmt eine Überlegung wert, welche Flügeleinteilung und Öffnungsmöglichkeiten die Fenster und Balkontüren aufweisen sollen: bei Fenstern kann man zwischen Drehflügelfenstern und Drehkippflügelfenstern wählen. Bei Balkontüren werden zum Beispiel Hebedrehkippflügel offeriert. Im Sommer sind sie damit auch bei trübem Wetter gut zum Lüften geeignet (sie können schräggestellt werden), im Winter führt dies manchmal zu energiezehrendem Lüften. Im Türrahmen eingebaute verschließbare Lüftungsschlitze bilden hierzu eine Alternative.

Die Fenster- und Balkontüren stellen oft den neuralgischen Punkt bei der Wärme- und Schallisolierung dar. Sprechen Sie auf jeden Fall mit Fachleuten (Architekten/Schreinern) über Ihre Bedenken. Damit der Laie eine Möglichkeit des Vergleichs innerhalb der unterschiedlichen Qualitäten hat, schlossen sich vor einigen Jahren führende Hersteller zu einer Gütegemeinschaft zusammen und führten das RAL-Gütezeichen ein. Alle Fenster mit dem RAL-Zeichen garantieren und demonstrieren heute, daß bestimmte wichtige Funktionen vorgesehen sind. Im übrigen kann man mit einem überschaubaren Kostenaufwand für zusätzliche Wärme- und Schallschutzisolierung auch bei Fenstern sorgen. So ist es beispielsweise möglich, eine Wärmeverbesserung von 60 bis 80 % dadurch zu erreichen, daß Zweischeiben-Isolierglas mit Metallbedampfung oder sogar Dreischeiben-Isolierglas verwendet wird.

Zur Lärmverminderung in Schlafräumen sollten Sie eventuell Fenster vorsehen, die eine höhere Schallschutzklasse aufweisen als die übrigen Fenster in der Eigentumswohnung. Normale Isolierglasfenster verfügen über die Schallschutzklasse 2, eine bessere Isolierung erreicht man mit der Klasse 5. In der Nähe eines Flughafens oder einer Autobahn sollte gar die Klasse 6 gewählt werden. Gebraucht-Eigentumswohnungen aus den 70er Jahren verfügen heute – nebenbei bemerkt – üblicherweise über Einfach-Verglasungen. Nicht immer ist es vorteilhaft, solche Renovierungsarbeiten vom Verkäufer ausführen zu lassen, können Sie diese doch selbst sehr gut als Kostenfaktor bei der Steuer absetzen und erhalten so oft noch einen Zuschuß vom Staat für Ihre Wärme- und Schallschutzisolierung. In diesem Fall sollten Sie sich Angebote von verschiedenen einzelnen Glasereien unterbreiten lassen. Die Wahrheit ist: Der Kampf auf dem Baumarkt ist zur Zeit unbarmherzig. Sie sind der Gewinner, denn um Aufträge wird gerungen. Es empfiehlt sich, auch Angebote über einen vollständig neuen Fenstereinbau einzuholen. Neue Fenster werden heutzutage so eingebaut, daß es kaum Schäden an Außen- und Innenwänden verursachen.

Fliesen

Pilgert ein Bauherr heute zu einem Verkaufszentrum, das Fliesen feilbietet, so kommt er sich vielleicht wie auf dem Jahrmarkt vor. Tatsächlich existiert ein Überangebot. Im übrigen konzentrierten sich vor 15 Jahren Baugesellschaften noch auf die Farbe *Grün* – heute ist das grüne Badezimmer längst unmodern. Was aber nehmen? Nun, Sie können praktisch alles auswählen, die schlichte weiße Fliese oder die eingestreute Original-Jugendstil-Fliese. Es gibt Fliesen in rustikaler Ausführung oder mit mehr oder minder zart eingestreutem Dekor. Ihrem kreativ-künstlerischen Gefühl sind keine Grenzen gesetzt.

Zunächst sollten Sie sich über den Umfang der Fliesenarbeiten klar werden. Auf gut deutsch bedeutet dies Ihre Entscheidung, welche Fliesen für welchen Zweck gut sein sollen. Damit sind wir schon bei dem Thema Materialkunde, denn Fliese ist nicht gleich Fliese. In der Regel bestehen sie aus Tonscherben mit der Unterscheidung, daß *Steingutfliesen* aus weichem Material sind und vorwiegend als Wandfliesen Verwendung finden, während *Steinzeugfliesen* aus widerstandsfähigerem Material bestehen und nicht wassersaugend sind. Ihre Verwendung finden sie sowohl als Wand- als auch als Bodenfliesen. Die Differenzierung geht aber noch weiter. So unterscheidet man *Uni-Fliesen,* also Fliesen mit einfarbiger, glatter und auch mit strukturierter Oberfläche, sowie *geflammte Fliesen* mit flammenartig angedeuteten, verschiedenen Farben mit glatter oder gewalkter Oberfläche. Eine weitere Art sind die *Dekorfliesen* mit verschiedenartigem Muster, das vertieft oder erhoben an der Oberfläche ausgebildet ist. Die Fliesenqualität wird durch die »Sortierung« unterschieden: Man differenziert zwischen der *Mindersortierung* mit kleinen Fehlern, die durch das Brennen entstanden sind, und der teureren sogenannten *Handelsware*. Diese Einteilung ist für deutsche Fliesenfertigungen zutreffend – ausländische Fliesenhersteller unterscheiden Sortierungen zum Teil von 1 bis 4. Hier ist jedoch Vorsicht geboten! Lassen Sie sich nicht durch die künstlerisch ansprechende Oberfläche täuschen. Wichtig ist die Gesamtqualität. Einige Fachleute warnen sogar regelrecht vor italienischen und holländischen Fliesen.

Fußboden und Estrich

Der »schwimmende Estrich« sorgt für die erforderliche Schalldämmung des Trittes auf dem Fußboden. Die Schalldämmung wird dadurch erreicht, daß der Estrich allseitig auf dem Unterboden schwimmen muß. Der Estrich kann aus verschiedenen Materialien bestehen wie etwa Zementestrich, Gußasphalt oder Anhydritestrich. Jede dieser vorgestellten Estrich-Arten besitzt ihre ganz spezifischen Vor- und Nachteile. Gusasphalt wird gerne in Kellerräumen verwendet, während in den Wohnräumen vielfach Zementestrich überwiegt.

Nehmen wir an, der Estrich ist aufgetragen. Jetzt steht der Fußbodenbelag zur Diskussion. Welche Möglichkeiten bieten sich an?

Keramische Bodenplatten werden heutzutage einfach auf den schwimmenden Estrich geklebt. Entscheiden Sie sich für keramische Bodenplatten, dann votieren Sie auch für die schalldämmende Ausbildung des schwimmenden Estrichs. Die Sonderkosten schlagen nicht sehr zu Buche; aber Sie müssen Sorge dafür tragen, daß die Estrichfirma rechtzeitig von diesem Sonderwunsch Kenntnis erhält.

Der *Parkettfußboden* stellt nach wie vor eine beliebte Alternative dar. Die verschiedenen Arten von Parkettböden unterscheiden sich in der Art der verwendeten Hölzer. Aus Kostengründen verlegen die Firmen heute fast ausschließlich Fertigmosaik-Parkettplatten, die in der Regel aus Eiche hergestellt sind. Unter drei Qualitätsausfertigungen können Sie wählen: »rustikal«, »gestreift« und »natur«, wobei »natur« die höchste Qualität darstellt. Die Auswahl der Holzart hängt üblicherweise von dem finanziellen Spielraum ab, der zur Verfügung steht.

An *textilen Bodenbelägen* werden verschiedene Ausstattungsmöglichkeiten angeboten. Man differenziert zwischen Nadelfilz, Nadelvlies, Schlingenware, Velours und Kombinationen von Schlinge und Velours. Die europäische Teppichgemeinschaft operiert, was die Qualität von textilen Bodenbelägen anbelangt, mit zwei »Siegeln«: So gibt es *(1) das Teppich-Siegel,* das garantiert, daß die durch bestimmte Symbole erkennbaren Eigenschaften des Teppichbelages tatsächlich gegeben sind – zum Beispiel, daß der Teppichboden für den Bürobereich geeignet oder antistatisch ist.

Daneben gibt es das *(2) das Comfort-Siegel,* das nur für

Teppiche mit gehobenem Standard zusätzlich zum Teppichsiegel vergeben wird.

Teppiche werden lose verlegt oder verspannt. Die Verspannung ist verhältnismäßig aufwendig und teuer; billiger kommt das vollflächige Verkleben oder das lose Verlegen mit Teppichklebeband an den Rändern. Die vollflächige Verklebung besitzt natürlich gewisse Nachteile – beispielsweise wenn der Teppichboden ausgewechselt werden soll.

Kunststoff-, Linoleum- oder Gummibeläge finden schließlich hauptsächlich in Küchen Verwendung; verlegt werden sie in Bahnen oder als Platten; auch hier gibt es eine vielfarbige Palette möglicher Angebote.

Heizungsinstallation

Bei der *Warmwasser-Zentralheizung* werden die Räume entweder durch Radiatoren oder Konvektoren oder durch eine Fußbodenheizung erwärmt. Prinzipiell unterscheidet man Einrohr- und Zweirohrheizungen. Das Zweirohrsystem ist wegen des größeren Rohrverbrauchs zwar teurer, es bewirkt aber eine gleichmäßige Aufheizung der Heizkörper – im Gegensatz zur Einrohrheizung.

Die Fußboden-Warmwasserheizung bewirkt eine gute Wärmeverteilung im gesamten Raum und einen fußwarmen Boden. Die Heizkörpernischen entfallen. Nachteilig sind hierbei indes die teure Installation, relativ komplizierte Reparaturen und die große Trägheit – die Heizung reagiert nur langsam auf ein An- oder Abstellen.

Heizkörper sollten wegen der Luftzirkulation grundsätzlich unter dem Fenster gelegen sein; andere Lösungen sind nur im Bad und im WC akzeptabel. Zur Regulierung der Heizung sind Thermostatventile vorzusehen, außerdem an jedem Heizkörper Lüftungsventile zur unabhängigen Entlüftung der einzelnen Heizkörper.

Wirklich empfehlenswert ist heutzutage die *Etagenheizung*, die meist mit *Gas* betrieben wird. Die Gasetagenheizung macht Sie unabhängig von Ihren Mitbewohnern.

Hier können Sie den Beheizungsgrad individuell in Ihrer Eigentumswohnung bestimmen: Auch bei eventuellen Reparaturen sind Sie unabhängig. Bei der Gasetagenheizung wird ebenfalls mittels eines Röhrensystems und Radiatoren (beziehungsweise Konvektoren) in der Wohnung Wärme verbreitet. Meist wird mit dem Gasbelieferer ein Wartungsvertrag abgeschlossen. Heizkessel oder Therme können in der Küche oder im Bad installiert werden, es muß nur eine Be- und Entlüftung nach draußen stattfinden können.

Immer noch existiert daneben die *Ölzentralheizung*. Das bedeutet für Sie als Eigentumswohnungs-Eigentümer, daß Sie noch ein Stückchen fester mit Ihren Nachbarn im Haus verbunden sind. Zumindest sollten Schieber installiert sein, die ein »Abschieben« der einzelnen Wohnungen oder doch zumindest Etagen oder Hausseiten voneinander bei Reparaturen ermöglichen. Praktisch muß jede Maßnahme an der Heizung mit den Nachbarn abgesprochen werden. Zudem ist das Problem der Be- und Entlüftung vor und nach Reparaturen gegeben. Im schlechtesten Fall muß jedes Mal nach einer solchen Reparatur im ganzen Haus entlüftet werden – auch das kostet Geld.

Nachträgliche Änderungen an der Gesamtheizungsanlage sind natürlich möglich. Es ist jedoch ein Märchen, wenn behauptet wird, dies sei mit relativ geringem Kostenaufwand durchführbar. Denn die Anschlußnormen in der Heizungsindustrie wechseln alle fünf bis zehn Jahre. Wenn Sie in einer Gebraucht-Eigentumswohnung Heizkörper auswechseln wollen, erhalten Sie unter Umständen für die verlegte Rohrzuleitung und Rohrableitung keine passenden Heizkörper mehr. Lassen Sie sich bezüglich der Preise hier also keinen Bären aufbinden.

Grundsätzlich können wir nur empfehlen: Bestehen Sie auf einer unabhängigen Etagenheizung! Die gibt es nämlich. Gehen Sie dabei keinen Kompromiß ein, was Qualität, Komfort und Funktionalität anbelangt.

Mauerwerk

Die Art der äußeren und inneren Mauern bestimmt später den Grad der Wärme- und Schalldämmung und der Wärmespeicherung. Bei den Außenwänden finden verschiedene Arten von Materialien Anwendung: Porenziegel, Gasbetonsteine, Ziegelsteine, Kalksandsteine oder Leichtbeton-Hohlblocksteine. Der Bau kann in ein-, aber auch zweischaliger Konstruktion vorgenommen werden. Grundsätzlich spricht man bei zweischaligen Konstruktionen von der Luxusklasse.

Bei Innenwänden benutzt man Materialien wie Ziegel, Hohlblock- und Kalksandstein von 24 cm, 17,5 cm und 11,5 cm Dicke. Die beste Schalldämmung geben Kalksandsteine mit einer Wandstärke von 24,5 cm.

Leichte Trennwände sind dagegen nichttragende Konstruktionen aus 10 cm dicken Gasbetonsteinen, Gipsplatten, Gasbetonplatten oder Bimsplatten.

Putz

Ein offenes Wort: Großen Einfluß auf den Putz einer Wohnanlage werden Sie kaum nehmen können. Dennoch empfiehlt es sich, hinsichtlich der Außenfassade und dem Innenputz einige Grundkenntnisse zu besitzen. Also: Der *Außenputz* schützt die Außenwände gegen Schlagregen, den er aufsaugt und später wieder abgibt. Was den Außenputz angeht, gibt es große Unterschiede. Kunststoffputz ist zum Beispiel wartungsarm und muß nicht noch mit einem Anstrich versehen werden. Beim Kalkzementputz unterscheidet man: den am wenigsten anfälligen Kratzputz, den teuren Edelkratzputz (braucht nicht gestrichen zu werden) und den billigen, gescheibten Rauhputz (muß zusätzlich gestrichen werden). Der Außenputz wird überwiegend in drei Lagen aufgebracht, genannt »Dreilagigkeit des Putzes«. Die erste Lage besteht aus einer Zementmischung, die auf die Wand gespritzt wird, die zweite Lage aus dem sogenannten Unterputz und die dritte Lage aus dem strukturierten Oberputz.

Der *Innenputz* kann ebenfalls eine gewisse Menge an Feuchtigkeit, die in den Räumen entsteht, aufnehmen. Das ist vor allem für das Bad wichtig. Eine traditionelle Putzart stellt der zwei- bis dreilagige Kalkzementinnenputz dar; immer häufiger wird jedoch der einlagige Putz verwendet, allerdings nur, wenn der Untergrund keine allzu großen Unebenheiten aufweist, denn dieser Putz ist nur 1 bis 1,5 cm dick. Für den einlagigen Putz wird Gips- und Kalkputz verwendet.

Strukturierten Innenputz können Sie sowohl bei einer Neubau-Eigentumswohnung als auch bei einer gebrauchten Eigentumswohnung erhalten. Der Fachmann nennt dies Rauhputz, das heißt, eine Grundierung, auf die ein Kunststoffputz aufgebracht wird. Der strukturierte Innenputz verleiht der Wohnung eine gewisse Großzügigkeit.

Sanitärinstallation

Überprüfen Sie die Baubeschreibung und stellen Sie – eventuell auch im Gespräch mit dem Bauleiter, dem Verkäufer oder dem Architekten – die Standardausstattung für Bad, WC und Küche fest. Sie können sogar Ihre eigenen Ideen einbringen, sollte die Sanitärausstattung nicht Ihren Vorstellungen entsprechen. Schon mit relativ wenig Kostenaufwand kann man ein Bad zum Beispiel sehr individuell gestalten. Kalkulieren Sie aber scharf, denn nicht immer erzielen top-gestylte teure Sanitärobjekte die gewünschte Wirkung. Oft ist es die subtile Abstimmung der Farbe der Wandfliesen mit den Farben der Objekte, die einen professionellen Touch erzeugt! Haben Sie schon einmal versucht, für ein weiß gefliestes Badezimmer farbige Objekte auszusuchen? Versuchen Sie es einmal mit der Farbe »Manhattan«, einem warmen Mittelgrau, und dazu altrosa Riemchen um den direkt auf die Wand geklebten großen Spiegel. Besonders exklusiv kann eine Wanne aus

Acryl wirken. Dazu weiße, modern gestylte Einhandarmaturen. Aber das ist bereits Geschmackssache.

Welches Objekt das vorteilhafteste für Ihr Bad ist, muß an Ort und Stelle entschieden werden. Dabei ist es von Bedeutung, wie die bereits bestehenden Wasseranschlüsse und die Entsorgungsleitungen aussehen. Ein an der Wand hängendes Klosett hat was für sich, denn die Reinigung des Fußbodens darunter ist mühelos. Was aber, wenn der Ablauf im Boden vorgesehen ist? Gerade der Ablauf macht oft einen Strich durch die Rechnung, denn für die Installation der modernen WCs ist ein bestimmter Abstand zwischen Wand und Abflußrohr Voraussetzung. Außerdem will man in den seltensten Fällen gleich die gesamte Abwasserentsorgung umkrempeln. Immerhin gibt es genügend Alternativlösungen, die befriedigend sind.

Noch ein Tip für den Badbesitzer, der ohne Fenster auskommen muß: Bestehen Sie auf einem Tiefspülklosett – es ist geruchsärmer und hygienischer. Badewannen sind erhältlich als billige, emaillierte Stahlbadewannen oder als teurere Acrylwannen, die zwar wärmedämmender, dafür aber kratzempfindlicher sind. Eine zusätzliche Wärmedämmung erzielen Sie durch den Einbau von Kunststoffschaum-Formsteinen – das Wasser kühlt hier nicht so schnell ab. Wird die Badewanne gleichzeitig als Duschwanne benutzt, dann empfiehlt es sich, die Badewanne eine Fliese von der Wand abgesetzt zu installieren, damit mehr Platz zum Duschen vorhanden ist. Sollte im übrigen genügend Raum im Badezimmer für den Einbau einer separaten Dusche vorhanden sein, dann zögern Sie nicht, ihn auch zu nutzen. Sofern Sie aber in der Badewanne duschen, benötigen Sie eine Duschwand, etwa in Form einer Acryltür, die an einer Seite an der Wand angebracht ist. Es gibt aber auch eine enorm billige und pfiffige Lösung: Befestigen Sie an der Decke eine Kunststoff-Jalousie, die Sie bei Bedarf bis an den Badewannenrand herablassen.

Sonderwünsche bei den Armaturen sind vor allem eine

Kostenfrage. Dennoch: Heute sollte man nicht auf die Einhand-Mischbatterie beim Duschen verzichten: Sie erhalten sofort Wasser in der gewünschten Temperatur, statt endlos lange zu probieren und sich abwechselnd zu verbrühen und dann wieder unter dem kalten Strahl zusammenzuzukken. Auch für das Waschbecken sollten Sie der Einhandmischbatterie den Vorzug geben.

Der Einbau eines Bidets oder eines kleinen Wandurinals schließlich ist in erster Linie eine Frage des vorhandenen Platzes im Bad. Eine wichtige Sicherheitsmaßnahme – speziell wenn man auf der Etage wohnt – ist jedoch ein Bodenablauf im Bad. In den südlichen Nachbarländern ist dies schon lange gang und gäbe. Der Vorteil liegt darin, daß beim Überlaufen der Wanne oder beim Auslaufen der Waschmaschine im Bad das Wasser nicht in die Wohnung oder in darunterliegende Stockwerke dringt, sondern einfach im Bodenablauf versickert. Unseres Erachtens sollte eine solche Vorrichtung in Zukunft zu den Standardausrüstungen der Bäder zählen. An den Bodenablauf sollten aber die Abläufe von Wanne und Waschbecken angeschlossen sein.

Die Warm- und Kaltwasser-Installation in Küche, WC und Bad wird in der Regel in Neubauten nach dem neuesten Standard ausgeführt, Mängel muß der Bauträger beheben. Schauen Sie sich trotzdem die Baubeschreibung nach dem Installationsstandard daraufhin an, an welcher Stelle tatsächlich Warm- und Kaltwasser-Zapfstellen installiert sind. Vielleicht haben Sie in punkto Wasserleitung noch den einen oder anderen Wunsch.

Ein Problem eigener Art stellt im übrigen die Gebraucht-Eigentumswohnung dar. Selbst Eigentumswohnungen aus den 70er Jahren verfügen manchmal in der Küche nicht über fließendes warmes und kaltes Wasser – heute eine Selbstverständlichkeit – weshalb man oft vergißt, danach zu fragen. Überhaupt verhält es sich mit den Wasseranschlüssen wie mit der Elektroinstallation: Bei

Gebraucht-Eigentumswohnungen ist hier Vorsicht geboten. Die Erfahrung empfiehlt, daß ein Fachmann die Eigentumswohnung begutachten sollte. Sie werden erstaunt sein, was er alles zutage fördert.

Schalldämmung

In der Bautechnik differenziert man zwischen dem Luft- und dem Körperschall. Der Luftschall pflanzt sich in der Luft fort, wie der Verkehrslärm, die Musik und das Gespräch etwa. Der Körperschall ist der Lärm, der im Baukörper selbst fortgeleitet wird. Ein konkretes Beispiel: Ihre Begeisterung wird sich in Grenzen halten, wenn in Ihrer Wohnung der Eindruck entsteht, die WC-Spülung würde direkt neben Ihrem Eßzimmer betätigt.

Die Dämmung gegen Luftschall erfolgt üblicherweise durch schwere Wände, die nicht schwingen – zum Beispiel Betonwände. Sie besitzen jedoch gleichzeitig den Nachteil, den Schall innerhalb des Hauses zu leiten. Leichte, poröse Wände dagegen dämmen schlechter gegen den Luftschall, leiten aber den Körperschall nicht so intensiv. Auf der anderen Seite müssen Außenwände indes das Eindringen von Luftschall (Verkehrslärm und anderes mehr) verhindern. Also baut man schwere Außenwände, die gleichzeitig eine gewisse Porosität besitzen müssen, um eine hohe Wärmedämmung zu gewährleisten. Dem Körperschall innerhalb der Wohnanlage rückt man zuleibe, indem die direkten Schallquellen von Wänden und Decken gut isoliert werden. Die Wasserrohre sollten deshalb in Wänden und Decken mit Dämmstreifen versehen werden, um ein Übertragen des Schalls weitgehend auszuschalten. Im übrigen trägt auch der schwimmende Estrich dazu bei, daß der durch den menschlichen Tritt hervorgerufene Schall nicht weitergeleitet wird.

Die Berechnung von Schalldämmungsvorrichtungen ist ein wenig kompliziert. Die Mindest-Schallschutzdämmungen werden an Ausführungsbeispielen nach DIN 4109 dokumentiert. Zusätzlich spricht man Empfehlungen aus. Verstöße gegen Mindestanforderungen können ermittelt werden und sind einklagbar. Ein höherer Schallschutz sollte jedoch schon im Vorfeld im Kaufvertrag angesprochen werden. Ab einer bestimmten gehobenen Ausstattung sollte es sich von selbst verstehen, daß man Maßnahmen zum erhöhten Schallschutz ergreift, selbst wenn diese nicht ausdrücklich im Kaufvertrag festgelegt sind.

Schlagregenschutz

Bei Regen und gleichzeitigem Sturm dringt Regenwasser einige Zentimeter in gemauerte Bauten ein. An den betroffenen Außenwänden sollten entsprechende Konstruktionsdicken vorhanden sein, die Schäden im Mauerwerk verhindern. Hier fordern Fachleute eine Wanddicke von 36,5 cm, die mehr Schutz vor Schlagregen als dünnere Wände bietet.

Türen

Auch hier sollten Sie sich selbst überzeugen – eventuell beim Zulieferer. Checken Sie, welche Qualität die Türen besitzen und ob für die Türöffnungen Stahlzargen oder Holzzargen vorgesehen sind. Im übrigen gibt es Vollholztüren und Türblätter mit Edelholzfurnier, deckend gestrichene und nicht deckend gestrichene sowie kunststoffbeschichtete Türblätter. Das Innenleben der Türblätter besteht meist nur aus bienenwabenartig gelegten Pappenlagen, die mit Decksperrholz verleimt werden. Eine Vollholztür ist hier schalldämpfender. Entlüftungsschlitze an den Türen für fensterlose Räume wie etwa Bad und WC sind Vorschrift, während Lichtausschnitte, die den fensterlosen Flur erhellen, schon Sonderwünsche darstellen können. Bei der Eingangstür sollte unbedingt darauf geachtet werden, daß sie einen diebstahlsicheren Beschlag erhält sowie eine von außen zu verriegelnde Innenkette und einen Türspion.

Wärmedämmung

Die Wärmedämmung soll verhindern, daß ein Wärmeverlust durch den »Austausch« von kalter und warmer Luft auftritt. Dieses Prinzip der »Wärmedämmung« findet bei allen Materialien Anwendung – bei Ziegelwänden, Schaumplatten, Steinwolle oder Glaswolle also. Eine nachträgliche Wärmedämmung wird immer an der Außenfassade vorgenommen, um eine Auskühlung der Wand und ein dadurch bedingtes Kondensieren des nach außen dringenden Wasserdampfes zu vermeiden, was bei einer Dämmung von innen auftreten würde. Wärme- und Schallschutzbestimmungen wurden im übrigen erstmals im Jahre 1972 bautechnisch festgelegt. Bei den Gebraucht-Eigentumswohnungen, die zu dieser Zeit entstanden, empfiehlt es sich, den Schallschutz und die Wärmedämmung untersuchen zu lassen. Denn die Vorschriften könnten kurz nach 1972 noch nicht so ernst genommen worden sein und nicht dem vorgeschriebenen Standard entsprechen. Was den Preis von Gebraucht-Eigentumswohnungen anbelangt, die bis 1972 entstanden sind: oft kann man ihn unter Hinweis auf fehlende Maßnahmen sogar noch etwas ändern ...

So weit, so gut! Sie werden bemerkt haben, daß wir bislang *nicht* immer ausdrücklich zwischen gebrauchten und neuen Eigentumswohnungen unterschieden haben. Einige Tips zielen also nur auf gebrauchte Wohnungen, andere lassen sich nur bei neuen Wohnungen anwenden. Aber es ging uns darum, zunächst lediglich eine *Vorstellung* zu vermitteln, welch unglaubliche Qualitätsunterschiede überhaupt existieren. Natürlich werden Fachleute hinsichtlich unseres kleinen Bau-Abc Einspruch erheben und fordern, daß einige Stichworte ausführlicher zu behandeln seien. So könnte ein Heizungsexperte bei dem Stichwort »Wärmedämmung« oder »Zentralheizung« mit Sicherheit leicht noch 50 Seiten hinzufügen. Aber unser kleines Abc kann nicht den Anspruch stellen, Sie in fünf Minuten zum Experten zu machen. Richtig ist, daß sich einzelne Fachleute ein ganzes Leben lang etwa nur mit *Teppichen* beschäftigen! Selbstredend könnte man also hierüber eigene Bücher verfassen. Man sehe es uns also nach, wenn wir lediglich eine kleine Einführung zu geben versuchten.

Immerhin dürfte ein Umstand deutlich geworden sein: Es gibt immense Unterschiede, was die Qualität anbelangt. Tatsächlich könnten die Unterschiede zwischen den verschiedenen Eigentumswohnungen gar nicht größer sein.

Im übrigen gibt es auch noch andere Beurteilungskriterien, was die Ausstattung beziehungsweise überhaupt den *Zustand* anbelangt. Man denke nur etwa an den grundlegenden *Schnitt* einer Wohnung! Es gibt eine eigene »Wissenschaft«, die sich nur und ausschließlich mit der Wohnflächenberechnung und Mindestraumgrößen etwa befaßt. So sind die Mindestraumgrößen nach DIN 18011 für die einzelnen Wohnbereiche wie folgt ausgewiesen:

Küche	9,8 qm
Eßplatz	5,9 qm
Wohnzimmer	18,5 qm
Eltern-Schlafraum	14,5 qm
Kinderzimmer (1 Kind)	7,1 qm
Kinderzimmer (2 Kinder)	14,6 qm
Balkon oder Terrasse	1,7 qm

Aber zunächst: Was bedeutet überhaupt der Begriff »Wohnfläche«? Nun, Wohnflächen sind zusammenaddiert alle Grundflächen der Räume, die zu der Wohnung zählen. Die Grundflächen der einzelnen Räume errechnen sich entweder aus den Rohbaumaßen *oder* aus den Fertigbaumaßen. Einmal festgelegt, können die Maße nicht mehr geändert werden. Von der Grundfläche abgezogen werden: Grundflächen von Schornsteinen, Pfeilern und Säulen, sofern sie die gesamte Raumhöhe einnehmen und ihre

Grundfläche mehr als 0,1 qm ausmacht, außerdem Treppenabsätze und Treppen mit mehr als drei Stufen. Im übrigen beinhaltet die Grundflächenzahl einer Wohnung die Grundfläche von Fenstern und offenen Waschnischen, Erkern und Wandschränken sowie Wandteilen unter der Treppe mit einer Mindesthöhe von 2 m.

Manche Grundflächen sind nicht voll anrechenbar, wenn zum Beispiel Nischen weniger als 2 m Höhe besitzen, was bei Dachschrägen sehr oft vorkommt. Zur Hälfte als Grundfläche angerechnet werden Grundflächen der Räume, die zwischen 1 m und 2 m hoch sind. Der Platz unmittelbar unter der Dachschräge, der weniger als 1 m Höhe mißt, wird dagegen bei keiner Flächenberechnung berücksichtigt.

Die Quadratmeterangabe einer Wohnung kann im übrigen auch optisch frisiert sein. Wenn für die Außen- und Innenwände beispielsweise gerade die Mindestdicke eingehalten wird, dann schinden manche unseriöse Bauherren größere Grundflächenzahlen heraus, um damit den Kaufpreis der Wohnung erhöhen zu können. Der Wohnwert einer Eigentumswohnung mit Außenwänden von 36,5 cm und Innenwänden von 24,5 cm Dicke ist jedoch höher als bei einer geringfügig größeren Grundflächenzahl und insgesamt dünneren Innen- und Außenwänden. Dünnere Wände errechnen mehr Quadratmeter und schlagen sich in einem höheren Kaufpreis nieder, ohne daß eine bessere Wohnausstattung gegeben ist. Für die Bauherren selbst ergeben sich beim Erstellen von dünneren Wänden zusätzlich noch Baukostenersparnisse, die ihre Gewinnmarge größer werden lassen. Von der Grundflächenberechnung gänzlich ausgeschlossen werden Räume wie Keller, Waschküche, Dachboden, Garage, Abstellräume außerhalb der Wohnung und »Wirtschaftsräume« (wie der Vorratsraum etwa). Balkone und Terrassen werden zu 50 % der Wohnfläche zugeschlagen.

Ziehen Sie nicht ausschließlich das Kriterium der »großen Wohnung« zu Rate. Die reine Quadratmeterzahl einer Wohnung darf nur *ein* Aspekt bei der Kaufentscheidung sein. Nehmen Sie darüber hinaus einen Vergleich der Wohn- und Verkehrsflächen innerhalb der Wohnung vor, die in einem bestimmten Verhältnis stehen sollten. Das Verhältnis der einzelnen Raumgruppen ist idealerweise folgendermaßen gewählt: Flure 10%, gemeinschaftlich und individuell genutzte Flächen einschließlich Küche 72%, Bad und WC insgesamt 18% der Wohnfläche (= 100%). Hilfreich ist ein guter Grundriß der Wohnung im Maßstab 1:50 beziehungsweise 1:100, mit dem die exakten Raumaufteilungen und -abmessungen erkennbar sind.

Darüber hinaus sollten noch weitere Kriterien gecheckt werden. Prüfen Sie bei gebrauchten Eigentumswohnungen das Baujahr, die Bauweise und den Haustyp. Bringen Sie in Erfahrung, ob einzelne Teile später gebaut, ob und welche Renovierungen vorgenommen wurden. Stellen Sie fest, aus welchem Material die Treppen sind.*) Tatsache ist, daß bestimmte Materialien nur ein bestimmtes Alter erreichen! Prüfen Sie darüber hinaus, ob Sie Risse entdecken können und wie es um den Faktor Feuchtigkeit bestellt ist. Wenn Sie all diese Tests vornehmen oder vornehmen lassen, wissen Sie über Ihre Eigentumswohnung jedenfalls eine ganze Menge mehr als *der* Käufer, der blind und unvorbereitet eine (gebrauchte) Eigentumswohnung erwirbt.

Umgekehrt gibt es einige Check-Punkte, die nur bei im Entstehen begriffenen Eigentumswohnungen Anwendung finden. Achten Sie hier bei Besichtigung der Wohnung beispielsweise besonders auf die Belichtung, die Fenster der Räume also, die ein Achtel der Raumgrundfläche ausmachen sollten. Eigentumswohnungen im Rohbauzustand vermitteln nur eine ungenügende Vorstellung von der Hel-

---

*) Vgl. Ha. A. Mehler, Klaus Kempe, Wie mache ich mich als Immobilienmakler selbständig, Bonn-Bad Godesberg, S. 56 bis 62

ligkeit und dem späteren Zustand der Wohnung. Auf der anderen Seite wirkt ein Zimmer im Rohbauzustand dunkel und vergleichsweise klein, während leere Räume mit hell angelegten Wandflächen größer wirken.

2. Check-Plan für Ihre Eigentumswohnung

Wie kann man nun schnell, präzise und übersichtlich feststellen, wie es um die Ausstattung bestellt ist? Gute Dienste leistet hier wieder ein Check-Plan, mit dem man rasch und sicher erfassen kann, was es mit einem Objekt auf sich hat.

Man könnte indessen in diesem Zusammenhang wenigstens 20 Check-Listen erstellen und sich zunächst fragen, ob es sich um

- eine gebrauchte Eigentumswohnung handelt, ob es
- eine Eigentumswohnung ist, die nur auf dem Reißbrett existiert und gerade im Entstehen begriffen ist, oder ob man es mit
- einer neuen, fertigen Eigentumswohnung zu tun hat.

Des weiteren könnte man differenzieren nach

- Check-Plänen, die man bei der *ersten* Besichtigung anlegen sollte, sowie nach
- Check-Plänen, die bei der *zweiten* (genaueren) Besichtigung zu benutzen sind.

Prinzipiell kann man also festhalten, daß es verschiedene Kriterien gibt, nach denen man einen Check-Plan aufstellen kann.

Aus der Vielzahl der Möglichkeiten, die in der Praxis Usus sind, haben wir uns für eine Variante entschieden, die *alle* Eventualitäten abcheckt.

Das heißt, um Wiederholungen zu vermeiden, stellen wir nur *einen einzigen* Check-Plan vor, der alle Möglichkeiten der Eigentumswohnung umfaßt.

	Einfache Ausstattung	Mittlere Ausstattung	Gute bis sehr gute Ausstattung
Anstrich für Decken und Wände	Kalk- und Leimfarben, wischbeständig	Dispersionsfarben, waschbeständig	Dispersionsfarben, wasch- und scheuerbeständig
Außenverkleidung	einfacher Putz, Edelputz, Klinkersockel	Verbretterung, Klinkerverblendung	Kunststeinplatten, Spaltplatten, wertvolle Klinker
Balkone/Loggien/ Terrassen	einfacher Schutzanstrich	Schutzanstrich, darüber Platten und Schwelle im Übergang Balkon/Wohnraum	Schutzanstrich mit Platten und Bodenablauf sowie Schwelle zwischen Balkon/Wohnraum
Decken und Wände in Wohnräumen	Putz, einfacher Anstrich, oder einfache Tapete	Putz, bessere Tapeten	Textiltapeten, Holzvertäfelungen, Stuckdecken mit Schalldämmung
Elektroinstallation	4 Licht- und Steckdosenstromkreise, 4 Gerätestromkreise, 2 Stromkreisverteiler, Lampen und Steckdosen in Zimmern nach HEA Ausstattungsqualität 1	7 Licht- und Steckdosenstromkreise, 7 Gerätestromkreise, 3 Stromkreisverteiler, Lampen und Steckdosen in Zimmern nach HEA Ausstattungsqualität 2	9 Licht- und Steckdosenstromkreise, 7 Gerätestromkreise, 4 Stromkreisverteiler, Lampen und Steckdosen in Zimmern nach HEA Ausstattungsqualität 3
Fenster	Holzfenster mit Einfachverglasung, deckend gestrichene Fichtefenster	Holz- oder Kunststoffenster mit einfacher Verglasung oder Zweischeibenisolierglas; als Holzfenster nicht deckend gestrichene Kieferfenster	Holz-, Aluminium- oder Kunststoffenster mit Thermopaneverglasung (Zweischeiben-Isolierglas) unter Berücksichtigung des Schallschutzes, als Holzfenster nicht deckend gestrichene Edelholzfenster (z. B. Sipo-Mahagoni), RAL-Gütesiegel
Fliesen	glatte Fliesen, einfarbig, Mindersortierung mit kleinen Fehlern	Dekorfliesen, gemustert	Mosaikfliesen, beste deutsche Markenware
Fußbodenbeläge in Küche, Bad und WC	Spachtelboden, Hobeldielen, Fliesen nur um Spüle, Kunststoffbeläge, Ölfarbenanstriche	Steinzeugplatten, Wand bis 1,5 m hoch gefliest, Mosaik in Bad und WC	Steinzeugplatten auf dem Boden bzw. Fliesen, Wand bis 1,5 m in Küche hoch gefliest, hochwertige Markenprodukte
Fußboden in Wohnräumen	Linoleum, nordische Kiefer, besserer Kunststoff	Kleinparkett, Fertig-Mosaikplatten, einfacher Teppichboden (Nadelfilz oder -vlies), Fußleisten aus Kunststoff verklebt	Parkett oder Rauchparkett, besserer Teppichboden (gute Schlingware oder Velourteppichboden mit Comfort-Siegel), Teppichboden verspannt verlegt, Fußleisten verschraubt.

	Einfache Ausstattung	Mittlere Ausstattung	Gute bis sehr gute Ausstattung
Heizungsinstallation	Ofenheizung, Warmluftheizung (Öl, Gas)	Warmwasser-Zentralheizung mit Warmwasserversorgung, Ein- oder Zweirohrheizung (Gas, Öl)	Warmwasserzentralheizung mit Warmwasserversorgung (Gas, Öl), Zweirohrheizung, evtl. auch Fußbodenheizung meist Gasetagenheizung
	heutzutage in allen Ausstattungsklassen auch Etagenheizung, meist Gasetagenheizung		
Mauerwerk	einfaches Mauerwerk, genügt nur den Mindestansprüchen des Schallschutzes und der Wärmedämmung	einschaliges Mauerwerk mit guter Wärmedämmung, Ziegel und Porenziegel, Innenwände Ziegel- oder Hohlblockstein und Kalksandsteine mit 11,5 cm Dicke	zweischaliges Mauerwerkskonstruktion mit zusätzlicher äußerer Dämmung, Innenwände mit 24,5 cm dicken Kalksandsteinen
Putz (außen)	einlagiger Kalkzement-Rauhputz	Kalkzement-Kratzputz	Kalkzement-Edelkratzputz dreilagig, Kunststoffputz
Putz (innen)	einlagiger Kalkzementputz	2- bis 3lagiger Kalkzementputz	strukturierter Innenputz mit Grundierung
Sanitärinstallation	Bad nur gefliest um Wanne und Waschbecken Bad mit freistehender Wanne oder Dusche, WC, Waschbecken weiße Objekte	Bad gefliest bis 1,50 m Wandhöhe Bad mit eingebauter Wanne oder Dusche, WC, Waschbecken evtl. farbige Objekte	Bad in Raumhöhe gefliest eingebaute Badewanne, WC, Bidet, Waschbecken, farbige Objekte, Einhebelmischbatterien, separate Dusche
Türen	einfache Sperrholz- oder Füllungstüren, deckend gestrichen Stahlzargen, einfache Türbeschläge	einfache Sperrholz- oder Füllungstüren, jedoch mit Glasausschnitt, deckend gestrichen, Stahlzargen, einfache Türbeschläge	Edelholztüren (massiv oder furniert), Schleiflacktüren Holzzargen, moderne oder Stil-Türbeschläge

Selbstredend werden einige der in der Folge genannten Check-Punkte nur auf die gebrauchte Eigentumswohnung zutreffen und andere wiederum nur für neue von Bedeutung sein. Dennoch besitzen Sie mit der folgenden Check-Liste einen umfassenden Überblick. Differenziert wurde im übrigen gemäß einer Wertskala, die drei Qualitätsstufen gelten läßt:

(1) einfache Ausstattung, (2) mittlere Ausstattung und (3) gute bis sehr gute Ausstattung.
Hiermit verfügen Sie über einen Check-Plan, der es Ihnen erlaubt, zwischen drei Qualitätsstufen zu unterscheiden. Wenn Sie unserer Immobilienphilosophie, wie wir sie bereits dargelegt haben, folgen, werden Sie sich natürlich nur für eine Eigentumswohnung entscheiden, die sich in gutem bis sehr gutem Zustand befindet.

Sofern Ihnen jedoch die ganze Prozedur zu umständlich erscheint, können Sie sich, was die einzelnen Bestandteile einer Eigentumswohnung anbelangt, natürlich auch eines *Fachmannes* bedienen. Wenige wissen, daß die Architektenkammern gezielt Sachverständige empfehlen, die Ihnen weiterhelfen können. Dabei differenziert man zwischen einzelnen »Tätigkeitsgebieten«; das heißt, es gibt Sachverständige für folgende Bereiche:

- Abdichtungen, Isolierungen, Schwamm- und Wasserschäden
- Betonfertigteile und Betonwerkstein
- Dacharbeiten, allgemein
- Dacharbeiten, Flachdachbau
- Gebühren für Architekten- und Ingenieurleistungen
- Grundstücksbewertungen und Wertminderungsschätzungen
- Holzbau, Zimmerarbeiten
- Malerarbeiten
- Mauerwerksbau
- Putz- und Stuckarbeiten
- Schwimmbadbau
- Sichtbetonarbeiten
- Sportstättenbau
- Landschaftsbau
- Stahlbetonbau
- Statik
- Wärme-, Kälte-, Schallschutzisolierung

Für jeden Stichpunkt, das heißt für jedes »Tätigkeitsgebiet« werden aufgeschlüsselt nach *Regionen* (zum Beispiel Region Darmstadt/Region Frankfurt/Region Hochtaunuskreis/Region Lahn-Dill-Kreis/Region Wiesbaden usw.) einzelne unabhängige Fachleute empfohlen, die Ihnen weiterhelfen und Ihnen die Arbeit von den Schultern nehmen können. Für den Raum Wiesbaden werden, was die *Wertschätzung* von Immobilien anbelangt, etwa folgende Adressen befürwortet:

Industrie- und Handelskammer Wiesbaden
Hans Sander, Dipl.-Ing.
Virchowstraße 1
6200 Wiesbaden
Tel. 06121/1 50 00
(Bauwesen, Wertermittlungen, Haustechnik)

Karel Schmidt
Danziger Str. 52
6200 Wiesbaden
Tel: 06121/54 05 24
(Baumängel und Schätzungen von Wohnhäusern)

Heribert Schulte, Dipl.-Ing.
Rheinstr. 34
6200 Wiesbaden
Tel: 06121/37 33 01
(Hochbau, Bewertung von bebauten und unbebauten Grundstücken)

Handwerkskammer Wiesbaden – Maurer
Helmut Koch, Ing.-grad.
Lilienthalstr. 17
6200 Wiesbaden
Tel: 06121/70 28 16

Hess. Landesamt f. Landwirtsch. Kassel
Hubert Hendel, Ing.-grad.
Gustav-Freytag-Str. 15
6200 Wiesbaden
Tel: 06121/37 90 19
(Sportstätten, Landschaftsbau, Wertberechnungen)

Soweit dieser Auszug aus der Liste der »offiziellen« Empfehlungen.

Natürlich gibt es keinen Grund unter der Sonne, nicht auch befreundete und Ihnen persönlich bekannte Fachleute (sprich Architekten, Bauingenieure oder sogar den Baustoffgroßhandel) zu Rate zu ziehen.

Auf einen Blick

1. Gehen Sie keine Kompromisse ein, was den Zustand und die Ausstattung der Immobilie anbelangt. Tatsächlich besteht in der Bundesrepublik ein Bedarf an hochwertigen Eigentumswohnungen.

2. Fachleute arbeiten mit Check-Plänen, wenn sie den Zustand und die Ausstattung einer Eigentumswohnung prüfen.

3. Wenn Sie eine Eigentumswohnung vom »Reißbrett weg« kaufen, dann sollten Sie hin und wieder den Baufortschritt und die verwendeten Materialien kontrollieren.

4. Mündliche Absprachen am Bau sollten immer schriftlich von Ihnen bestätigt werden, unter Hinweis auf die Verdingungsordnung für Bauleistungen (VOB), die die technischen und vertraglichen Bedingungen im Zusammenhang mit Bauarbeiten enthält.

5. Die *Gewährleistungspflicht* nach VOB kann zwei, aber auch fünf Jahre betragen. Fragen Sie vor dem Kauf einer Eigentumswohnung, wie lange Baufirmen verpflichtet sind, Mängel am Bau zu beseitigen.

6. Checken Sie (oder lassen Sie checken):
   - Anstriche für Decken und Wände
   - Balkone/Loggien/Terrassen
   - Decken
   - Elektroinstallation
   - Fenster
   - Fliesen
   - Fußboden und Estrich
   - Heizungsinstallation
   - Mauerwerk, Putz
   - Sanitärinstallation
   - Schalldämmung
   - Schlagregenschutz
   - Türen
   - Wärmedämmung

7. Mindestraumgrößen nach DIN 18011 sind:
   Küche   9,8 qm
   Eßplatz   5,9 qm
   Wohnzimmer   18,5 qm
   Eltern-Schlafzimmer   14,5 qm
   Kinderzimmer für 1 Kind   7,1 qm
   Kinderzimmer für 2 Kinder   14,6 qm
   Balkon oder Terrasse   1,7 qm

8. Auch die Wohnflächenberechnung ist ein wichtiges Kriterium für eine Eigentumswohnung. Zur Wohnfläche zählen alle Grundflächen der zur Wohnung gehörenden Räume. Manche Grundflächen sind nicht voll anrechenbar (Nischen niedriger als 2 m/Dachschrägen). Zur Hälfte der Grundfläche zugerechnet werden Räume, die zwischen 1 und 2 m hoch sind. Der Platz unmittelbar unter der Dachschräge wird nicht hinzugerechnet.

9. Die Quadratmeterzahl der Wohnung kann auch optisch frisiert sein, wenn die Wände etwa nur eine Mindestdicke aufweisen.

10. Von der Grundflächenberechnung ausgeschlossen werden Keller, Waschküche, Dachboden, Garage, Wirtschaftsräume und andere Räume außerhalb der Wohnung. Die Terrasse oder der Balkon werden nur mit 50 % der Wohnfläche zugerechnet.

11. Nehmen Sie einen Vergleich der Wohn- und Verkehrsflächen innerhalb einer Wohnung vor.
    Ein optimales Verhältnis innerhalb der einzelnen Raumgruppen:
    Flure 10 %,
    gemeinschaftlich und individuell genutzte Flächen einschließlich Küche 72 %,
    Bad und WC insgesamt 18 % der Wohnfläche.
    Hilfreich ist ein guter Grundriß der Wohnung im Maßstab 1:50 beziehungsweise 1:100, mit dem man die exakten Raumaufteilungen und -abmessungen erkennen kann.

12. Prüfen Sie auch: Baujahr, Bauweise und Haustyp. Bringen Sie bei gebrauchten Eigentumswohnungen in Erfahrung, ob einzelne Teile später erstellt und ob und welche Renovierungen vorgenommen wurden. Achten Sie besonders auf das Material, auf Feuchtigkeit und Risse.

13. Bei neuen, in der Entstehung begriffenen Eigentumswohnungen ist die Belichtung von Bedeutung: Die Fensterfläche sollte ein Achtel der Raumgrundfläche ausmachen.

14. Benutzen Sie einen Check-Plan, wenn Sie den Zustand und die Ausstattung einer Eigentumswohnung beurteilen.

15. Zur Beurteilung des Zustandes und der Ausstattung können Sie sich auch eines Fachmannes bedienen. Die Architektenkammern helfen hier weiter. Konsultieren Sie auch Bauingenieure und den Baustoffgroßhandel.

V. Das Schnäppchen: die Eigentumswohnung von Privat an Privat

Sie wollen endlich ans Eingemachte? Wollen endlich eine Eigentumswohnung kaufen? Und in dem Markt der unbegrenzten Möglichkeiten Ihre Chance wahrnehmen? Nun gut! Stürzen wir uns mitten in das Getümmel!

Grundsätzlich besitzen Sie zwei Möglichkeiten – das heißt Sie müssen zwischen *zwei* verschiedenen Gruppen von Anbietern unterscheiden. Auf der einen Seite stehen die *gewerblich tätigen Unternehmen,* wie Bauträgergesellschaften, Baubetreuer und Architekten etwa, die Baugrundstücke meist auf eigene Rechnung kaufen, um darauf Reihenhäuser, Einfamilienhäuser oder eben Eigentumswohnungen zu errichten. Zu dieser Gruppe zählen auch die verschiedenen Anlagegesellschaften, Fertighaushersteller und Immobilienmakler. Diese gewerblichen Anbieter offerieren meist interessante Steuersparmodelle. Außerdem wird Ihnen hier sozusagen alles aus einer Hand geboten. Sie sparen gewöhnlich Zeit, indem Sie einem Unternehmen oder einer Person Ihres Vertrauens den »Job«, eine für Sie geeignete Eigentumswohnung auszusuchen, übertragen. Außerdem kümmern sich die gewerblich tätigen Unternehmen oft um die Finanzierung und weisen auf Steuerlücken hin. Man nimmt Sie als Käufer sozusagen bei der Hand. Es ist eine Zeitfrage, für welche Variante (privat oder gewerblich) Sie sich grundsätzlich entscheiden.

Nehmen wir aber an, Sie verfügen über alle Zeit der Welt. Sie haben Feuer gefangen und Immobilienluft geschnuppert. Sie wollen sich selbst in das Kaufgetümmel stürzen und sind bereit, in den Ring zu steigen. Vielleicht werden Ihnen vor Aufregung die Hände feucht, wenn Sie an die *möglichen* Gewinnspannen denken. Aber aufgepaßt

– es *gibt* auch hier Fallgruben und Fußangeln, denn schließlich sind Sie ganz allein auf sich gestellt.

Betrachten wir zunächst diese zweite Anbietergruppe, »die Privaten«, etwas genauer:

Erfahrung hat gezeigt, daß private Anbieter nicht selten unter Zugzwang operieren, das heißt, sie *müssen* aus bestimmten Gründen zu einem bestimmten Zeitpunkt verkaufen. Oft liegt ein Erbfall vor, wobei es sich gezeigt hat, daß nach dem Tod der Eltern die Kinder in der Regel nicht in das Elternhaus einziehen. Die Gründe: Sie haben sich entweder in einer anderen Stadt bereits beruflich etabliert oder schon selbst Eigentum erworben. Hier wird in den nächsten Jahren (wenn die Bauherren der 60er Jahre sterben) ein vergrößertes Angebot an stadtnahen, älteren Häusern auf den Markt kommen. Zu den privaten Anbietern zählen aber auch die in Scheidung lebenden Ehepartner. Diese Häuser sind meist nicht älter als zehn Jahre. Wegen der oft hohen Belastungen durch Hypothekendarlehen ist selten einer der Ehepartner finanziell in der Lage, das Haus selbst zu übernehmen. Durch die emotional geladene Atmosphäre in solchen Situationen sind Verkaufsverhandlungen erschwert. Diese Verkäufer erleiden häufig große Vermögensverluste, manchmal durch eine Zwangsversteigerung des vorher gemeinsam bewohnten Heimes.

Zu den privaten Anbietern, vor allem in den Ballungsgebieten, zählen schließlich noch die mitten im beruflichen Leben stehenden Familien, die aus beruflichen Gründen umziehen wollen oder müssen. Diese Eigentümer sind an einem schnellen Verkauf interessiert, weil sie in der Regel an ihrem neuen Arbeits- und Wohnort wieder Eigentum erwerben wollen. Die realistische Einschätzung des Marktpreises erleichtert hier die Verkaufsverhandlungen. Oftmals ist es aber schwierig, den richtigen Zeitpunkt zwischen Verkauf und Neukauf an einem anderen Ort zu koordinieren.

Familiäre Veränderungen sind ein weiterer Grund für

den Verkauf bei privaten Anbietern. Manchmal ist Nachwuchs unterwegs oder aber die Kinder haben inzwischen das elterliche Haus verlassen. Manche älteren Hauseigentümer wären nebenbei bemerkt gut beraten, sich frühzeitig nach altersgerechten Wohnformen umzusehen. Wenn einer der Partner stirbt oder Pflege durch Krankheit und Alter notwendig wird, muß unter Zwang oder direktem Einfluß der Verwandtschaft gehandelt werden.

Zu guter Letzt seien als Verkaufsgrund noch »sozialer Auf- oder Abstieg« genannt. Aufsteiger sind Interessenten am Immobilienmarkt, die aus der Eigentumswohnung ins Reihenhaus, mit wachsendem Einkommen aus dem Reihenhaus in das freistehende Einfamilienhaus oder in die Villa »hineinwachsen«. Hier zeigt sich ein ähnlicher Trend wie in den USA: Adresse und Wohnform signalisieren den beruflichen Erfolg.

Umgekehrt waren besonders in den Jahren 1982/83 »Notverkäufe« ein großes Thema in den Medien. Letztlich sind es immer nur Einzelfälle unter den Millionen von Eigentümern, die nicht mehr in der Lage sind, die Raten für ihr Eigenheim oder ihre Eigentumswohnung zu bezahlen.

Die Verkaufsentscheidungen privater Eigentümer von Wohneigentum sind also auf bestimmte Gründe zurückzuführen: Todesfälle, Scheidungen, berufliche Fluktuation, Wachsen oder Verkleinern von Familien sind errechenbar. Vielleicht findet sich einmal ein Institut, das modellhaft in einer Stadt oder einer Region darstellt, wie viele gebrauchte Wohnhäuser und Eigentumswohnungen 1995 am Markt angeboten werden. Momentan existieren absolut zuverlässige Untersuchungen nicht.[*]

Immerhin besitzen Sie damit einen gewissen Überblick, wer und was Ihnen auf dem Markt der privaten Anbieter begegnen kann.

---

[*] Die Analyse basiert auf Untersuchungen E. Naumanns, Sprecher der Aufina-Gruppe, Wiesbaden 1987

Aber Sie wollen endlich kaufen? Gut! Einverstanden! Dennoch: Übereilen Sie nichts. Wie sollten Sie also vorgehen?

1. Information ist alles

Zunächst und vor allem: lesen Sie regelmäßig die wöchentlichen Immobilienangebote in »Ihren« Tageszeitungen durch – also der Region, wo Sie zu kaufen beabsichtigen. Parallel dazu ist es empfehlenswert, die Wirtschaftsteile der großen Tageszeitungen zu studieren sowie Fachzeitschriften nach neuesten Immobilienmarkt-Infos durchzustöbern – zum Beispiel die Zeitschrift »Capital«. Kennen Sie privat Vermögensberater, Anlageberater und Architekten, so kann dies eine weitere Fundgrube für Informationen darstellen.

Wenn Sie dies alles tun, besitzen Sie bereits einen gewissen Informationsraster, sozusagen eine Grobinformation. Wenden wir uns nun den Anzeigen zu und damit der Kunst, zwischen den Zeilen zu lesen. Tatsache ist, daß Immobilienangebote in den Zeitungen dem Interessenten sehr viel offenbaren und mehr oder weniger schamhaft auch bestimmte Fakten verschweigen. So kann zum Beispiel das *Fehlen* bestimmter Informationen etwas über den Zustand der angebotenen Immobilien aussagen. Betrachten wir uns dazu einmal ein Angebot – mitten aus dem Leben gegriffen –, das wir interessehalber selbst durchrecherchiert haben. Die Anzeige las sich wie folgt:

> Wiesbaden, zentrale Lage, 3-Zi-Wohg.,
> 75 qm, 162.000 DM

Eine gute Offerte? Nun, diese Anzeige sagt wenig aus, und das hat seinen Grund: Die Anmerkung »zentrale Lage« kaschiert die enorme *Lärmbelästigung* durch den unmittelbar vorbeifließenden Verkehr an einer Hauptdurchgangsstraße! Die eigentlich vom Preis/Wert-Verhältnis durchaus günstige Eigentumswohnung erschien nebenbei bemerkt wochenlang im Anzeigenteil, bereichert schließlich durch den Zusatz »Isolierverglasung«. Der Besitzer dieser Wohnung wechselte außerdem mehrmals die betreuende Maklerfirma. Mit anderen Worten: Diese Immobilie wurde wochen-, ja monatelang wie saures Bier angeboten. Den Grund werden Sie bereits erraten haben: Der Mikrostandort stimmte ganz einfach nicht.

Nehmen wir ein zweites Beispiel unter die Lupe.

> Wiesbaden, 2-Zi-Whg., 45 qm, 250.000 DM
> Blühende Baumallee vor der Haustür

Diese Eigentumswohnung erwies sich bei näherer Besichtigung als völlig unzulänglich, was die Ausstattung, den Preis und selbst den Standort anbelangte! Die Baumallee befand sich 100 m entfernt auf der anderen Straßenseite und war *nicht einsehbar* von der Eigentumswohnung aus. Wenn auf solche Nebensächlichkeiten in Anzeigen hingewiesen wird, ist oft etwas »faul im Staate Dänemark«. Denn, bitte sehr, was haben die übrigens wirklich sehr schön im Frühling blühenden japanischen Kirschbäume auf der anderen Straßenseite mit einer Eigentumswohnungs-Annonce zu tun?

Sie sehen bereits, wie der Hase läuft? Die exakte Lage einer Immobilie wird in einigen Anzeigen tatsächlich oft wie eine geheime Verschlußsache behandelt. Manchmal offenbart man dem Kaufinteressenten lediglich, daß es sich um eine »günstige Vorortlage« handelt und kaschiert damit eine verkehrsmäßig schlecht erschlossene Straße. Eine weitere Unsitte stellen Chiffre-Annoncen dar. Erfahrung beweist, daß auf Ihre Antwort oft nicht einmal zurückgeschrieben wird! Im übrigen: Wer nichts zu verbergen hat, der inseriert unter Angabe einer Kontaktadresse oder einer Telefonnummer. Leuten, denen es unangenehm ist, daß die Nachbarn von ihren Verkaufsabsichten erfahren, können ihre Immobilie heute ohne weiteres einem erfahrenen, verschwiegenen Makler übertragen.

Schon beim Lesen der Anzeigen können Sie im übrigen uninteressante Angebote ausschalten und die guten ins Töpfchen und die schlechten ins Kröpfchen tun, wie es im Märchen so schön heißt. Treffen Sie unmittelbar eine Art Auslese, indem Sie mittwochs und samstags die zahlreichen Verkaufsangebote für Immobilien auf prägnante Aussagen durchforsten und attraktive Offerten sofort kennzeichnen. Gehen Sie dabei systematisch vor, lesen Sie die Anzeigenspalten regelmäßig und markieren Sie mit Farbmarker zum Beispiel die Annoncen, die vom Standort her in Frage kommen. Wenn Sie in der Folge mit einzelnen Privatanbietern telefonieren, so empfiehlt sich unseres Erach-

tens ein »Telegrammstil«, um die fehlenden Informationen abzufragen: Erkundigen Sie sich kurz nach der genauen Lage der Immobilie, der Größe und dem Baujahr der Wohnung sowie dem Preis pro Quadratmeter, dem Endpreis und der Ausstattung – und ob es sich um eine renovierte oder eine unrenovierte Immobilie handelt. Damit besitzen Sie einen ersten Eindruck und können weitere unattraktive Angebote aussortieren. Tatsächlich wird das systematische Anzeigenstudium nach einiger Zeit ein Krimi – jedenfalls wenn Sie mehr und mehr lernen, Vorentscheidungen zu treffen.

Das Anzeigenlesen wird so zu einem kurzweiligen Sport; der Zeit- und Arbeitsaufwand lohnt sich immer, wenn Sie routinemäßig vorgehen. Vergessen Sie jedoch nicht, anfänglich *nur* begrenzte Informationen einzuholen. Über eine Besichtigung entscheiden Sie *nicht* am Telefon. Seien Sie zurückhaltend mit Versprechungen. Im übrigen kann bei diesem Auswahlverfahren an Mittwochen und Samstagen auch Ihre ganze Familie teilnehmen, indem die Zeitungsannoncen wie beschrieben gefiltert werden. Selbst Jugendliche sind dazu in der Lage. Ihre Mithilfe steigert das »Wir-Gefühl«. Im übrigen sollten Sie als Initiator sich den Kopf so frei wie möglich halten. Falls Sie das Delegieren von Arbeit bislang noch nicht praktiziert haben – fangen Sie jetzt damit an! Ein letzter Tip: Werfen Sie die alten Anzeigenseiten nicht weg. Sie können Ihnen noch gute Dienste tun – wenn Sie nämlich über Monate (und Jahre) verfolgen, welche Eigentumswohnungen *nicht* verkauft worden sind. Manchmal ist hier ein Schnäppchen zu machen, da sich der Preis für eine schwerverkäufliche Immobilie gewöhnlich enorm herunterhandeln läßt. Je länger es dauert, bis die Eigentumswohnung verkauft ist, desto nervöser wird der Verkäufer. Dennoch: Gehen Sie nie einen Kompromiß ein, was den Standort anbelangt, selbst wenn Ihnen eine Immobilie halb geschenkt wird.

Parallel zum Sichten von Anzeigen empfehlen wir in jedem Fall den Kontakt zu Maklern und Anlageberatern, der Sie zunächst nichts kostet. Nur ein Abschluß bedeutet, daß Sie einen Obulus entrichten müssen. Aber: Makler und Anlageberater arbeiten mit großem Engagement, sind selbst oft (Innen-)Architekten oder Fachleute vom Bau und können Immobilien auch vom Zustand gut einschätzen. Sicher sparen Sie einiges Geld, wenn Sie selbst auf die Eigentumswohnung Ihrer Träume stoßen. Wenn das Angebot des Maklers aber Ihren Vorstellungen in jeder Hinsicht entspricht, dann sollten Sie nicht zögern zuzugreifen.

Aber verweilen wir noch einen Augenblick bei der Kunst, Anzeigen zu lesen und zu interpretieren. Um es zu wiederholen: Letztlich darf Sie nur und ausschließlich folgendes interessieren:

- Der Standort (Makro- und Mikrostandort)
- Die Ausstattung und der Zustand
- Das Preis/Wert-Verhältnis

Wenn also in einer Anzeige nur der Gesamtpreis einer Eigentumswohnung angegeben ist, so rechnen Sie einfach den Preis um, bis Sie den Quadratmeterpreis haben. Alle anderen Gesichtspunkte, die Sie anlegen mögen, sind rein subjektiv und können als solche natürlich Ihre Berechtigung besitzen, werden sich aber unter Umständen bei dem Verkauf der Eigentumswohnung negativ auswirken.

Wenn man im übrigen systematisch Anzeigen studiert und Immobilien durchrecherchiert, wird man nach einiger Zeit zu einem wirklichen Profi. Professionalismus etabliert sich jedoch nur durch das *Tun*. Um das Preis/Wert-Verhältnis exakt zu recherchieren, gibt es im übrigen mehrere Möglichkeiten:

- Die Beobachtung des Marktes liefert Ihnen den besten Anhaltspunkt. Wenn Sie einen Mikrostandort über eine längere Periode im Auge behalten, so werden Sie nach einiger Zeit sehr schnell bestimmen können, was ein gutes Geschäft ist und was nicht.

Ein Tip jedoch in diesem Zusammenhang: Von Bedeutung ist, für welche Preise Eigentumswohnungen einiger bestimmter Regionen *tatsächlich* den Besitzer wechseln. Das heißt im Klartext, der Preis, der in einer Anzeige genannt wird, spiegelt möglicherweise nicht den *wirklichen* Preis wider, für den die Wohnung schließlich verkauft wird. Abschläge sind nämlich an der Tagesordnung. Beobachten Sie also die tatsächlichen Preise und erkunden Sie, für welche Summe eine Eigentumswohnung wirklich den Besitzer gewechselt hat. Nur auf diese Weise gelangen Sie zu einer realistischen Markteinschätzung.

- Darüber hinaus gibt es aber auch offizielle oder halboffizielle Preisspiegel für die verschiedenen Standorte in der Bundesrepublik Deutschland – wie sie zum Beispiel der *Ring Deutscher Makler* regelmäßig publiziert. Auf Anfrage schickte uns der RDM-Bezirksverband Wiesbaden beispielsweise folgende Informationen zu:

Die Marktsituation im Raum Wiesbaden im einzelnen:

---

1. Ein- und Zweifamilienhäuser

Im Ein- und Zweifamilienbereich ist im Jahre 1986 eine Preisstabilisierung auf der Basis der Kaufpreise von 1985 eingetreten.

In den bevorzugten Wiesbadener Stadtlagen und den klassischen Wiesbadener Vororten, wie Bierstadt, Rambach, Biebrich, Freudenberg, Frauenstein, Schierstein, kosten Reihenhäuser und Doppelhäuser zwischen DM 330.000,– und DM 450.000,– und freistehende Einfamilienhäuser mit ca. 150 m^2 Wohnfläche zwischen DM 550.000,– und DM 850.000,–.

In den östlichen Stadtteilen von Wiesbaden (Nordenstadt, Delkenheim, Breckenheim, Heßloch, Auringen, Medenbach) liegen die Kaufpreise für Reihenhäuser und Doppelhäuser zwischen DM 280.000,– und DM 350.000,– und für freistehende Einfamilienhäuser zwischen DM 420.000,– und DM 500.000,–. In beliebten aufgelockerten Wohnlagen außerhalb von Wiesbaden, wie Taunusstein, Georgenborn, Bad Schwalbach, vorderer Rheingau bis Eltville oder Niedernhausen, kosten Reihenhäuser und Doppelhäuser zwischen DM 270.000,– und DM 350.000,–, in Einzelfällen bis DM 400.000,–. Die Kaufpreise für freistehende Einfamilienhäuser liegen zwischen DM 400.000,– und DM 550.000,–.

2. Eigentumswohnungen: Die Marktsituation im einzelnen:

Neubau-Eigentumswohnungen
Die Kaufpreisforderungen für Eigentumswohnungen liegen in Stadtrandlagen um DM 3.000,– und in bevorzugten Stadtwohnlagen zwischen DM 3.500,– und DM 4.200,–/m^2. In Orten unseres Geschäftsbereiches außerhalb von Wiesbaden, z. B. Rheingau-Taunus-Kreis und Main-Taunus-Kreis, werden nur vereinzelt Neubauten angeboten. Die Kaufpreise liegen zwischen DM 2.200,– und DM 2.800,–/m^2.

»Gebrauchte« Eigentumswohnungen
Die Kaufpreise liegen je nach Baujahr, Ausstattung und Lage zwischen DM 2.200,– und DM 3.300,–/m^2. Im Randbereich von Wiesbaden, z. B. Taunusstein, liegen die Preise zwischen DM

> 1.700,– und DM 2.200,–/m². Wohnungen in Hochhäusern in den Randbereichen sind erheblich billiger.
>
> *Modernisierte Altbau-Eigentumswohnungen*
> Die Quadratmeter-Preise für komplett modernisierte Wohnungen liegen z. B. im Rheingauviertel bei DM 2.200,– bis DM 2.500,–, in Villengebieten zwischen DM 2.500,– und DM 3.000,–.
> Bei der Bewertung einer Eigentumswohnung sind folgende Kriterien von Bedeutung:
> – Lage innerhalb der Stadt
> – Alter des Hauses
> – aufgestauter Reparaturbedarf
> – Anzahl der Wohneinheiten in einem Gebäude
> – Ausstattung und Zustand des Hauses und der Wohnung
> – Höhe der Bewirtschaftungskosten (Wohngeld)[*]

Der *Ring Deutscher Makler* (RDM), der solche Listen und Preisvergleiche ediert, ist der älteste und größte Verein der Immobilien- und Hausverwalter in der Bundesrepublik (Gründungsjahr 1948).

Der Bundesverband des RDM besitzt zur Zeit etwa 3500 Mitglieder. Für die Aufnahme der Neumitglieder sind die Landes- beziehungsweise Bezirksverbände zuständig. Wenn Sie selbst Informationen einholen wollen, so empfiehlt es sich, sich mit einer der Landesgeschäftsstellen »kurzzuschließen«.

Anbei die Adressen:

---

[*] Quelle: *Ring Deutscher Makler,* Verband der Immobilienberufe und Hausverwalter, Bezirksverband Wiesbaden e. V., Wiesbaden, im Januar 1987

Bundesverband:	Mönckebergstr. 27, 2000 Hamburg 1
Baden-Württemberg:	Stephaniestr. 63, 7500 Karlsruhe
Bayern:	Theatinerstr. 35, 8000 München 2
Berlin:	Fasanenstr. 70, 1000 Berlin 15
Bremen/Bremerhaven:	Sögestr. 47/51, 2800 Bremen
Hamburg:	Große Theaterstr. 7, 2000 Hamburg 36
Hessen:	Biebergasse 2, 6000 Frankfurt 1
Niedersachsen:	Petritorwall 22, 3300 Braunschweig
Oldenburg:	Nadorster Str. 166/168, 2900 Oldenburg
Nordrhein-Westfalen:	Kaiser-Wilhelm-Ring 14/16, 5000 Köln 1
Rheinland-Pfalz/Saar:	Blumenstr. 9, 6750 Kaiserslautern
Schleswig-Holstein:	Schülperbaum 31, 2300 Kiel

Der zweite große Verein für Immobilien- und Hausverwalter ist der Verband Deutscher Makler (VDM). Er besitzt momentan etwa 1000 Mitglieder. Gegründet wurde er im Jahre 1963. Auch hier kann man unter Umständen wertvolle Informationen erhalten. Anbei die Adressen der einzelnen Verbände:

Bundesverband:	Pfarrgasse 2, 6240 Königstein/Ts.
Baden-Württemberg:	Friedhofstr. 8, 7980 Ravensburg
Bayern:	Untere Bergstr. 36, 8501 Heroldsberg
Berlin:	Berliner Str. 26, 1000 Berlin 28
Bremen/Weser/Ems:	Kurfürstenallee 115, 2800 Bremen 1

Hamburg:	Wildermuthring 59, 2000 Hamburg 62
Hessen:	Robert-Koch-Str. 8, 6200 Wiesbaden
Niedersachsen:	Jüdenstr. 21, 3400 Göttingen
Nordrhein-Westfalen:	Voerderstr. 125, 5828 Ennepetal-Milspe
Rheinland-Pfalz:	RA Stotz, Schloßstr. 16, 5400 Koblenz
Saarland:	An der Christkönigskirche 4, 6600 Saarbrücken
Schleswig-Holstein:	An der Kirche 1, 2357 Bad Bramstedt

Schließlich gibt es noch die Möglichkeit, bei gewerblich tätigen Immobilienunternehmen Erkundigungen einzuziehen. Ihre »Erkenntnisse« veröffentlichen diese Firmen oft in allgemein zugänglichen Tageszeitungen. Auch hierfür ein Beispiel:

Objektart und Lagebeschreibung	Ausgangswert 9/84	Durchschnittswert					Nachfrage-Beurteilung****	Angebots-Beurteilung****
		12/84	6/85	12/85	6/86	12/86		
Freist. 1–2 Fam.-Häuser*								
Villenlage Wiesbaden	–	–	–	815	869	797	++	– –
Wiesbaden, Stadtgebiet	628	612	603	584	539	535	++	–
Wi.-Vororte, Randlagen	475	466	452	454	463	472	+	+
Vorderer Rheingau	415	396	404	409	404	426	+	+
Schlangenbad/SWA/Tsst.	441	430	407	401	386	387	–+	+
Idstein/Niederhausen	492	471	450	386	383	393	–	+
Mainz u. direktes Umfeld	–	–	–	–	–	456	+	+
RH/DHH für 1–2 Familien								
Villenlage Wiesbaden	–	–	–	560	523	514	++	– –
Wiesbaden, Stadtgebiet	422	410	399	392	405	401	++	–
Wi.-Vororte, Randlagen	378	367	356	369	356	349	++	+
Vorderer Rheingau	348	340	319	336	356	352	+	+
Schlangenbad/SWA/Tsst.	358	338	337	327	332	322	–+	+
Idstein/Niedernhausen	378	371	345	349	352	337	–+	+
Mainz u. direktes Umfeld	–	–	–	–	–	328	+	++

Objektart und Lagebeschreibung	Ausgangswert 9/84	Durchschnittswert					Nachfrage-Beurteilung****	Angebots-Beurteilung****
		12/84	6/85	12/85	6/86	12/86		
*Wohnbau-Grundstücke***								
Villenlage Wiesbaden	–	682	Preis	700		800	++	–
Wi.-Vororte, Randlagen	–	387	in DM	406	Weitgehend		+	–
Umkreis bis 15 km	–	264	pro m²	229	unverändert		–+	–+
Umkreis bis 25 km		159		143	– nur wenige		–	–
Mainz u. direktes Umfeld					Angebote			
*Mehrfamilienhäuser****								
Wi., allg. Stadtgebiet	866	945	975	873	912	843	++	–
Umkreis bis 15 km	714	629	650	589	566	529	+	–
Mainz Stadt	–	–	–	763	507	562	++	–
ETW mit 1 Zi., Kü., Bad								
Wiesbaden Stadtgebiet	109	105	105	102	96	99	–+	+
Umkreis bis 15 km	96	83	83	79	71	77	.	+
Mainz Stadt						89	–+	+
ETW mit 2 Zi., Kü., Bad								
Wiesbaden Stadtgebiet	196	193	193	194	184	174	+	++
Umkreis bis 15 km	149	146	145	142	140	129	–	+
Mainz Stadt						156	+	++
ETW mit 3 Zi., Kü., Bad								
Wiesbaden Stadtgebiet	284	262	234	240	241	256	+	++
Umkreis bis 15 km	203	196	198	187	189	196	–+	++
Mainz Stadt						208	+	++
ETW 4 und mehr Zi., Kü., Bad								
Wiesbaden Stadtgebiet	353	349	332	336	327	351	+	+
Umkreis bis 15 km	272	256	251	247	244	228	–	+
Mainz Stadt						280	+	+

* Wegen der deutlichen Wohnlagen-Unterschiede haben wir ab 7/85 die reine Villenlage sep. ausgewiesen. – Stadtgebiet bedeutet daher alle Lagen *ohne* die reinen Villengebiete.
** Das vergleichsweise geringe Bauplatzangebot in dem untersuchten Zeitraum hat uns veranlaßt, hierbei nur zusammengefaßte Durchschnittswerte anzugeben.
*** Bei den z. T. gravierenden Unterschieden dieser Angebote können die Zahlen nur als Anhalt für die durchschnittliche Kaufpreishöhe gelten.
**** Aufgrund von Anregungen aus dem Bezieherkreis haben wir die Darstellung noch transparenter gestaltet. Die beiden Spalten »Unsere Nachfrage-/Angebotsbewertung« zeigen Ihnen auf einen Blick wo ein Überhang (+, ++) bzw. ein Defizit in der Nachfrage oder bei den Angeboten vorliegt.

[1] Quelle: Hildebrand Immobilien, veröffentlicht in: Wiesbadener Kurier vom 15./17. Mai 1987, S. 25

In der gleichen (Zeitungs-)Ausgabe fand man angemerkt:

»Bei Eigentumswohnungen in guten bis mittleren Stadtlagen und entsprechender Ausstattung haben sich die Verkaufspreise auf zurückgenommenem Preisniveau ebenfalls weitgehend stabilisiert, während für außerhalb gelegene Wohnungen die Nachfrage nach wie vor sehr gering und die Kaufpreise schlecht sind. Wohnungen in großen Wohnanlagen sind auch in Wiesbaden zum Teil sehr günstig zu kaufen. Sie eignen sich vorwiegend zur Kapitalanlage, sind aber nur schwach nachgefragt. In besten Villenlagen betragen die Kaufpreise für Neubau-Erstbezüge etwa 4.000 DM bis 4.500 DM pro Quadratmeter und in den Randlagen etwa 2.800 DM bis 3.000 DM. ›Gebrauchte‹ Neubau-Wohnungen erzielen in guter Wohnlage Wiesbadens bis etwa 3.200 DM pro Quadratmeter und in Nebenlagen ca. 1.800 DM bis 2.500 DM pro Quadratmeter.«

Sie sehen, daß Sie anhand sorgfältiger Recherchen durchaus schon im Vorfeld in Erkundung bringen können, wie es um das Preis/Wert-Verhältnis in einer Region bestellt ist. Spätestens jetzt wird es spannend. Denn nehmen wir an, Ihre schriftlichen und mündlichen Vorabinformationen haben ergeben, daß bei drei Immobilien

- der Standort ausgezeichnet ist,
- die Ausstattung sich auf bestem Niveau bewegt und auch noch
- das Preis/Wert-Verhältnis stimmt.

Von 100 möglichen Anzeigen sind also drei im Töpfchen geblieben. Sie ziehen nun Ihren besten Anzug an und marschieren los. Der Countdown läuft.

2. So umgeht man Fallgruben und Fußangeln

Mit dem Entschluß zur Besichtigung haben Sie die nächste Runde eingeläutet. Sie sind in Phase zwei eingetreten und haben den Zeitzünder für den Kauf gestellt.

Während der Besichtigung gilt es vor allem, weitere und genauere Informationen über die zur Disposition stehende Eigentumswohnung einzuholen. Tatsächlich ist es etwas ganz anderes, theoretisch und auf dem Papier beziehungsweise fernmündlich Informationen, Daten und Fakten über den Zustand und die Ausstattung einer Immobilie zusammenzutragen, oder eine Eigentumswohnung persönlich in Augenschein zu nehmen.

Wie geht man nun vor? Nun, wenn Sie ein Auto kaufen, dann legen Sie sich zur Not auch schon mal unter den Pkw, schauen unter die Sitze und inspizieren alle möglichen Roststellen, vom Herzen des Ganzen, dem Motor, gar nicht zu sprechen. Sie halten nach jedem Kratzer Ausschau wie ein Luchs – und sammeln Argumente, um den Preis herunterzuhandeln. Während Käufer beim Kauf eines fahrbaren Untersatzes mit begrenzter Lebenszeit gewöhnlich einen kühlen Kopf behalten, haben Experten festgestellt, daß sich die Leute beim Kauf einer Eigentumswohnung indes oft von *Gefühlen* leiten lassen. Wir können es zwar verstehen, daß Erkerchen, Bogen und Wandtäfelungen bestechen können, aber unser Rat lautet: Lassen Sie sich nicht becircen. Die »Liebe auf den ersten Blick« existiert bei Eigentumswohnungen tatsächlich, jedoch sind die Scheidungskosten gegebenenfalls teuer! Selbst die einmalige Aussicht aus dem Wohnzimmer darf Sie nicht rühren. Tatsächlich muß man es geradezu üben, Gefühl auch einmal *nicht* zu zeigen. Checken Sie also den Standort, die Ausstattung und den Zustand zunächst in aller Ruhe – und jubeln, tanzen und feiern Sie nachher!

Worauf sollten Sie nun konkret achten? Nun, Sie verfügen bereits über eine »Check-Plan Ausstattung«, die die wichtigsten Punkte enthält. Erfragen Sie darüber hinaus jedoch beispielsweise auch den Namen der Wartungsfirma für die Heizung. Erfahrungen haben gezeigt, daß es klug ist, spätestens beim zweiten Besuch die Heizung sowie die Wasser- und Elektroinstallationen von Fachleuten begutachten zu lassen. Beim ersten Check können Sie jedoch selbst prüfen, was Sache ist. Lassen Sie sich hinsichtlich der Heizungsanlage also genau erklären, ob es sich um eine (unvorteilhafte) Gemeinschaftsheizanlage oder um eine (günstige) Gas-Etagenheizung handelt. Inspizieren Sie desgleichen die Wasserinstallation. Sprudelt tatsächlich an allen Zapfstellen warmes und kaltes Wasser heraus? Selbst in Küchen von Eigentumswohnungen, die in den 70er Jahren gebaut wurden, fehlt gelegentlich die Warmwasserzuleitung. Lassen Sie sich die Wasserzuleitungen zeigen, unter Umständen sind sie so versteckt, daß der Wasserinstallateur sie nur mit einem Suchgerät entdecken kann.

Halten Sie außerdem nach lose herabhängenden Kabeln Ausschau. Und lassen Sie sich zeigen, wo im Keller etwa Licht gemacht wird. Sonst könnte es passieren, daß der Verkäufer beim Auszug einige »Strippen« mitgehen läßt – weil er sie selbst braucht oder weil das Ganze, weil selbst gebastelt, dem strengen Auge des Prüfers nicht standhält. Abenteuerlich, meinen Sie? Ja, zugegeben – aber hierbei handelt es sich um Erfahrungstatsachen! Die schönste Einbauküche nutzt Ihnen nichts, wenn die Elektroinstallation in der Küche etwa aus einem Gewirr von Verlängerungskabeln besteht, die nur provisorisch miteinander verbunden sind!

Im übrigen gibt es seit dem Jahre 1972 strengere Wärmedämmungs- und Schallschutzrichtlinien. In Gebrauchtwohnungen, die vor diesem Zeitpunkt oder unmittelbar danach erbaut wurden, müssen Sie also erkunden, ob inzwischen Schallschutz- und Wärmedämmungsmaßnahmen vorgenommen wurden. Dem Verkäufer sträuben sich zwar vielleicht die Haare im Nacken aufgrund Ihrer Fragen, aber machen Sie munter weiter; öffnen Sie beispielsweise *selbst* Türen und Fenster. Checken Sie die Ausstattung der Fenster (Einfach- oder Doppelverglasung). Überprüfen Sie Qualitätsstandard und Zustand der Türen. Klopfen Sie auch schon mal an die Wand: Wenn es hohl klingt, ist etwas nicht in Ordnung. Bei der zweiten Besichtigung sollten Sie sich im übrigen nicht scheuen, einen Architekten oder Handwerker als Gutachter für die Bausubstanz hinzuzuziehen. Wirkliche Aufklärung über den Bauzustand gibt nur die Expertise eines Fachmannes.

Aber wir sind noch bei der ersten Besichtigung: Gehen Sie einfach unbewegten Gesichts durch die Wohnung. Bleiben Sie unverbindlich, auch wenn der Besitzer Ihren ersten Eindruck herauskitzeln will.

Spätestens bei der zweiten Inspektion müssen Sie indes Farbe bekennen, zumindest indirekt. Denn Ihnen muß daran gelegen sein, bei einer Gebraucht-Eigentumswohnung in Erfahrung zu bringen, welche gemeinschaftlichen Rechte und Pflichten (die gewöhnlich durch zahlreiche Beschlüsse der Eigentümergemeinschaft festgelegt sind) existieren. Außerdem sollten Sie mit dem Verwalter Rücksprache halten. Er ist es nämlich, der dem Kaufvertrag ebenfalls zustimmen muß. Üblicherweise wird er über Sie eine Auskunft einholen, denn er muß dem Notar eine Zustimmungserklärung ausstellen. Ablehnen kann er Sie indes nur in gravierenden Fällen. Der Verwalter wird Sie hinsichtlich der Höhe des Wohngeldes etwa informieren und Sie darüber aufklären, wie es sich zusammensetzt. Es kann Ihnen nicht gleichgültig sein, wie die Kosten auf die Eigentümer verteilt werden und um welche Kostenarten es sich dabei handelt. Auch die Gemeinschaftsordnung hat rechtliche Bedeutung. Eventuell ist eine gewerbliche Nutzung für Freiberufliche gänzlich ausgeschlossen. Vielleicht besitzen Sie auch einen Hund, den Sie nicht mit in die Wohnung nehmen dürfen, weil die Haltung eines Tieres nicht gestattet ist. Darüber hinaus sollten Sie feststellen, ob Ihr Stimmrecht prozentual wirklich Ihrem Anteil am Gesamtvermögen entspricht. Lassen Sie sich außerdem von dem Wohnungsverkäufer den letzten Wirtschaftsplan, die letzte Jahresgesamt- und Einzelabrechnung, die letzten Versammlungsprotokolle (um anstehende Probleme bewerten zu können, die normalerweise in den Versammlungsprotokollen erwähnt werden) und den Einheitswert- und Grundsteuerbescheid zeigen. Prüfen Sie desgleichen vor Kauf die Höhe der Instandhaltungsrücklage und stellen Sie sicher, daß Sie auch tatsächlich nur den Teil der Rücklage beim Kauf übernehmen, die der Verkäufer bislang getragen hat. Des weiteren sollten Sie sich vom Verwalter über geplante Instandsetzungsarbeiten und über den Erhaltungsstand der Wohnanlage informieren lassen. Fragen Sie den Verwalter auch getrost danach, ob innerhalb der Eigentümergemeinschaft Bestrebungen bestehen, grundlegende Änderungen (Änderungen der Kostenverteilung, Beschränkung des Gebrauchs des Miteigentums) herbeizuführen oder ob Gerichtsverfahren gegen die Gemeinschaft oder der Gemeinschaft gegen Dritte anhängig sind. Desgleichen ist die Frage nicht ohne Bedeutung, ob der Verkäufer noch Wohngeldrückstände hat, für die Sie eventuell einstehen müssen. Von immenser Wichtigkeit ist ferner die Klärung der Frage, ob gravierende Auflagen von Stadt und Bauamt gegenüber der Gemeinschaft bestehen, die noch erfüllt werden müssen und die sehr kostenintensiv sein können.

Über manchen Stadtteilen hängt beispielsweise das Damoklesschwert der noch zu entrichtenden Erschließungskosten. Der Verkäufer muß hierüber Auskunft geben. In der Urkunde des Notars wird darauf eingegangen. Meist ist dann von einem »Baulastenbuch« die Rede (ein offizielles Verzeichnis von Stadt oder Gemeinde), das Auskunft über noch einzutreibende Erschließungskosten gibt. Bestehen Sie schließlich auf einer möglichst genauen Planzeichnung Ihres Wohnungsgrundrisses einschließlich der Lage von zum Beispiel Garage und Keller. Vorteilhaft ist ferner die Übergabe eines Auszuges aus dem Aufteilungsplan.

Sie sehen, es sind eine ganze Menge Punkte zu beachten. Tatsächlich empfiehlt es sich, wieder mit einem kleinen Check-Plan zu arbeiten, der Ihnen hilft, die offensichtlichsten Fallgruben zu umgehen. Denn: man hat schon Pferde kotzen sehen, wie der Volksmund so schön sagt.

Aber fahren wir fort mit unseren Untersuchungen: Ist die erworbene Wohnung vermietet, dann treten Sie in einen bereits bestehenden Mietvertrag ein (§ 571 BGB). Den Mietvertrag müssen Sie vor Kauf der Wohnung genau studieren, vor allem was Kündigungsrechte, Höhe der Miete und die Möglichkeit, diese zu ändern, sowie die Nebenkosten betrifft. Erkundigen Sie sich auch beim Verkäufer, ob es Probleme mit dem Mieter gegeben hat – und machen Sie sich schließlich selbst mit dem Mieter bekannt. Der erste Eindruck und ein kurzes Gespräch mit ihm können hier schon Aufschluß geben.

Mit solchen Fragen nähern Sie sich bereits zumindest intentional dem tatsächlichen Kauf und damit zunehmend juristischen Details. Von Bedeutung ist hier zunächst das Problem eventueller, trotz allem verborgen gebliebener Baumängel. Eine Baumängel-Gewährleistung und überhaupt eine Gewährleistung irgendwelcher Art ist bei der Gebraucht-Eigentumswohnung üblicherweise durch einen speziellen Passus im Kaufvertrag ausgeschlossen. Er liest sich wie folgt: »Das Wohnungs- und Teileigentum wird verkauft ohne Gewährleistung für jedwede Sachmängel oder Mängel im Recht, in seinem jetzigen Zustand, wie es steht und liegt und dem Käufer bekannt ist. Der Verkäufer übernimmt weder Gewähr für Größe, Güte und Beschaffenheit des Wohnungs- und Teileigentums und der Baulichkeiten, noch sichert er besondere Eigenschaften zu.«

Eine Möglichkeit, den Verkäufer eventuell später doch noch haftbar zu machen, bestünde in der ausdrücklichen schriftlichen Zusicherung des Verkäufers, daß ihm zum Verkaufszeitpunkt »keine wesentlichen, nicht offenkundigen Mängel an Sonder- und auch Gemeinschaftseigentum bekannt sind«. Wenn der Verkäufer trotz dieser Zusicherung Mängel an der Wohnung und der Gesamtanlage verschweigt, können Sie später Schadenersatzansprüche geltend machen.

Uns ist ein konkreter Fall bekannt, da eine junge Frau sich nach ihrer Scheidung zum Kauf einer neuwertigen Eigentumswohnung entschlossen hatte. Die Finanzierung stand bereits, und der Kaufvertrag war schon notariell beglaubigt – als sie kurz nach dem Notartermin entdeckte, daß sich an einer Wand Feuchtigkeitsschimmel bildete. Bei der Besichtigung hatte sie indes unter Zeugen ausdrücklich nach solchen Schäden gefragt. Der Verkäufer hatte ihr bekräftigt, von solchen Schäden sei ihm nichts bekannt. Sofort stoppte die junge Frau die Überweisung der Kaufsumme auf das Konto des Notars und leitete unmittelbar darauf ein Feststellungsverfahren durch einen unabhängigen Gutachter sein. Der Verkäufer erschien indes nicht auf der Bildfläche und ließ nichts von sich hören. Der Gutachter konnte in der Folge eindeutig feststellen, daß es sich um einen alten Schaden handelte. Da der Kaufpreis noch nicht vollständig entrichtet war, konnte die Käuferin den finanziellen Schaden abwenden. Der Verkäufer unterließ es wiederum, die sofortige Zwangsvollstreckung zu beantragen, zu der er rein formell berechtigt war. Schon dieser Umstand zeigt, daß er keine reine Weste besaß ...

Bei welchen weiteren juristischen Kniffen sollten Sie auf der Hut sein? Nun, die notarielle Erwerbsurkunde für Gebraucht-Eigentumswohnungen ist wesentlich kürzer gefaßt als die für neue Eigentumswohnungen. Sie sollten jedoch in allen Punkten ebenso sorgfältig mit der Prüfung verfahren, wie wir es Ihnen bei dem notariellen Kaufvertrag für eine Eigentumswohnung (vgl. Kapitel VII) empfehlen werden. Beim Kauf einer Gebraucht-Eigentumswohnung wird der Kaufpreis in einem Betrag ausgewiesen. Dabei sollte die übernommene Einbauküche oder anderes Mobiliar und Sondereinrichtungen in einem gesonderten Betrag festgehalten sein. Auch bei mit dem Verkäufer vereinbarten Renovierungen empfiehlt es sich, den betreffenden Wert eigens auszuweisen. Im Klartext liest sich dies wie folgt:

»Der Kaufpreis beträgt 200.000 DM (in Worten: Zweihunderttausend Deutsche Mark).
  In dem Kaufpreis ist eine Einbauküche im Werte von 15.000 DM enthalten.
  Der Verkäufer erklärt sich bereit, das Bad im Wert von 10.000 DM zu renovieren.«

Der Grund: Alle Gebühren (Notargebühren, Eintragungsgebüren im Grundbuch, Grunderwerbsteuer) orientieren sich jetzt an dem erheblich *niedrigeren* Kaufpreis von 200.000 DM minus 15.000 DM = 185.000 DM. Kommt der Verkäufer im übrigen seiner im notariellen Vertrag enthaltenen Verpflichtung zur Renovierung nicht nach und können Sie später Ihre Forderung nicht realisieren und müssen selbst renovieren, dann wird Ihnen das Finanzamt selbst auf den bereits rechtsgültigen Grunderwerbsteuerbescheid einen Nachlaß über 10.000 DM gewähren ...
  So weit, so gut! Halten Sie noch einen Moment durch, Sie haben Ihre Katze fast im Sack! Was bleibt? Nun, fast das Wichtigste: der *endgültige* Preis. Nicht nur Fachzeitschriften führen von Fall zu Fall Untersuchungen durch, die beinhalten, in *welchen* Regionen *wieviel* Nachlaß möglich ist. Gehen Sie also prinzipiell von vornherein davon aus, *daß* ein Preisnachlaß beim Kauf von Eigentumswohnungen von Privat an Privat nicht unüblich ist. Selbst wenn ein Makler zwischengeschaltet ist, sind Abschläge möglich – manchmal bis zu 20% und mehr. Zu dem »Pokerspiel« bei der endgültigen Preisverhandlung empfehlen wir im übrigen folgendes:

(1) Versuchen Sie zunächst, vom Verkäufer eine gutachterliche Wertbestimmung der Immobilie vornehmen zu lassen. Wenn er sich ziert, dann weisen Sie darauf hin, daß dies preiswert von den jeweiligen Ortsgerichten vorgenommen wird. Ansprechpartner sind auch die Architektenkammern und unabhängige Bauingenieure. Sollte sich in der Nähe Ihres Wohnsitzes keine Architektenkammer befinden, so können Sie auch bei der Industrie- und Handelskammer der nächsten Stadt nach Gutachtern fragen – oder beim für Sie zuständigen Bauamt. Lassen Sie sich nicht entmutigen, wenn ein Problem auf Sie zukommt. Bestehen Sie auf dem Sachverständigen, der für Ihre spezielle Fragestellung die entsprechende Qualifikation besitzt.

Obwohl Sie sich schon vorher sachkundig gemacht haben, was das Preis/Wert-Verhältnis anbelangt, *stellen* Sie damit von neutraler dritter Seite *sicher,* daß Sie nicht über Wert bezahlen.

Eine weitere kostengünstige Maßnahme besteht in der Hinzuziehung eines Gutachters des Kreditinstituts, mit dem Sie in Verhandlung stehen. Hier liegen die Honorare oft ebenfalls erfreulich niedrig.

Sobald Sie über eine offizielle Wertschätzung verfügen, liegt es an Ihrem persönlichen Verhandlungsgeschick, zu welchem Preis Sie die Eigentumswohnung erstehen. Wir raten Ihnen, beim Preis wirklich zu handeln.

(2) Oft sind Verkäufer so unvorsichtig und sprechen von einem bevorstehenden Einzug in ein *neues* Eigenheim. Damit wissen *Sie* jedoch, daß der Verkäufer unter Zeitdruck operiert, daß er mit anderen Worten die Immobilie *schnell* verkaufen muß. Scheuen Sie sich nicht, diesen Umstand zu Ihren Gunsten auszunutzen und einen ordentlichen Abschlag zu fordern, speziell wenn Ihnen Kosten durch die Renovierung entstehen.

(3) Desgleichen sollten offensichtliche *Mängel* der Eigentumswohnung Anlaß dafür sein, nochmals über den Preis zu verhandeln.

(4) Pokern Sie auf jeden Fall, aber versteifen Sie sich nicht auf nackte Prozentzahlen. Wenn Standort, Zustand und

Preis/Wert-Verhältnis akzeptabel sind, dann können Sie auch mit kleinen Preisabschlägen leben. Aufgrund der immer noch angespannten Marktlage bemühen sich Verkäufer und Makler im allgemeinen um reelle, marktgerechte Angebote. Seien Sie flexibel, wenn die Offerte attraktiv ist. Aber vergessen Sie nicht, die für den Käufer zur Zeit noch günstige Marktlage auszunutzen. Versuchen Sie es mit 20 Prozent – an der Reaktion des Verkäufers oder Maklers lesen Sie ab, ob Sie zu hoch (oder zu niedrig) liegen.

(5) »Hier ist meine Adresse, überlegen Sie es sich noch einmal!« – Sie kennen diese und ähnliche Verkaufstechniken. Entweder ruft man Sie ein paar Tage später an, oder es herrscht Funkstille.
Sind Sie sehr an der Eigentumswohnung interessiert, dann müssen Sie nochmals nachfragen und eventuell eine Einigung über den Kaufpreis herbeiführen. Gewöhnlich arbeitet jedoch die Zeit für Sie.

(6) Nicht selten kann man sogar noch einen Abschlag in Höhe der Maklergebühr – oder wenigstens eines Teils – geltend machen. Die Forderung eines Preisnachlasses über die gesamte Höhe der Maklergebühr mag den Verkäufer so sehr erschrecken, daß er in der Folge froh Ihr Angebot akzeptieren wird, die Maklergebühr zumindest zu teilen. Dieses Katz-und-Maus-Spiel wird im übrigen vielfach von Verkäufern und Maklern einkalkuliert. Oft wird Ihnen sogar absichtlich die Eigentumswohnung zu einem überhöhten Preis angeboten, der dann scheibchenweise, je nachdem wie zäh sich die Verhandlungen mit Ihnen gestalten, reduziert wird.

(7) Gegebenenfalls können Sie sogar forsch zur Attacke übergehen und den Preis diktieren. Das heißt, ziehen Sie von dem verlangten Kaufpreis eine ordentliche Summe ab – und bieten Sie »Bargeld«, das Sie »sofort und unmittelbar« auf den Tisch zu legen versprechen.

Wir gratulieren Ihnen! Damit haben Sie Ihre Eigentumswohnung erworben! Oder war Ihnen die Prozedur doch zu zeitaufwendig und zu umständlich? Nun gut, in diesem Fall stehen Ihnen die vielfältigen Offerten der gewerblichen Anbieter zur Verfügung. Denn Sie haben Recht; bestimmte Umstände lassen es angeraten erscheinen, mit Profis zusammenzuarbeiten.

Auf einen Blick

1. *Gewerblich tätige Unternehmen:*
   Bauträgergesellschaften, Baubetreuer, Architekten, Anlagegesellschaften, Fertighaushersteller, Immobilienmakler.

2. Gründe für den Verkauf bei *privaten Anbietern:* Erbfälle, Scheidung, Beruf, familiäre Veränderungen (Nestflucht, Altersgründe), sozialer Auf- oder Abstieg.

3. Information ist alles.
   (1) Lesen Sie regelmäßig die wöchentlichen Immobilienangebote »Ihrer« Tageszeitung. Studieren Sie außerdem Fachzeitschriften und den Wirtschaftsteil großer Tageszeitungen. Holen Sie Auskünfte ein von Vermögensberatern, Anlageberatern und Architekten.
   (2) Studieren Sie Anzeigen systematisch und treffen Sie eine Vorauswahl. Beim ersten Anruf erkundigen Sie sich nach
   – der genauen Lage (Mikrostandort),
   – der Größe, dem Baujahr,
   – der Ausstattung, dem Zustand,
   – dem Preis pro Quadratmeter und dem Endpreis und danach, ob es sich um eine
   – renovierte oder unrenovierte Immobilie handelt.
   (3) Bei der Beurteilung einer Eigentumswohnung darf Sie nur interessieren
   – Standort,
   – Ausstattung/Zustand,
   – Preis/Wert-Verhältnis.
   (4) Das Preis/Wert-Verhältnis eines Standortes können Sie feststellen durch
   – Marktbeobachtung (recherchieren Sie auch, für welchen Preis eine Eigentumswohnung tatsächlich verkauft wurde),
   – RDM-Preisspiegel
     (RDM = Ring Deutscher Makler),

VDM-Informationen
(VDM = Verband Deutscher Makler),
- gewerblich tätige Unternehmen.

4. So umgeht man Fallgruben und Fußangeln:
   (1) Arbeiten Sie anhand einer »Check-Plan Ausstattung«.
   (2) Prüfen Sie persönlich: Wasser-, Heizungs- und Elektroinstallation. Handelt es sich bei der Heizung um eine Gemeinschaftsanlage oder eine Etagenheizung? Ist überall kaltes und warmes Wasser gegeben?
   (3) Sind die Wärme- und Schallschutzrichtlinien eingehalten?
   Öffnen und inspizieren Sie persönlich Türen und Fenster.
   Untersuchen Sie die Wände.
   (4) Spätestens beim zweiten Besuch sollten Fachleute Ihnen bei der Inspektion zur Seite stehen.
   (5) Welche gemeinschaftlichen Rechte und Pflichten bestehen?
   Wie hoch ist das Wohngeld, wie setzt es sich zusammen?
   Ist eine gewerbliche Nutzung der Eigentumswohnung ausgeschlossen?
   Dürfen Tiere gehalten werden?
   Entspricht Ihr Stimmrecht prozentual Ihrem Anteil am Gesamtvermögen?
   Stehen Probleme an? (Wirtschaftsplan und Versammlungsprotokolle einsehen!)
   Wie sehen Einheitswert- und Grundsteuerbescheid aus?
   Wie hoch beläuft sich die Instandhaltungsrücklage?
   Sind Instandsetzungsarbeiten geplant?
   Welche grundlegenden Änderungen sind angestrebt?
   Sind Gerichtsverfahren anhängig?
   Bestehen Wohngeldrückstände?

Bestehen Auflagen von Stadt und Bauamt?
Können Sie eine genaue Planzeichnung (Grundriß) einsehen?

(6) Eventuell treten Sie in einen bestehenden Mietvertrag ein, wenn die Wohnung vermietet ist. Unterziehen Sie alle Details einer sorgfältigen Prüfung (Änderung der Miethöhe/Zeitpunkt der Kündigung/um welchen Mieter handelt es sich).

(7) Eine Baumängel-Gewährleistung wird bei der Gebraucht-Eigentumswohnung üblicherweise im Kaufvertrag ausgeschlossen. Versuchen Sie, sich dennoch bestätigen zu lassen, daß dem Verkäufer keine gravierenden Mängel bekannt sind. Stellen Sie in der Folge Beanstandungen fest, so haben Sie eine Chance, diese einzuklagen.

(8) Übernehmen Sie mit der Eigentumswohnung noch Inventar, dann sollten Sie dieses extra ausweisen lassen, ebenso wie etwaige in Aussicht genommene Renovierungen. Eine Einbauküche über 15.000 DM vermindert nämlich den Kaufpreisbetrag, der der Grunderwerbsteuer zugrunde gelegt wird. Sollte der Verkäufer eine im Vertrag garantierte Renovierung nicht vornehmen, dann können Sie diesen Betrag ebenfalls noch nachträglich beim rechtsgültigen Grunderwerbsteuerbescheid als steuermindernd anerkennen lassen.

(9) Prinzipiell sind Preisabschläge üblich. Einige Tips für die endgültige Preisverhandlung:
– Lassen Sie vom Verkäufer eine gutachterliche Wertbestimmung vornehmen (Ansprechpartner: Ortsgerichte, Architektenkammern, Bauingenieure, IHKs, Bauämter, Kreditinstitute).
– Wenn der Verkäufer von dem bevorstehenden Einzug in eine neue Immobilie spricht, so steht er gewöhnlich unter Zeitdruck. Nutzen Sie den Umstand zu Ihren Gunsten.
– Mängel bei einer Eigentumswohnung sollten Anlaß zu einem Preisnachlaß sein, desgleichen anstehende Renovierungen.

- Das Angebot ist groß: Als Käufer sind Sie König.
- Versuchen Sie, einen Abschlag von 20 % zu erhalten.
- Operieren Sie mit Käufertechniken: Ziehen Sie sich zurück. Gewöhnlich arbeitet die Zeit für Sie.
- Nicht selten kann man noch einen Abschlag in Höhe der Maklergebühr – oder wenigstens eines Teils – geltend machen.
- Bieten Sie »Bargeld, sofort und unmittelbar« – bei einem ordentlichen Preisabschlag.

VI. Gute Geschäfte mit gewerblich tätigen Unternehmen

Schon bei der Eigentumswohnung, die »von Privat an Privat« verkauft wird, haben Sie gesehen oder zumindest zwischen den Zeilen gelesen, daß Sie auch hier oft schon Profis begegnen – und es etwa mit der Zunft der Immobilienmakler zu tun haben.

Sozusagen in Klammern sei angemerkt, daß über *90* Prozent (!) aller privaten Häuseverkäufer letztendlich tatsächlich wiederum zu Maklern Zuflucht nehmen – ganz allein deshalb, weil diese den Markt besser kennen und oft über ganz andere Verbindungen verfügen.

Abgesehen von den Immobilienmaklern, die oft in die Lücke springen, wenn es gilt, von Privat an Privat zu verkaufen, tummeln sich auf dem Markt der 1000 Märkte, wie er einmal genannt worden ist, jedoch auch noch andere gewerblich tätige Unternehmen. Wir haben sie bereits aufgelistet: Es handelt sich dabei unter anderem um Bauträgergesellschaften und Architekten sowie Anlageberatungsgesellschaften, die in der Regel auf eigene Rechnung Baugrundstücke kaufen, um darauf Eigentumswohnungen, Reihenhäuser oder Einfamilienhäuser zu bauen.

Davon unterscheiden muß man die Fertighaus-Hersteller, die normalerweise nicht mit eigenem Bauland operieren und so auf Kunden angewiesen sind, die Baugrund bereits besitzen oder im Begriff sind, ihn zu erstehen.

Viele Investoren stellen in diesem Zusammenhang zunächst die Gretchenfrage: »Soll man nun oder soll man *nicht?*« Also: Soll man mit gewerblich tätigen Unternehmen überhaupt kooperieren, oder läßt man besser die Finger davon? Nun, ein klares Wort: Natürlich *soll* man! Zugegeben, es gab (und gibt zweifellos auch immer wieder) unseriöse Anbieter, die beispielsweise zu völlig überteuerten Preisen oder in zweifelhafter Lage eine Eigentumswohnung mit zweitklassiger Ausstattung verkauft haben (beziehungsweise verkaufen). Nur: In jeder Branche gibt es schwarze Schafe! Völlig fehlgeleitet ist man indes, wenn man kurzerhand einen ganzen Markt verteufelt – nur weil es *einige* unrühmliche Ausnahmen gibt.

Tatsächlich schneiden Sie sich sogar von wertvollen Informationsquellen ab, wenn Sie darauf verzichten, mit den Profis der Branche ins Gespräch zu kommen. Im übrigen enthebt selbst eine gute Adresse den klugen Investor nicht der Pflicht, zu recherchieren, was es mit einem Unternehmen wirklich auf sich hat. Wie kann man sich nun der Seriosität einer Firma versichern?

Nun, es gibt mehrere Punkte, die Sie abchecken können und sollen. Schauen wir uns diese im Detail an:

(1) Erkundigen Sie sich zunächst danach, wie lange das Unternehmen, mit dem Sie kooperieren wollen, bereits auf dem Markt ist. Existiert das Unternehmen bereits eine geraume Zeit, so besitzt es einen (guten) Ruf, den es sich aufgebaut hat und den es *verlieren* kann. Wer im übrigen die letzten beiden Immobilienkrisen heil überstanden hat, kann allein deshalb schon einige Pluspunkte für sich verbuchen. Tatsächlich gibt es Newcomer, die mit hochtönenden, beeindruckenden Firmennamen (»Finanztechnische Europa-Gesellschaft mbH«) Seriosität zu suggerieren versuchen, die in Wahrheit nicht existiert.

(2) Bringen Sie in Erfahrung, in welcher Größenordnung das Unternehmen operiert. Eine Firma, die 70 Millionen Umsatz im Jahr verbucht, gehört schon damit nicht mehr zu den kleinen »Krauterern«, die vielleicht gerade im Begriff sind, ihre ersten Gehversuche zu machen. Der Umsatz einer Firma beziehungsweise die Höhe des verwalteten Vermögens spiegelt außerdem die *Erfahrung* wider, die gegeben ist und die Sie zu *Ihrer* Erfahrung machen bei einer Kooperation. Vergessen Sie nicht: Man kauft auch Know-how ein, wenn man sich einer Anlagefirma bedient.

(3) Lassen Sie sich darüber hinaus Referenzen zeigen beziehungsweise fragen Sie *Kunden,* die von dem Unternehmen, das Sie favorisieren, bedient worden sind. Zufriedene Kunden sind mehr als eine Empfehlung.
(4) Scheuen Sie sich des weiteren nicht, über das Unternehmen Informationen von (Wirtschafts-)Auskunfteien einzuholen (zum Beispiel Schimmelpfeng).
(5) Erkundigen Sie sich auch, ob das Unternehmen eine »Immobilienphilosophie« besitzt. Was ist die Hauspolitik, was sind die Richtlinien, nach denen das Unternehmen operiert? Je geradliniger, durchschaubarer und offener die interne Geschäftspolitik, um so besser für Sie. Und: Wie ist es um den Servicecharakter einer Firma bestellt?

All dies enthebt Sie indes nicht, selbst die Immobilie in Augenschein zu nehmen, die Sie kaufen wollen und bei der Sie zumindest die Eckdaten kurz abchecken sollten. Aber es verleiht Ihnen eine gewisse Sicherheit, was den »Partner Ihres Vertrauens« anbelangt. Aber zugegeben: Oft sieht sich der Investor nicht in der Lage, selbst umfangreiche Recherchen anzustellen, wie sie in Kapitel V empfohlen wurden. Tatsächlich avanciert man fast zum Immobilienprofi, wenn man all die notwendigen Checks persönlich durchführt. Zeitmangel verhindert jedoch vielfach die eigene Recherche, zumal eine expertenmäßige Überprüfung einer Immobilie einiges an Interesse, Aufmerksamkeit und Engagement verlangt. Überdies bieten einige gewerblich tätige Anlageunternehmen oft eine ganze Palette zusätzlicher Dienstleistungen, ja offerieren »alles aus einer Hand«. Konkret heißt das, daß etwa die (finanzierende) Bank von der Anlagegesellschaft gefunden wird, daß das passende Steuermodell empfohlen wird, daß der Standort bereits gecheckt ist und die Ausstattung einen wirklich hohen Qualitätsstandard besitzt. Man braucht sich also um zahlreiche Details nicht zu kümmern.
Speziell was die mögliche Steuersparvariante angeht,

die natürlich auch bei dem Kauf »von Privat an Privat« gegeben sein kann, ist man bei den »Profis« gewöhnlich gut aufgehoben; sie werben oft sogar mit diesem Steuerargument – und nicht zu Unrecht.

Welche Varianten werden nun auf dem Markt von den gewerblich tätigen Unternehmen angeboten? Gehen wir systematisch vor und untersuchen wir die einzelnen *Modelle*:

1. Das Bauherrenmodell

Beginnen wir mit einem etwas unpopulär gewordenen Modell, dem Bauherrenmodell. Im Grunde stellte es sich wie die anderen Modelle ein steuerliches Rechenkunststückchen dar, das findige Experten ausgesonnen hatten und das für den Erwerber nicht unattraktiv war. Zunächst jedoch ein offenes Wort: Viele Erwerber mußten bei dem Bauherrenmodell tatsächlich Federn lassen. Zu spät stellten sie fest, daß die Gebühren für die verschiedenen Dienstleistungen die Steuervorteile, die gegeben waren, zweifellos nicht nur aufzehrten, sondern diese oft weit überstiegen. Darüber hinaus ließen sich die berechneten Renditen oft nicht realisieren, weil die erwarteten Mieteinnahmen ausblieben. Hinzu kamen Konkurse von Unternehmen, die in die Abwicklung des Bauherrenmodells eingebunden waren. Es gibt eine ganze Reihe von Gründen, warum das Bauherrenmodell in Verruf geriet. Auf einen Nenner gebracht, nutzten hier *einige* schwarze Schafe den guten Ruf eines intelligenten Steuermodells schamlos aus und brachten damit das ganze *Konzept* in Verruf. Aber zu Unrecht! Tatsächlich ist die zugrundeliegende Idee gescheit. Prinzipiell empfiehlt sich das Modell all jenen, denen das Finanzamt das Einkommen zu halbieren droht.

Die (Steuer-)Idee *hinter* diesem Konzept war folgende: Dadurch, daß der Käufer beziehungsweise eine Gemeinschaft kurzerhand selbst zum *Bauherrn* avancierte (ein

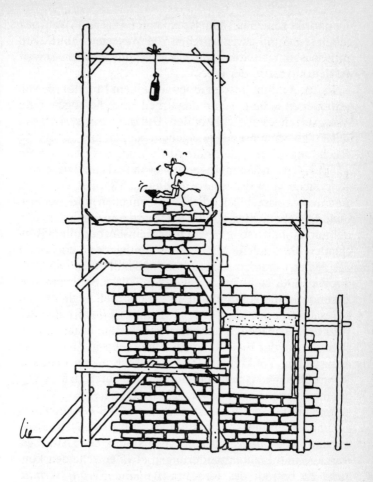

Umstand, den Vater Staat steuerlich belohnt), gelangte er automatisch in den Genuß, erhöhte Kosten vor Steuerabzug geltend machen zu können. Ein »Bauherr« in steuerlich-juristischem Sinn ist eine Person, die auf eigene Rechnung ein Gebäude (oder einen Teil davon) errichtet oder ein in Planung oder in Bau befindliches Bauobjekt besitzt. Bauherr ist man indes nur auf dem Papier, Steine und Zementsäcke schleppen andere. Aber den Umstand, daß man als »Bauherr« gewissermaßen die Wirtschaft ankurbeln hilft, belohnt der Staat – mit steuerlichen Vorteilen. Soweit zu dem Konzept, der Idee.

In der Realität werden indes von einem Initiator die verschiedenen »Bauherren« geworben, die die sogenannte »Bauherrengesellschaft« bilden. Die Bauherren erteilen in der Folge gemeinsam – in eigenem Namen und auf eigene Rechnung – Aufträge für die Ausführung der Bauarbeiten an der gemeinsamen Eigentumswohnanlage. Diese umfangreiche Verwaltungsarbeit, die auch großes Geschick und Kenntnisse hinsichtlich der baulichen und steuerlichen Gegebenheiten voraussetzt, wird nun von jedem einzelnen Bauherrn separat einem gemeinsam bestellten Treuhänder übertragen. Mit diesem Treuhänder und seinen fachlichen Voraussetzungen steht und fällt oft das gesamte Projekt. Der Treuhänder erhält von jedem Bauherrn also gesondert eine Vollmacht in einem notariell beglaubigten »Geschäftsbesorgungsvertrag«. Damit ist der Treuhänder jetzt dazu ermächtigt, alle Verträge selbständig abzuschließen, die mit der Errichtung des Bauobjekts in Zusammenhang stehen, konkret mit den Baubetreuern, dem Generalunternehmer und den Bau-Sonderfachleuten (wie Architekten, Ingenieuren und Gutachtern etwa).

Der Treuhänder entwirft auch den *BGB-Gesellschaftsvertrag* der Bauherrengesellschaft, mit dessen Hilfe die Bauherren in mehrheitlicher Abstimmung über Auftragsvergabe und Planungsänderungen etwa entscheiden können. Er betreut des weiteren die *Finanzierungsvermittlungsverträge* im Rahmen der Zwischen- und Endfinanzierung. In der Regel entwirft der Treuhänder auch den *Verwaltervertrag* und die *Teilungserklärung* sowie die *Gemeinschaftsordnung*. Genau diese Verträge bewirken, daß entstandene Kosten während der Bauzeit sofort vom Bauherrn des Bauherrenmodells als sogenannte »Werbungskosten« steuerlich *abzugsfähig* sind. Von Bedeutung ist jedoch, daß immer die Bauherrengemeinschaft der Auftraggeber der Bauarbeiten und damit natürlich auch Schuldner ist – allerdings jeder einzelne Bauherr nur anteilsmäßig nach der auf ihn entfallenden Quote, die sich aus seiner Beteiligungshöhe an der Gesamtanlage errechnet. Soweit ein erster Einblick. Um das Konzept noch ein wenig zu verdeutlichen, wollen wir uns das ganze Procedere noch einmal sozusagen im Zeitraffer anschauen. Also, wie ist der Ablauf beim Bauherrenmodell?

(1) Zuerst werden Interessenten für ein noch zu errichtendes Bauobjekt geworben, das aus mehreren Eigentumswohnungen bestehen wird. Ein Treuhänder betreut bereits diese ersten Initiativen.

(2) Aus einer Anzahl von Interessenten bildet sich die sogenannte »Bauherrengemeinschaft«. Mit dem Treuhänder wird ein »Geschäftsbesorgungsvertrag« abgeschlossen, mit dem jeder einzelne Bauherr dem Treuhänder notariell eine Vollmacht erteilt, alle Verträge, die mit der Errichtung des Bauobjektes zusammenhängen, selbständig abzuschließen.

(3) Der Baubeschluß wird gefaßt.

(4) Ein Grundstück wird erworben – meist bestehen schon Vorabsprachen.

(5) Die Bauunterlagen werden komplettiert und dem Bauamt zur Genehmigung eingereicht.

(6) Ein Generalunternehmer wird beauftragt, das Gebäude zu errichten.

(7) Die entstandenen Kosten werden auf die einzelnen Bauherren verteilt.

(8) Die voraussichtlich anfallenden Werbungskosten werden mit dem Finanzamt abgestimmt.

(9) Der eigentliche Bau beginnt – die Handwerker betreten die Szene.

(10) Die einzelnen Bauherren werden zur Kasse gebeten und die Wohnungen übergeben.

(11) Der Treuhänder ermittelt die endgültigen Werbungskosten.

(12) Die Bauherrengemeinschaft wandelt sich zur Wohnungseigentümergemeinschaft und beauftragt einen Verwalter. In der Regel entwirft der Treuhänder den Verwaltungsvertrag und die Teilungserklärung.

Damit besitzen Sie einen guten Überblick über die chronologische Abfolge. Bei einem solchen Eigentumswohnungsprojekt operiert man natürlich stets in einem nicht eben kleinen Rahmen. Die Abwicklung muß professionell sein. Im übrigen sind die Investoren bei einem Bauherrenmodell gewissermaßen nur auf dem Papier Bauherren, damit sie in den Genuß der steuerlichen Vergünstigungen kommen. Das »Management« eines solchen Modells muß also erstklassig sein.

Konzentrieren wir uns jedoch noch einen Augenblick auf die mögliche Steuerersparnis. Dazu ein Vergleich: Wenn Sie Erwerber einer »normalen« Neubau-Eigentumswohnung sind, dann müssen Sie einen Gesamtpreis entrichten, der *alle* Kosten einschließt, also die reinen Baukosten und die Verwaltungs- und Finanzierungsgebühren. Hier wird *nichts* auseinanderdividiert. Sie orientieren sich am *Kaufpreis,* der (zum Beispiel) 200.000 DM beträgt. Beim Bauherrenmodell hingegen werden die verschiedenen *Kostengruppen* getrennt ausgewiesen; zum Beispiel betragen hier die Finanzierungs- und Verwaltungskosten 40.000 DM und die reinen Baukosten 160.000 DM (= insgesamt ebenfalls 200.000 DM). Diese (gesondert ausgewiesenen) 40.000 DM sind jedoch in steuerlicher Hinsicht ein Leckerbissen. Sie können Sie voll absetzen.

Wenn also Ihr Einkommen beispielsweise mit einer Einkommensteuer von 50 % belegt wäre, ergäbe sich ein tatsächlich eingesparter Betrag von 20.000 DM, die Hälfte der gesondert ausgewiesenen Finanzierungs- und Verwaltungskosten also. In der Steuersprache wird dieser Posten als »Werbungskosten« bezeichnet. Während der Abwicklung des Bauherrenmodells gibt es jedoch nicht eben wenige Finanzierungs- und Verwaltungskosten, die das Finanzamt unter der Rubrik »Werbungskosten« akzeptiert. Es sind dies unter anderem:

– Die Zinsen des Bankkredits.
– Das Disagio (wenn ein Kredit nicht zu 100 % ausgezahlt wird, sondern zum Beispiel nur zu 95 %, dann sind diese 5 % absetzbar).
– Alle Kosten, die in Verbindung mit der späteren Verwaltung und Vermietung auftreten (der Verwalter etwa will bezahlt werden).
– Das Entgelt für den Steuerberater.
– Steuern, die auf den Grundbesitz erhoben werden.
– Versicherungsprämien.
– Öffentliche Abgaben (zum Beispiel Straßenreinigungskosten).
– Das Honorar für den Treuhänder.

Verdeutlichen wir die Einsparung dieser »Werbungskosten« bei Ihrer Einkommensteuererklärung an einem simplen Beispiel: Der Geschäftsführer einer Elektro-Firma verfügt über ein jährliches Bruttoeinkommen von 150.000 DM. An Einkommensteuer fallen somit etwa 60.000 DM an. Als Beteiligter einer Bauherrengemeinschaft – als Bauherr – kann er an Werbungskosten jedoch zum Beispiel 70.000 DM geltend machen. Sein zu versteuerndes Einkommen beträgt jetzt in den folgenden zwei Jahren 150.000 DM minus 35.000 DM = 115.000 DM. Tatsächlich wird die eingesparte Steuersumme jedoch in die Immobilie, das Bauherrenmodell mithin, eingebracht. Dabei ist dieser sofortige »Werbungskostenabzug« nur der Auftakt bei der Sinfonie der verschiedenen Steuervergünstigungen.

Nehmen wir nämlich an, daß die Wohnanlage inzwischen fertiggestellt wurde. Die im Bauherrenmodell erworbene Eigentumswohnung ist gut vermietet. Die Kosten (der Eigentümer muß schließlich Zinsen entrichten für den Bankkredit u. a. m.) übersteigen jedoch den Gewinn, den man durch die Mieteinnahmen erzielt. Diese »Unterdeckung« (= Differenz zwischen Kosten und Mieteinnahmen) darf in den folgenden Jahren ebenfalls von dem zu versteuernden Einkommen abgezogen werden.

Grundsätzlich ist das Bauherrenmodell also eine höchst vorteilhafte Möglichkeit, Wohneigentum mit Hilfe steuerlicher Vergünstigungen zu bilden. Allerdings machten einige schwarze Schafe der Branche daraus einen Selbstbedienungsladen, indem sie das ganze Paket etwa einfach völlig überteuert anboten! Das heißt, die phantastischen Steuervorteile waren zwar auch hier gegeben, aber eine Eigentumswohnung, die »objektiv« vielleicht 300.000 DM wert ist, jedoch für 450.000 DM verkauft wird, ist für den Käufer natürlich *kein* gutes Geschäft. Hinzu kam, daß in Einzelfällen Garantien über Mietrenditen nicht erfüllt wurden.

Manchmal kam es gar zu Konkursen. Im Regen blieb schließlich der allein gelassene Bauherr, dem indes ebenfalls einige Punkte anzukreiden sind.

Prinzipiell ist festzuhalten, daß »Bauherren«, die ein schlechtes Geschäft tätigten, sich *selbst* ganz einfach zuwenig sachkundig gemacht hatten. Mit Bauherrenmodellen *wurden* nämlich auch hübsche Gewinne eingefahren. Experten schätzen heute, daß ca. 70% der Bauherrenmodelle reelle Investitionen darstellten!

Man *kann* also mit diesem Modell seine Schäfchen ins Trockene bringen, wie man so schön sagt, wenn, ja wenn man bestimmten Punkten Beachtung schenkt. Wir haben diese Punkte wieder in einem Check-Plan angeordnet, den Sie benutzen können, wenn Sie mit einem Bauherrenmodell eine solide Basis für die Gewinnmaximierung schaffen wollen.

Betrachten wir diese Check-Points im Detail:

Check-Plan für das Bauherrenmodell

Punkt 1: Nehmen Sie den Treuhänder genau unter die Lupe. Mit ihm steht und fällt Ihr Bauherrenmodell, denn er handelt im Namen aller Bauherren, also auch in Ihrem Namen.

Die Entscheidungen, die er trifft, werden unmittelbare Auswirkungen auf Sie und vor allem Ihren Geldbeutel haben.

Der Treuhänder darf in keiner Art und Weise an dem Bauobjekt beteiligt sein. Er muß seine rechtliche und wirtschaftliche Unabhängigkeit nachweisen können und sollte darüber hinaus auch einer standesrechtlichen Vereinigung angehören, die eine integre Handlungsweise ihrer Mitglieder garantiert. Der ideale Treuhänder darf jedoch nicht nur von seinem Berufsstand her über jeden Zweifel erhaben sein (zum Beispiel Steuerberater, Wirtschaftsprüfer oder Rechtsanwalt), er sollte auch über umfassende Kenntnisse in all diesen drei genannten Berufsständen verfügen sowie über einschlägige Erfahrungen mit dem Bauherrenmodell. Das heißt, Konzeption, Betreuung und Abwicklung dieses Modells müssen ihm vertraut sein.

Punkt 2: Kontaktieren Sie ebenfalls die anderen Partner, sprich die anderen Bauherren, Sie sitzen mit Ihnen in einem Boot und müssen in kritischen Momenten gemeinsam mit ihnen schnelle Entscheidungen treffen. Ihre Mit-Bauherren dürfen finanziell nicht auf tönernen Füßen stehen. Die Verpflichtungen der Gemeinschaft müssen auf *allen* Schultern ruhen.

Punkt 3: Nicht zuletzt die Funktionsträgerunternehmen bestimmen über Gedeih und Verderb des Bauherrenmodells. Wenn ein Mosaiksteinchen in dem Gebilde fehlt, dann funktioniert das ganze Konzept nicht mehr.

Sie sollten sich also ein umfassendes Bild über alle an

dem Projekt beteiligten Firmen und Geschäftspartner machen. Dies geschieht am besten durch Einholung von Auskünften. Vor allem die wirtschaftliche Absicherung des Generalunternehmers muß gewährleistet sein, wobei dieser auf jeden Fall erst nach Abschluß seiner Leistungen zu bezahlen ist.

Punkt 4: Auch ein Bauherrenmodell ist anhand der Kriterien Standort und Ausstattung/Zustand zu beurteilen.
Diese Faktoren bestimmen wiederum den zukünftigen Wert der Eigentumswohnung.
Lassen Sie sich daher das Bauobjekt von einem unabhängigen Architekten oder einem Bauingenieur daraufhin genau prüfen.

Punkt 5: Checken Sie, ob für das angebotene Grundstück tatsächlich eine Baugenehmigung vorliegt und der vorgesehenen Bebauung nichts im Wege steht. Das wiederum können Sie beim zuständigen Bauplanungsamt der Stadt, des Kreises oder der Gemeinde erfahren.
Über die Zwischen- und Endfinanzierung sollte eine schriftliche Stellungnahme eines Kreditinstitutes vorliegen.

Punkt 6: Dreh- und Angelpunkt ist der Preis. Vergleichen Sie den Preis der Bauherrenmodell-Eigentumswohnung mit ähnlichen Eigentumswohnungen, die gegenwärtig angeboten oder verkauft werden.
Ihre Rechnung muß jedoch mit einbeziehen, daß die Bauherrenmodell-Eigentumswohnungen erst in ca. zwei Jahren bezugsbereit sind.
Die in der Zwischenzeit auftretenden preislichen Zuschläge sind bei einem solchen Vergleich mit zu berücksichtigen. Es ist also nicht gänzlich falsch, wenn das Bauherrenmodell *etwas* teurer angesetzt ist als vergleichbare Eigentumswohnungen.

Punkt 7: Im Unterschied zur herkömmlichen Bebauung eines Grundstücks und zu anderen »normalen« Objekten fallen während der Bauzeit bei Bauherrenmodellen schon Zinsen an. Beim Bauherrenmodell sollten Sie also überprüfen, ob und in welcher Höhe die *Bauzeitzinsen* im Finanzierungsplan enthalten sind. Auch die Zinsgarantie für die Bauzeit ist ein wesentliches Moment. Schließlich sollten auch die Notargebühren und Kosten für die Eintragung in das Grundbuch in der Kostenplanung enthalten sein. Das Bauherrenmodell schließt Kosten ein, die beim herkömmlichen Eigentumswohnungskauf zusätzlich, also außerhalb des Endkaufpreises, möglicherweise anfallen – so etwa die Kosten für die Treuhandschaft, die Steuerberatung, die Finanzierungsvermittlung, die Finanzierungsbetreuung und für die Mietvermittlung. Prüfen Sie genau *alle* anfallenden Kosten und erkundigen Sie sich *vor* dem Kauf über die mögliche Gewinnsteigerung bei einer eventuellen Wiederveräußerung.

Punkt 8: Damit Sie auch tatsächlich in den Genuß einer Steuervergünstigung kommen, sollten Sie darauf achten, daß das »Bauherren-Konzept« auch wirklich juristisch hieb- und stichfest ist.

Wenn zum Beispiel eine Bauträgergesellschaft »alles aus einer Hand« anbietet: die Grundstücksbeschaffung, die Bauleitung und die Verwaltung, kann Ihnen das Finanzamt die Werbungskosten nämlich *nicht* anerkennen, weil Sie in diesem Fall im streng rechtlichen Sinn eben kein Bauherr mehr sind.

Wagen wir ein kleines Fazit: Das Bauherrenmodell wird nicht vom Markt verschwinden, aber sicherlich an Bedeutung verlieren. Wenn das Modell sauber konzipiert ist, ist es für den klugen Investor, der es sich nicht entgehen läßt, selbst eine Prüfung vorzunehmen, nach wie vor möglich, hierbei auf seine Kosten zu kommen.

2. Das Erwerbermodell

Wenden wir uns einem anderen Modell zu, das sich zunehmender Beliebtheit erfreut und mehr und mehr auf dem Markt angeboten wird – dem Erwerbermodell.

Zunächst – was versteht man darunter? Halten wir es einfach! Wenn Sie beispielsweise zu einer Anlagegesellschaft pilgern, um eine Eigentumswohnung zu »erwerben«, die also bereits existiert und mit der bestimmte steuerliche Vorteile verknüpft sind, so spricht man von einem »Erwerbermodell«. Im Gegensatz zum »Bauherrenmodell« existiert diese Wohnung nicht nur auf dem Papier – Sie können sie bereits »anfassen« und in Augenschein nehmen.

Normalerweise handelt es sich um eine gebrauchte Eigentumswohnung, aber Sie können auch eine neue Eigentumswohnung erstehen. In diesem Fall, wenn Sie also der »erste« Käufer sind, spricht man vom »Erwerbermodell«. Nicht kompliziert! Sie können das Erwerbermodell auch sehr leicht verstehen, wenn Sie den Gesichtspunkt des »Machers« einnehmen, das heißt versuchen, eine Gesellschaft zu verstehen, die Erwerbermodelle vertreibt und an den Mann bringt. Stellen Sie sich vor, eine Anlagegesellschaft etwa wird kontinuierlich von ihren Kunden gefragt, *wo* sie, die Investoren, *was* kaufen sollen. Diese Anlagegesellschaft muß also über eine Angebotspalette verfügen und mit einigen Leckerbissen aufwarten können. Was unternimmt sie? Nun, die Gesellschaft hält Ausschau auf dem »freien« Markt, unterzieht sich der ganzen Mühe der Recherche, findet einen geeigneten Makro- und Mikrostandort, entdeckt eine Immobilie, bestehend aus zehn Eigentumswohnungen zum Beispiel, und checkt mit Fachleuten die Ausstattung und den Zustand. Die Anlagegesellschaft befindet alles für gut, kauft dieses Objekt und renoviert es von Grund auf. Danach kann sie ihren Kunden guten Gewissens diese zehn Eigentumswohnungen als »Erwerbermodell« anbieten, während der Kunde weiß, sofern es sich um eine seriöse Gesellschaft handelt, daß ihm hier die unendliche Mühe und der Aufwand der Recherche erspart geblieben sind. Mit dem »Erwerbermodell« geht üblicherweise ein ganzes Paket steuerlicher Vergünstigungen einher, die sich nicht einmal gravierend von denen des »Bauherrenmodells« unterscheiden.

Steigen wir aber dennoch in gebotener Kürze nochmals in die (Un-)Tiefen des steuerlichen Fachvokabulars – zumindest in Ansätzen, damit die Vorteile deutlich werden.

Prinzipiell müssen Sie beim *Erwerbermodell* zwischen zwei Phasen unterscheiden, was die steuerlichen Pluspunkte anbelangt – und zwar zwischen der *Kaufphase* und der *Vermieterphase*.

Während der *Kaufphase* lesen sich einige steuerliche Vorteile zum Beispiel wie folgt:

- Sie können das Disagio absetzen (das heißt den *Auszahlungsverlust*. Wenn Sie heute etwa 200.000 DM von der Bank borgen, werden Ihnen nur 195.000 DM zum Beispiel ausgezahlt, wie Sie wissen. (Diese Differenz von 5.000 DM nennt man »Disagio«, also »Auszahlungsverlust«.)
- Ferner können Sie bestimmte Gebühren, die bei dem Kauf entstehen, steuerlich geltend machen (zum Beispiel die »Grundschuldbestellungsgebühr«).
- Ferner sind in steuerlicher Hinsicht die Finanzierungsgebühren interessant, die entstehen (zum Beispiel können Sie die »Finanzierungsbeschaffungskosten« absetzen).
- Und schließlich können Sie die Zinsen, die Sie entrichten müssen, wenn Sie von einem Kreditinstitut Geld aufgenommen haben, steuerlich in Abzug bringen.

Soweit zu *einigen* Posten, die für Sie steuerliche Vorteile bringen.

In der *Vermietungsphase* winken weitere steuerliche Vergünstigungen, denn Ihnen entstehen immer noch

- Kosten aufgrund der Zinsen, die Sie für die Summe, die Sie (normalerweise) beim Kauf der Eigentumswohnung aufgenommen haben, berappen müssen.
  Allerdings müssen Sie diese mit der Miete verrechnen, die Sie einnehmen und die auf der Guthabenseite erscheint. Wenn Sie also zum Beispiel 400.000 DM bei der Bank aufgenommen haben und dafür 30.000 DM Zinsen zahlen müssen, Sie aber 10.000 DM Mieteinnahmen haben, so können Sie 30.000 minus 10.000 = 20.000 DM steuerlich absetzen.
- Außerdem können Sie noch bestimmte »Nebenkosten«, die Ihnen entstehen, in der *Vermietungsphase* zum Abzug bringen. Dies sind alles sehr vereinfachte Darstellungen der steuerlichen Vorteile, die Ihnen jedoch zumindest eine gewisse Vorstellung vermitteln. In Kapitel IX werden wir auf die einzelnen Details (AfA usw.) genauer zu sprechen kommen. An dieser Stelle geht es uns jedoch zunächst lediglich um eine Klärung des Begriffs »Erwerbermodell«.
Von Bedeutung also ist, *daß* damit immense steuerliche Vorteile verbunden sind, gar nicht davon zu reden, daß ein professionell arbeitendes, gewerblich tätiges Unternehmen sich für Sie bemüht, ein geeignetes Objekt ausfindig zu machen und es steuerlich und finanztechnisch genau auf Ihren speziellen Fall zuschneidet.

Im übrigen gelten beim Kauf eines »Erwerbermodells« alle Regeln, die auch für die »normale« Eigentumswohnung zutreffen. Es gilt also, hier ebenfalls *persönlich* Informationen einzuholen und den Standort und den gegenwärtigen Zustand der Immobilie abzuschätzen. Der Vorteil, der bei diesem Modell gegeben ist, besteht darin, daß Sie Ihre Entscheidung am bestehenden Objekt treffen können, es existiert nicht nur auf dem Papier. Sie können also vor Ort Ihre Kaufüberlegungen anstellen – und dort über den Zuschlag befinden, während Sie beim Kauf vom Plan weg zunächst nichts Greifbares in der Hand haben und recht viel Phantasie entwickeln müssen. Üblicherweise befinden sich »Erwerbermodelle« indes in gutem Zustand; viele sind up to date, was Strippen und technisch-elektronische Hilfsmittel anbelangt. Dennoch sollten Sie zumindest den Standort näher in Augenschein nehmen.

Besonderes Augenmerk müssen Sie vor Vertragsabschluß auf die steuerlichen Vergünstigungen legen. Es handelt sich ja nicht um eine eigene Gesetzgebung – die Vorschriften über die steuerliche Behandlung von Erwerbermodellen sind im Rahmen des Einkommensteuergesetzes festgelegt. Übrigens verfügen die Finanzämter in größeren Städten über eigene Sachbearbeiter für solche Modelle, die Ihnen auch telefonisch gerne Auskunft über die zur Zeit geltenden Vorschriften geben, die immer wieder Änderungen erfahren. So gibt es zum Beispiel Erlasse von 1978 und zuletzt aus dem Jahre 1981. Außerdem dürfen Sie natürlich nie das Preis/Wert-Verhältnis ignorieren.

So weit, so gut! Um möglichst praxisnah zu bleiben, haben wir für Sie einmal einen konkreten Fall von Anfang bis zum Ende durchgespielt.

Nehmen wir an, Sie ersehen an Ihrem Einkommen, daß Sie Steuern sparen, das heißt zusätzliche Kosten geltend machen müssen. Sie nehmen nun Kontakt zu einer renommierten Spar- und Anlageberatungsgesellschaft auf, um sich fachgerecht beraten zu lassen. Bei Ihren ersten Checks bringen Sie zunächst in Erfahrung, daß es sich dabei um eine renommierte Firma handelt, die sich ausschließlich mit Ersterwerbermodellen, dies dafür aber in immer wieder neuen Variationen, beschäftigt. Sie verfügt über ein gediegenes Know-how einer seit mehr als einem Jahrzehnt auf dem Markt eingeführten Firma. Ihre Kunden werden erstklassig bedient. Dieses Unternehmen vertritt die Firmenphilosophie, nur Eigentumswohnungen in Top-Lagen mit Top-Ausstattungen zu vermitteln. Bei ihren Finanzierungskonzepten werden zudem alle steuerlichen Möglichkeiten ausgeschöpft. Und als Bonbon wird die Sicherheit geboten, daß die erworbenen Eigentumswohnungen auf zehn Jahre fest vermietet sind. Als Mieter treten hier staatliche Behörden zum Beispiel auf, die ihre Bediensteten an bestimmte Standorte senden müssen. Das Bauvolumen dieser Firma betrug im letzten Jahr 70 Millionen Mark, das sich auf zehn überschaubare Bauvorhaben verteilte. Prinzipiell gehört es zur Firmenpolitik dieses Unternehmens, sich in kleinen, überschaubaren Immobilienobjekten zu engagieren, die das Kundeninteresse der Investoren widerspiegeln. Die Eigentumswohnungen in absoluter Spitzenlage weisen eine außergewöhnliche Architektur auf, es scheint sich also um Experten zu handeln, die ihr Fach verstehen. Alle Auskünfte, die Sie von dritter Seite einholen, fallen ebenfalls zu Ihrer Zufriedenheit aus. Wie schreibt sich die Geschichte nun fort?

Als nächstes pilgern Sie persönlich mit einem Berater zu einer Wohnanlage, um eine mögliche Eigentumswohnung dort persönlich in Augenschein zu nehmen. Dort bietet sich Ihnen ein verführerisches Bild. Bei dem Objekt handelt es sich konkret – so nehmen wir einmal an, um mit handfesten Fakten argumentieren zu können – um eine Anlage im Süden der Stadt Mainz, im Stadtteil Hechtsheim, auf dem Großberg – auch Frankenhöhe genannt. Der Großberg ist seit jeher eine der bevorzugten Wohnanlagen der Stadt Mainz, bebaut mit vornehmen Villen und Einfamilienhäusern. Unmittelbar angrenzend an dieses elegante Wohnviertel hat die Stadt Mainz ein Neubaugebiet ausgewiesen, in dem unmittelbar auf der Hügelkuppe des Großberges einige architektonisch aufwendige Geschoßbauten errichtet werden, zu denen auch das Objekt gehört, das Sie in Aussicht genommen haben, um das sich wiederum teilweise sehr aufwendige Ein- und Zweifamilienhäuser gruppieren. Auf der Spitze des Großberges genießt man einen wirklich schönen Blick auf die Stadt Mainz und die herrliche Umgebung. Das Gebäude selbst ist in terrassierter Bauweise errichtet, so daß sich teilweise großzügige Terrassen beziehungsweise Bepflanzungsmöglichkeiten auf den Dächern ergeben. Zu jeder einzelnen Eigentumswohnung gehört ein Tiefgaragenstellplatz.

Der erste Eindruck scheint zu stimmen. Aber Sie wissen, daß es zunächst gilt, einige Punkte kompromißlos zu prüfen. Wie steht es also wirklich um den Standort? Nun, was den Makrostandort anbelangt, so ist an ihm nicht nur nichts auszusetzen, er ist im Gegenteil geradezu ideal. Mainz ist die Hauptstadt des Bundeslandes Rheinland-Pfalz, Eisenbahn-Knotenpunkt für wichtige Ost-West- und Nord-Süd-Verbindungen und auch Autobahn-Knotenpunkt in alle vier Himmelsrichtungen. Der Rhein-Main-Flughafen ist in 20 Autominuten erreichbar. Es besteht S-Bahn-Verbindung nach Frankfurt und dem Flughafen sowie zur hessischen Landeshauptstadt Wiesbaden. Die Bus- und S-Bahn-, aber auch die Intercity-Anbindungen sind in Mainz beispielhaft. Die Wirtschaftskraft der Stadt unterstreichen namhafte Firmen. Hier residieren das IBM-Werk Mainz (größter Computerhersteller in Europa), die Blendax-Werke, das Degussa-Werk, die Schott-Glaswerke und die Erdal-Rex GmbH. Außerdem haben viele große und mittlere Unternehmen der verschiedensten Industriezweige des Waggon- und Schiffsbaus und der Maschinen-, Glas-, Holz-, Papier-, Metallwaren-, Elektro-, Bekleidungs- und Konserven-Industrie in Mainz ihren Sitz. Das Arbeitsplatzangebot wird bereichert durch zahlreiche Verwaltungen und Behörden: So sitzt hier die Landesregierung mit ihren vielen nachgeordneten Behörden. Ein Begriff ist darüber hinaus Mainz als Bischofsstadt (Diözesanverwaltung!) sowie als Standort des Zweiten Deutschen Fernsehens (ZDF). Auch das Landesstudio Rheinland-Pfalz des Südwestfunks (SWF) hat hier seinen

Sitz. Der größte Arbeitgeber des Landes ist die Johannes-Gutenberg-Universität. Mehr als 30 000 Studenten studieren in Mainz, das auch eine Vielzahl von Fach(hoch)schulen beherbergt. Mainz, die 2000jährige Stadt, ist aber auch in kultureller Hinsicht erste Wahl: Es gibt hier das Stadttheater, viele Kinos, eine anheimelnde Altstadt sowie zahlreiche Museen und Galerien. Desgleichen läßt die Tatsache, daß viele Studenten hier wohnen, auf ein reges kulturelles Leben innerhalb der Stadtmauern schließen. In der Fußgängerzone sowie in den Einkaufszentren und auf dem Platz vor dem Dom, vergewissern Sie sich, herrscht reges (Markt-)Treiben. Insgesamt ist Mainz eine Stadt, in der Geschichte, Kultur, Wirtschaftskraft und landschaftliche Schönheit sich zu einem hohen Maß an Lebensqualität verbinden. Vom Makrostandpunkt gesehen, ist die ins Auge gefaßte Immobilie also ein Kleinod. Ihr Interesse ist damit wachgekitzelt.

Nun liegt Ihnen daran, den Mikrostandort etwas genauer unter die Lupe zu nehmen. Sie stellen fest, daß das Baugrundstück in einem neu erschlossenen großen Baugebiet im Süden der Stadt Mainz liegt, im Stadtteil Hechtsheim, etwas außerhalb des alten Ortskerns. Die Wohnlage, verraten Ihnen Profis, ist hervorragend. Im übrigen teilt Ihnen das Bundesamt der Stadt Mainz mit, daß es sich bei der Frankenhöhe um ein »reines Wohngebiet« mit rechtsverbindlichem Bauplan handelt. Hier wird es somit keinerlei Ansiedlung von Handwerks-, geschweige denn Industriebetrieben geben. Allenfalls wird eine kleine Ladenstraße die unmittelbare Versorgung der Anwohner sichern, mehr läßt die Bausatzung für ein reines Wohngebiet nicht zu. Vom gesundheitlichen Standpunkt ist die Lage auf der Hügelkuppe des Großbergs und das Kleinklima mit großem Naherholungswert ebenfalls ideal. Zusätzlich sind die Infrastruktur, das Freizeitangebot, kulturelle und soziale Einrichtungen – wie Sie bereits bei der Recherche des Makrostandortes festgestellt haben – ausgezeichnet. Das Gebiet selbst ist außerdem an die öffentlichen Verkehrsmittel angeschlossen. Es besteht eine regelmäßige Straßenbahnverbindung von Mainz-Hauptbahnhof nach Hechtsheim-Ortskern, in den Stoßzeiten bis zu viermal pro Stunde. Zur Frankenhöhe selbst geht eine eigene Buslinie, mindestens zweimal pro Stunde, in den Stoßzeiten viermal in der Stunde. Der letzte Bus nach der Frankenhöhe fährt kurz vor Mitternacht in der Mainzer City ab – zurück fährt der letzte Bus um Mitternacht ab Frankenhöhe. Auch an den Wochenenden geht mindestens zweimal pro Stunde ein Bus in die City und zurück. Desgleichen ist die Kindergarten- und Grundschul-Situation in Hechtsheim empfehlenswert. Beste Einrichtungen sind vorhanden. Mainz selbst bietet, wie Sie wissen, außerdem weiterführende Schulen, von den berufsbezogenen Fach(hoch)schulen und der Universität gar nicht zu reden. Praktisch können Kinder hier bis zur Beendigung der Ausbildungszeit wohnen. Auch über die Bevölkerungsstruktur lassen sich Aussagen treffen: Die Tatsache, daß die Wohnanlage unmittelbar an ein Villenviertel grenzt, läßt den Schluß zu, daß es sich um eine gesunde Bevölkerungsstruktur im Umfeld handelt. Sie recherchieren selbst und erfahren, daß hier Familien mit und ohne Kinder wohnen sowie ältere Mitbürger und Singles. Ein Soziologe würde von der »oberen Mittelschicht« und der »unteren Oberschicht« sprechen.

Die erste Prüfung hat die Immobilie also mit Bravour bestanden. Langsam wird es aufregend.

Sozusagen in der zweiten Phase nehmen Sie nun die Ausstattung genauer in Augenschein. In Stichpunkten bemerken Sie folgende Details, da Sie das Objekt näher besichtigen.

- Hochwertiges, atmungsaktives Dammauerwerk (die Außenwände besitzen eine Stärke von 30 cm).
- Schall- und Wärmeisolierung sogar am Dach.
- Stahlbetonmassivdecken, zweilagige Wärme- und Tritt-

schall-Isolierung, Isolierfolien, schwimmender Estrich, Fußbodenoberbelag, Sockelleisten.
- Fenster aus massivem Edelholz mit Isolierverglasung und verdeckten Beschlägen.
- Treppenläufe und -podeste mit Travertin (Marmor).
- Bad deckenhoch gefliest, Fliesen beste Qualität.
- Raumsparende Plattenheizkörper.
- Geräuscharme Elektroschalter, beste Elektroinstallation.
- Alle Türen in Edelholzfurnier.

Parallel dazu überprüfen Sie anhand der »Check-Plan Ausstattung« in diesem Buch die weiteren Details. Nach sehr kurzer Zeit stellen Sie fest, daß sich die Ausstattung wirklich mit allem messen kann, was heute auf dem Markt ist. Der Initiator dieser Anlage hat an nichts gespart, er hat eingekauft, was gut und teuer ist. Damit steht fest, daß auch der Wiederverkauf, der unter Umständen geplant ist, später keine Probleme bereiten dürfte. Bemerkenswert sind in diesem Zusammenhang auch die »kleinen Extras«, als da sind Sprechanlagen an den Hauseingangstüren, Sicherheitsbeschläge an allen Wohnungseingangstüren, farbige Badewannen, Waschbecken aus farbigem Kristallporzellan, die Ihren Entschluß, eine Eigentumswohnung in dieser Anlage zu erstehen, zusehends festigen. Ihr Interesse könnte im Moment also kaum größer sein. Als letztes bleibt es Ihnen zu recherchieren, wie es um das Preis/Wert-Verhältnis bestellt ist. Auch diese Prüfung fällt schließlich positiv aus. Damit fällt die Entscheidung, dieses Erwerbermodell zu kaufen, zumal ein Fachmann dieser Spar- und Anlageberatungsgesellschaft auf Ihre spezielle steuerliche Situation dezidiert eingeht und man sich sogar um die Finanzierung und den Bankkredit kümmert. Sie checken die steuerlichen Vorteile ein letztes Mal ab – und unterzeichnen schließlich beim Notar den Kaufvertrag.

Sie werden den Clou bereits erraten haben: Diese Anlage existiert tatsächlich! Und so oder ähnlich könnte das Procedere aussehen, wenn Sie ein Erwerbermodell in dieser Wohnanlage erstehen. Die einzelnen Checks fallen hier natürlich kürzer aus, weil Ihnen die diversen Vorarbeiten (Standortrecherche/Ausstattungsrecherche) weitgehend abgenommen und Ihnen die Fakten gewissermaßen schon auf dem Präsentierteller serviert worden sind. Mit anderen Worten: Sie sparen *Zeit*.

3. Das Erhaltungsmodell

Bevor wir auf die Finanzierungstechniken und die Steuervorteile detaillierter eingehen, lassen Sie uns zunächst noch die Palette der Möglichkeiten vervollständigen. Neben dem *Erwerbermodell* machen zunehmend auch andere Modelle von sich reden, so zum Beispiel das *Erhaltungsmodell*.

Wir sprechen hierbei von der Altbau-Eigentumswohnung beziehungsweise der denkmalgeschützten Eigentumswohnung, die aufgrund der besonderen steuerlichen Vorteile ebenfalls einer Betrachtung wert ist.

Zunächst jedoch einige Vorbemerkungen: Bis Ende der sechziger Jahre war einigen Baulöwen wenig heilig. Zu oft zog man es vor, Altbauten abzureißen und neu zu errichten – statt wertvolle Altbausubstanzen zu bewahren und zu sanieren. Tatsächlich kamen Berufe wie die des Stukkateurs und des Kachelofenbauers damals fast völlig aus der Mode, die Liebe des deutschen Handwerks zum Detail war kaum gefragt. Inzwischen hat sich das Blatt gewendet: In unseren Städten und Ortschaften wird kostbare Bausubstanz wieder geschätzt und liebevoll restauriert. Die Erkerchen und Giebelchen erfahren nicht nur einen neuen Anstrich. Sachverständige und Künstler richten Putten, schwebende Jungfrauen, Girlanden und Blumen sowie Jugendstil-Ornamente an Fenstern, Türen und Balkonen wieder her, desgleichen die Stilelemente aus der Gründerzeit, neoklassizistische Fenstereinrahmungen oder an die Neugotik erinnernde Spitzbögen. Stilelemente an Gebäuden und in Räumen erhält man also zusehends, zumal sie heute für viele Zeitgenossen den idealen Rahmen darstellen, in dem sie ihr Leben gestalten wollen. Alle Sanierungsmaßnahmen sind dabei üblicherweise eingebettet in das Bestreben, auch die moderne Technik harmonisch mit der alten Substanz zu verbinden, denn auf Annehmlichkeiten will man ebenfalls nicht verzichten.

Solche Sanierungsmaßnahmen kosten indes normalerweise »Kleingeld«. Deshalb bietet sich der Staat hier als Partner an, der »im allgemeinen Interesse« handelt, wenn wertvolle alte Bausubstanz erhalten bleibt. Was, wo, wie vor dem Abriß bewahrt bleibt und als denkmalgeschützt gilt, bestimmen präzise Vorschriften und Gesetze.

Zunächst: Nicht jedes alte Gebäude, an dem renoviert wird, ist automatisch ein Denkmal. Außerdem unterscheidet man zwischen dem »Erhaltungsaufwand« und dem »Herstellungsaufwand«. Die Differenzierung zwischen diesen beiden Begriffen ist für die steuerliche Einordnung eminent wichtig, denn alle Maßnahmen, die sich unter dem Stichwort »Erhaltungsaufwand« einordnen lassen, sind im Jahr der Verausgabung *sofort* abzugsfähig; die unter Herstellungsaufwand einzuordnenden Kosten werden dagegen über einen bestimmten Zeitraum *anteilig* abgesetzt.

Zum *Erhaltungsaufwand* zählen zum Beispiel Aufwendungen, die

- die Wesensart des Gebäudes nicht verändern,
- das Grundstück im ordnungsgemäßen Zustand erhalten sollen
  und
- regelmäßig ungefähr in gleicher Höhe wiederkehren, wobei nicht *alle* Voraussetzungen gleichzeitig gegeben sein müssen. Vereinfacht gesagt, gehören zum Erhal-

»Er will es als Erhaltungsmodell absetzen!«

tungsaufwand somit vor allem Aufwendungen für die laufenden Instandhaltungs- und Instandsetzungsmaßnahmen, die durch den Verschleiß des Gebäudes oder seiner Teile durch die gewöhnliche Nutzung notwendig werden.

Ein *Herstellungsaufwand* bei bereits fertiggestellten Bauten liegt dagegen vor, wenn etwas Neues, bisher nicht Vorhandenes geschaffen wird, indem zum Beispiel

- die Immobilie wesentlich in ihrer Substanz vermehrt,
- die Immobilie in ihrem Wesen erheblich verändert oder
- die Immobilie über ihren bisherigen Zustand deutlich verbessert wird.

Zum Herstellungsaufwand zählen somit zum Beispiel Aufwendungen für den Einbau einer vorher nicht vorhandenen Fahrstuhlanlage, der Ausbau des Dachgeschosses und die Umwandlung von Groß- in Kleinwohnungen.

Damit besitzen Sie bereits einen guten Raster, mit dessen Hilfe Sie Differenzierungen vornehmen können. Sie verstehen jetzt bereits, was es bedeutet, wenn man bei denkmalgeschützten Eigentumswohnungen vom sogenannten »*Erhaltungsmodell*« spricht. Was wann wie hoch abgesetzt werden kann, muß man im Einzelfall einer genauen Betrachtung unterziehen, gegebenenfalls gemeinsam mit dem Steuerberater.[*)]

[*)] Neben den »normalen« Abschreibungsregelungen des Einkommensteuergesetzes (EStG) sind vor allen Dingen die Einkommensteuerdurchführungsverordnung (EStDV) und die Einkommensteuerrichtlinien (EStR) interessant. In der EStDV finden sich spezielle Regelungen zur erhöhten Absetzung von Herstellungs- und Anschaffungskosten in den §§ 82 a–k, die im folgenden kurz erläutert werden sollen.

- Die in den §§ 82 a–k EStDV vorgestellten Einzelmaßnahmen richten sich wie gesagt grundsätzlich danach, ob ein Erhaltungsaufwand oder ein Herstellungsaufwand gegeben ist. Alle Maßnahmen, die sich unter »Erhaltungsaufwand« einordnen lassen, sind im Jahr der Verausgabung sofort abzugsfähig, die unter »Herstellungsaufwand« einzuordnenden Kosten werden dagegen über einen bestimmten Zeitraum anteilig abgesetzt.

- Die §§ 82 d–f, die hier nicht näher behandelt werden sollen, betreffen Steuervergünstigungen für abnutzbare Wirtschaftsgüter, die der Forschung und Entwicklung dienen, beziehungsweise für Schiffe und Luftfahrzeuge. Die §§ 82 a, g und i EStDV haben gemeinsam, daß die dort genannten Maßnahmen an Gebäuden mit jährlich 10% erhöht abgeschrieben werden; dagegen ist bei den §§ 82 b, h und k EStDV die Möglichkeit gegeben, größere Erhaltungsaufwendungen gleichmäßig auf bis zu fünf Veranlagungszeiträume zu verteilen.
- § 82 a betrifft Absetzungen für Herstellungskosten für Energiesparmaßnahmen, die sich in zehn Jahren erhöht mit 10% jährlich absetzen lassen. § 82 b betrifft den sogenannten »Erhaltungsaufwand« bei Wohngebäuden, der abweichend von den gesetzlichen Regelungen auf zwei bis fünf Jahre gleichmäßig verteilt werden kann. § 82 g wiederum betrifft Herstellungskosten für Maßnahmen in Sanierungsgebieten im Sinne von § 39 e des Bundesbaugesetzes und § 43 Abs. 2 des Städtebauförderungsgesetzes (im neuen Baugesetzbuch in § 177), die sich in den ersten zehn Jahren mit jeweils 10% jährlich absetzen lassen.
- § 82 k wiederum betrifft »größere Aufwendungen« für Herstellungsmaßnahmen in städtebaulichen Sanierungsgebieten, die auf zwei bis fünf Jahre abgeschrieben werden können.
- § 82 i betrifft erhöhte Absetzungen von Herstellungskosten bei Baudenkmälern, die sich in den ersten zehn Jahren unter Einschluß des Jahres der Herstellung mit 10% jährlich absetzen lassen. Aber nicht jedes alte Gebäude ist automatisch ein Denkmal. Die Voraussetzungen für erhöhte Absetzung gemäß § 82 i EStDV sind:
  – Das Gebäude muß als Baudenkmal in der Denkmalliste eingetragen sein,
  – bei den Aufwendungen muß es sich um Herstellungskosten handeln,
  – die Herstellungskosten müssen dazu erforderlich sein, das Gebäude als Baudenkmal zu erhalten und sinnvoll zu nutzen,
  – die zuständige Behörde muß die Erforderlichkeit der Herstellungskosten bescheinigt haben.

Quelle: J. Labudde, in SAB aktuell, Bad Homburg 1987

Halten wir jedoch fest: Zu den »normalen« steuerlichen Abschreibungsmöglichkeiten kommt noch ein weiterer hübscher Batzen dazu. Ziel beim Erhaltungsmodell ist es, einen möglichst großen Teil der notwendigen Baumaßnahmen als »Erhaltungsaufwand« zu deklarieren. Kapitalanleger lassen hier an Gebrauchtwohnungen Instandhaltungs- und Instandsetzungsmaßnahmen selbst durchführen und erreichen dadurch erhebliche Steuervorteile. Etwa 10 bis 15 % – Pi mal Daumen gerechnet – des Gesamtaufwandes können über sogenannte »Werbungskosten« steuerlich geltend gemacht werden (*neben* weiteren Werbungskosten, wie gesagt!). Somit sind im Einzel- und Idealfall etwa 30 bis 35 % des Gesamtaufwandes absetzbar!

Zur Zeit herrscht am Markt ein richtiggehender Boom für denkmalgeschützten Wohnraum, in dem im Idealfall die Ästhetik der »guten alten Zeit« mit moderner Wohnkultur vereinigt wird. Festzuhalten bleibt jedoch, daß man auch bei denkmalgeschützten Eigentumswohnungen nicht nur allein aufgrund der hochinteressanten steuerlichen Abschreibungsmöglichkeiten zugreifen sollte. Wie bei allen Immobilien gilt es, das Terzett

– Standort,
– Ausstattung/Zustand und
– Preis/Wert-Verhältnis

vor dem Kauf einer genaueren Betrachtung zu unterziehen. Stimmen hier die Eckwerte, so kann man allerdings einen guten Schnitt machen.

4. Das Bauträgermodell

Wie Sie gesehen haben, führen viele Wege nach Rom – das heißt zum Wohnungseigentum und zur Eigentumswohnung. Mit den vorgestellten Modellen besitzen Sie bereits einen guten Überblick. Ab und an mag Ihnen indessen noch das *Bauträgermodell* unterkommen. Was versteht

»Da hat uns wieder die Naturschutzlobby die gesamte Planung vermasselt!«

man darunter? Nehmen wir hierzu am besten wieder den Standpunkt des Initiators ein:

Bei dem »Bauträger« handelt es sich ebenfalls um ein gewerblich tätiges Unternehmen, das sich zum Beispiel zur Errichtung einer schlüsselfertigen Wohnanlage verpflichtet, wovon Sie eine Einheit erwerben können. Parallel dazu offerieren andere Firmen gewisse Serviceleistungen, die Sie in Anspruch nehmen können – Beratungs- und Betreuungsverträge etwa. Diese gebührenpflichtigen Dienste führen zu höheren »Werbungskosten«, die Sie – wie im Falle des Bauherrenmodells – wieder steuerlich geltend machen können. In der Praxis verfügt der Bauträger anfänglich oft nur über die *Option* auf ein Grundstück. Das bedeutet, daß er sich zunächst einmal das Vorkaufsrecht für ein Grundstück sichert, ohne daß er schlußendlich kaufen *muß*. Zwischenzeitlich erstellt er schon konkrete Baupläne und klärt alle damit im Zusammenhang stehenden Probleme ab. Erst *jetzt* versucht der Bauträger, die auf dem Papier bestehenden Immobilienobjekte an den Mann beziehungsweise die Frau zu bringen. Ist er in seinen Verkaufsaktivitäten nicht erfolgreich, sind bislang nur Planungskosten angefallen, kann er von seinem Bauvorhaben wieder zurücktreten. Einige Bauträger kaufen ein Grundstück tatsächlich erst, wenn zum Beispiel bereits 50 % der projektierten Wohnsubstanz verkauft sind.

Nicht alle Bauträger operieren natürlich auf diese Art und Weise. Immerhin ist es möglicherweise für Sie interessant, einmal hinter die Kulissen zu blicken und auch die Probleme eines Bauträgers zu verstehen, der gewöhnlich immerhin mehrere Millionen zunächst investieren muß. Natürlich versucht er, die Risiken so klein wie möglich zu halten. Damit verfügen Sie über einen guten Einblick in die gängigen Modelle, die auf dem Markt »kursieren«. Natürlich kann man ein Urteil, welches das beste Modell ist, nicht theoretisch vom grünen Schreibtisch aus fällen. Zunächst müssen *Sie* klären, ob Sie genügend Zeit besitzen, um »von Privat« eine Eigentumswohnung zu erstehen. Denn immerhin kommt dabei einiges an Recherchenarbeit auf Sie zu.

Wollen Sie indes von einem gewerblich tätigen Unternehmen eine Wohnung kaufen, so stehen Ihnen hier zunächst ebenfalls einige Grundsatzentscheidungen ins Haus. Wie bereits ausgeführt, gibt es verschiedene Modelle, von denen jedes einzelne Vorteile besitzt. Ein Pauschalurteil, welches am vorteilhaftesten ist, kann man jedoch auch hier nicht fällen. Wer zum Beispiel in einen herrlichen Altbau einziehen möchte und etwa auf den neoklassizistischen Stil schwört, sollte sich nicht beirren lassen.

Man kann einem solchen Zeitgenossen schlecht zu einer anderen Wohnung raten. Desgleichen gilt es, vorderhand eine Entscheidung zu treffen, ob die Eigentumswohnung als reines Investment dienen soll oder ob man sie selbst bewohnen möchte. Weitere Unbekannte in der Gleichung sind zum Beispiel die eigene Beweglichkeit (das heißt, ist man hinsichtlich des Standorts flexibel?) und die Höhe des Einkommens.

Solche und ähnliche Fragen kann man unter Umständen jedoch mit einem guten Anlageberater aussortieren. Ist eine Entscheidung getroffen und ein gutes Objekt in Sicht, das gründlich durchrecheriert ist, gilt es nun, die Ehe schriftlich zu besiegeln.

Auf einen Blick

1. Checken Sie bei einem gewerblich tätigen Unternehmen, mit dem Sie kooperieren wollen:
   - Wie lange operiert es bereits auf dem Markt?
   - In welcher Größenordnung werden Investitionsgeschäfte getätigt (Erfahrung)?
   - Sind die Kunden zufrieden (Referenzen)?
   - Wie beurteilen (Wirtschafts-)Auskunfteien das Unternehmen?
   - Gibt es eine Immobilienphilosophie?

2. Das *Konzept* des Bauherrenmodells war (und ist) in steuerlicher Hinsicht intelligent. Der Käufer avanciert zum »Bauherrn« und ist somit zu einer ganzen Reihe steuerlicher Vorteile berechtigt.

3. Das Bauherrenmodell im »Zeitraffer«:
   - Interessenten werden als Bauherren geworben.
   - Die »Bauherrengemeinschaft« schließt mit dem Treuhänder einen »Geschäftsbesorgungsvertrag«.
   - Der Baubeschluß wird gefaßt, ein Grundstück gekauft.
   - Die Bauunterlagen werden komplettiert und dem Bauamt zur Genehmigung eingereicht.
   - Ein Generalunternehmer wird mit der Errichtung der Wohnanlage beauftragt, die entstandenen Kosten auf die einzelnen Bauherren verteilt.
   - Die voraussichtlichen Werbungskosten werden mit dem Finanzamt abgestimmt.
   - Baubeginn.
   - Die Bauherren zahlen den auf sie entfallenden Anteil.
   - Die Wohnungen werden an die Eigentümer übergeben.
   - Die endgültigen Werbungskosten werden ermittelt.
   - Die Bauherrengemeinschaft wandelt sich zur

Wohnungseigentümergemeinschaft. Ein Verwalter wird beauftragt. Der Treuhänder konzipiert den Verwaltungsvertrag und die Teilungserklärung.

4. Während der Abwicklung des Bauherrenmodells fallen Finanzierungs- und Verwaltungskosten an, die das Finanzamt als »Werbungskosten« akzeptiert und die steuerlich absetzbar sind. Dazu zählen unter anderem: Zinsen des Bankkredits, Disagio, alle Kosten, die bei der Vermietung und Verwaltung auftreten, Steuerberatungskosten, Versicherungsprämien, öffentliche Abgaben und Treuhänderhonorar.

5. Check-Plan für das Bauherrenmodell:
   (1) Nehmen Sie den Treuhänder genau unter die Lupe. Ist er in irgendeiner Art und Weise an den Geschäften des Bauherrenmodells beteiligt? Ist er ein erfahrener Spezialist?
   (2) Informieren Sie sich über die finanzielle Situation der anderen Bauherren.
   (3) Holen Sie Auskünfte ein über alle am Objekt beteiligten Unternehmen. Ist die wirtschaftliche Absicherung des Generalunternehmers gegeben?
   (4) Prüfen Sie den Standort und die Ausstattung/den Zustand. Schalten Sie dazu unabhängige Architekten ein.
   (5) Checken Sie: Liegt für das Grundstück eine Baugenehmigung vor, und ist die Finanzierung in Ordnung? Fordern Sie eine schriftliche Stellungnahme des Finanzierungsinstituts.
   (6) Stellen Sie Preisvergleiche mit ähnlichen Eigentumswohnungen in der betreffenden Region an. Da das Bauherrenmodell erst nach ein bis zwei Jahren bezugsbereit ist, sind leichte Preiserhöhungen akzeptabel.
   (7) In welcher Höhe sind die Bauzeitzinsen im Finanzierungsplan enthalten? Checken Sie: Zinsgarantie? Notarkosten in der Kostenplanung enthalten?
   (8) Ist das »Bauherren-Prinzip« gewahrt?

6. Beim »Erwerbermodell« sucht üblicherweise ein gewerblich tätiges Unternehmen für Sie eine (bereits existierende) Eigentumswohnung. Bei einer neuen Eigentumswohnung spricht man vom »Ersterwerbermodell«.

7. Einige steuerliche Vorteile des »Erwerbermodells« im Überblick.
   In der *Kaufphase* sind absetzbar:
   - Disagio
   - Bestimmte Gebühren (zum Beispiel Grundschuldbestellungsgebühren)
   - Finanzierungsgebühren
   - Zinsen für die benötigte Kreditsumme

   In der *Vermietungsphase* sind absetzbar:
   - Zinsen
   - Bestimmte Nebenkosten

8. Prüfen Sie beim »Erwerbermodell« speziell:
   - Makro- und Mikrostandort
   - Steuerliche Vergünstigungen
   - Preis/Wert-Verhältnis

9. Denkmalgeschützte Eigentumswohnungen und Altbauwohnungen werden besonders steuerlich gefördert. Man unterscheidet zwischen dem
   Erhaltungsaufwand (dient der laufenden Instandhaltungsmaßnahme) und dem
   Herstellungsaufwand (die Immobilie wird erheblich verändert, verbessert, es wird zum Beispiel zugebaut/nicht vorher Vorhandenes eingebaut, ausgebaut). Zu den üblichen Steuervorteilen kann man hier noch weitere steuerliche Vergünstigungen (10 bis 15 %) hinzuaddieren.

10. Beim »Bauträgermodell« verpflichtet sich ein Bauträger zum Bau einer schlüsselfertigen Wohnanlage. Parallel dazu offerieren andere Unternehmen gewisse Serviceleistungen (Beratung, Betreuung);

diese gebührenpflichtigen Dienste führen zu höheren »Werbungskosten«, die Sie – wie im Falle des Bauherrenmodells – steuerlich geltend machen können.

11. Welches Modell am vorteilhaftesten ist, hängt von vielen Faktoren ab.
    So sind zum Beispiel Einkommen, Steuersatz, persönliche Vorlieben, die eigene Beweglichkeit, mögliches Zeitinvestment und die Frage, ob Sie die Eigentumswohnung selbst bewohnen möchten oder ob es sich um ein reines Anlageobjekt handelt, von Bedeutung.

VII. Endstation Sehnsucht: beim Notar

Wir gratulieren Ihnen! Sie haben es geschafft. Sie haben sich für eine Eigentumswohnung entschieden und müssen nun nur noch die bürokratisch-juristische Hürde nehmen – eine Kleinigkeit im Vergleich zu den bisherigen Akrobatenstückchen.

Zunächst jedoch noch einmal einen Schritt zurück: Falls Sie bei dem Erwerb »von Privat« einen Makler zwischengeschaltet haben, dann wird dieser Ihnen üblicherweise vorderhand einen sogenannten »Reservierungsvertrag« vorgelegt haben, den Sie aber erst nach eingehender Prüfung und nach der endgültigen Entscheidung für den Kauf unterzeichnen sollten. Zwar erwächst Ihnen aus dem Vertrag nicht die Verpflichtung, die Eigentumswohnung zu kaufen. Die Verpflichtung zum Kauf bedarf der notariellen Beurkundung. Der Makler oder die für Sie eventuell aufwendig tätig gewordene Bauträgergesellschaft kann Ihnen jedoch entstandene Kosten oder eine vereinbarte Rücktrittsprovision in Rechnung stellen.

Ob Sie nun »von Privat« oder von einem gewerblich tätigen Unternehmen die Wohnung kaufen – der Erwerb einer Eigentumswohnung bedarf, wie beim Haus- oder beim Grundstückskauf, der notariellen Beurkundung. In der Regel arbeitet der Bauträger oder Vermittler mit einem Notar zusammen, der die notarielle Erwerbsurkunde ausfertigt und in der Folge auch die Eintragungen im Grundbuch und die Benachrichtigung des Finanzamtes vornimmt. Falls Sie seit Jahren mit einem Notar Ihres Vertrauens zusammenarbeiten, so können Sie alles über Ihren Notar abwickeln – oder Sie einigen sich auf den Notar der Baugesellschaft. Der Notar wird Ihnen einige Tage vor dem notariellen Beurkundungstermin den Entwurf des Kaufvertrages zuschicken. Tut er das nicht, dann bitten Sie telefonisch um diesen Service, denn es empfiehlt sich auf jeden Fall, in den Vertrag *vorher* Einsicht zu nehmen.

Der notarielle Vertrag strotzt nur so von juristischen Stilblüten. Dies sollte Sie indes nicht irritieren. Studieren Sie zunächst den Vertragsentwurf zu Hause in aller Ruhe mehrmals und klären Sie eventuell durch Anruf in der Notariatskanzlei vor dem Termin die Punkte ab, die Ihnen nicht vollständig, falsch oder nicht klar genug formuliert erscheinen. Achten Sie speziell auf *Vollständigkeit* – was nicht im Vertrag steht, kann im nachhinein nicht mit Erfolg verfochten werden. Alle Nebenabreden und zusätzlich vereinbarten Sonderleistungen sollten im Vertrag enthalten sein.

Das »Rubrum« (der Eingang oder Anfang) der Urkunde enthält die persönlichen Daten aller Vertragspartner mit vollständiger Anschrift. Der Notar muß sich vor Vertragsabschluß von der Vollständigkeit und Richtigkeit dieser Angaben – durch Vorlage der Personalausweise bei natürlichen Personen – überzeugen. Bei Firmen muß er sich durch Einsicht in das Handelsregister sachkundig machen. Erwerben mehrere Personen die Eigentumswohnung, dann sind alle künftigen Eigentümer anteilmäßig aufgeführt. Der Notar hat auch darüber zu wachen, daß das Gesamtgrundstück und das Kaufobjekt exakt bezeichnet und beschrieben werden; dabei wird die Grundbuch-Bezeichnung in ihren Einzelheiten übernommen. Bevor der Verkäufer mit Ihnen den notariellen Kaufvertrag abschließt, hat er üblicherweise das Wohnobjekt, das aus mehreren Wohnungen besteht, und das dazugehörige Grundstück nach § 8 (bei mehreren Eigentümern nach § 3) des WEG (Wohnungseigentumsgesetzes) durch notariellen Teilungsvertrag in Miteigentumsanteile aufgeteilt. Diese Miteigentumsanteile bestehen aus dem sogenannten *Sondereigentum* an einer Wohnung (= Ihrem Wohneigentum, Ihrer Eigentumswohnung also) verbunden mit dem Miteigentum am gemeinschaftlichen Eigentum. Für eine solche im Grundbuch einzutragende Teilungserklärung bedarf es vorher der Zustimmung durch die Baubehörde, die den Aufteilungsplan genehmigen muß und eine *Abgeschlossenheitsbescheinigung* erteilt. Liegt diese Eintragung nicht vor, dann müssen Sie sich zusätzliche Sicherheiten geben lassen. Eventuell können Sie bestimmen, daß der Kaufpreis bis zur Eintragung auf dem *Notar-Anderkonto* verbleibt (das Konto des Notars, über das die Kaufpreisabwicklung getätigt wird). Das Wohnungseigentum erhält in der Teilungserklärung eine bestimmte Nummer, die in allen folgenden Urkunden und Verträgen wieder erscheinen muß. Weiter wird von der »Miteigentumsquote« die Rede sein. Der Ausdruck »Miteigentumsquote« von zum Beispiel »64/1000« bedeutet im Klartext, daß Sie einen Anteil am Gesamtobjekt von 64 Tausendstel besitzen.

Die Grundflächenzahl, die entsprechende Anrechnung von Balkon- und Terrassenflächen und anderen Räumlichkeiten, sollte ebenfalls in allen Dokumenten vermerkt sein. Zum Sondereigentum zählen im übrigen auch Keller, Speicher, Kfz-Abstellplätze und Gartenterrassen etwa, was ebenfalls schriftlich festgehalten sein muß. Achten Sie dabei auch auf die richtige Kennzeichnung in den beigefügten Planzeichnungen. Zum Zeitpunkt des Verkaufs sollte, wenn es sich noch um eine in der Planungsphase befindliche neue Eigentumswohnung handelt, auf jeden Fall eine rechtskräftige Baugenehmigung vorliegen. Sonst könnten Einsprüche den Bau verzögern und Ihr Finanzierungskonzept ins Wanken bringen.

Der Notar hat des weiteren darauf zu achten, daß der Verkäufer des Bauobjekts bei Vertragsabschluß im Grundbuch als Eigentümer eingetragen ist. Die Erwerbsurkunde weist alle Belastungen auf, die zum Zeitpunkt des Vertragsabschlusses noch auf dem Objekt ruhen. Im Grundbuch sind diese Belastungen in *Abteilung II und III* eingetragen.

Der Kaufpreis für die fertige Eigentumswohnung wird als Festpreis in einem Betrag angegeben. Eine Unterteilung erfolgt unter Umständen in den Kaufpreis für den auf

Sie entfallenden Grundstücksanteil und die Werkerstellungsvergütung. Auch der Preis für die miterworbene Garage oder den Kfz-Abstellplatz kann gesondert ausgewiesen sein. Ein Zahlungsplan legt die Kaufpreisraten fest, die zu bestimmten Fälligkeiten, entsprechend dem Baufortschritt, gezahlt werden müssen, wenn die Eigentumswohnung nur auf dem Papier besteht. Üblicherweise werden ca. 60% nach Erstellung des Rohbaues einschließlich Dacheindeckung fällig, die nächste Rate (35%) bezahlt man bei Übergabe der Wohnung, während etwa 5% erst nach Abnahme und Behebung aller Baumängel gezahlt werden müssen. Sollte sich schon in einem früheren Stadium ergeben, daß wesentliche Baumängel aufgetreten sind, dann können Sie von Ihrem Zahlungsverweigerungsrecht (Zurückbehaltungsrecht) Gebrauch machen. Andererseits müssen Sie bei selbstverschuldetem Zahlungsverzug mit Verzugszinsen rechnen.

Der Notar wird das von Ihnen empfangene Geld erst weiterleiten (es verbleibt solange auf dem Anderkonto), wenn zu Ihren Gunsten im Grundbuch eine *Auflassungsvormerkung* eingetragen ist. Dadurch kann der Verkäufer nicht mehr über das an Sie verkaufte Wohnungseigentum verfügen. Die Auflassungsvormerkung sichert Ihre Ansprüche als Erwerber.

Mit der im notariellen Kaufvertrag enthaltenen *Zwangsvollstreckungsunterwerfungsklausel* kann der Verkäufer seinerseits direkt gegen Sie die Zwangsvollstreckung einleiten, falls Sie nicht vereinbarungsgemäß zahlen. Die Urkunde ist einem rechtsgültigen Urteil auf Zahlung durch Sie gleichzustellen.

Im übrigen empfehlen wir Ihnen: Vereinbaren Sie mit dem Verkäufer einen festen Fertigstellungstermin. Nur so können Sie definitiv disponieren und vermögen eventuell vereinbarte Vertragsstrafen geltend zu machen.

Achten Sie auch darauf, daß in der Festpreisvereinbarung alle Erschließungskosten und andere Abgaben enthalten sind – zum Beispiel die Kosten für Wasser-, Gas- und Elektroanschlüsse. Bei Übernahme Ihrer fertigen Eigentumswohnung wird schließlich ein *Abnahmeprotokoll* geschrieben, das entweder die problemlose Übergabe oder die festgestellten Mängel enthält. Empfehlenswert ist es, hier einen von Ihnen bestellten Gutachter mitzunehmen, damit auch Baumängel ins Protokoll aufgenommen werden. Der Verkäufer haftet für deren Beseitigung innerhalb einer angemessenen Frist.

Mit der Abnahme gehen einige Rechte und Pflichten auf Sie als Eigentümer über:
- Die Gewährleistungspflicht wird wirksam (zwischen zwei und fünf Jahren).
- Ab sofort müssen Sie selbst etwaige später noch auftauchende Baumängel beweisen.
- Sämtliche Abgaben, wie Steuern und Wohngeld, werden nun von Ihnen getragen.
- Ab sofort sind Sie der Geschädigte, wenn zum Beispiel ein Brand ausbricht.

Was die Abnahme des Gemeinschaftseigentums betrifft, so sollte hier die Eigentümer-Gemeinschaft eine einheitliche Regelung treffen, damit Mängel am Gemeinschaftseigentum festgestellt und wirksam gerügt werden können.

Stellen Sie nach der Übernahme fest, daß Abweichungen von der vertraglich festgelegten Wohnfläche vorliegen, dann müssen Sie das dann akzeptieren, wenn die Abweichungen geringfügig sind: Plus/minus 3% sind zulässig!

Die Kosten der Beurkundung, des grundbuchlichen Eintrags und alle anderen damit zusammenhängenden Gebühren haben Sie zu tragen, falls es sich nicht um eine öffentlich geförderte Wohnung handelt. Die Kosten hierbei können Sie mit etwa 1% des Kaufpreises ansetzen. Der Notar stellt übrigens auch die Anträge auf Steuerbefreiung. Kurz nach diesem Termin geht Ihnen vom Finanzamt der Bescheid über die Grunderwerbsteuer zu, die 2% des Kaufpreises beträgt.

Damit sind Sie glücklicher Besitzer einer Eigentumswohnung. Bei diesem Notarvertrag, so wie er hier vorgestellt ist, haben wir natürlich nicht zwischen den einzelnen Modellen und Möglichkeiten unterschieden. Gewöhnlich stellt der Notarvertrag nur den Punkt auf dem i dar, denn die einzelnen Faktoren hat der halbwegs professionell operierende Käufer bereits vorher abgeklärt – wie beispielsweise den Faktor Finanzierung.

Auf einen Blick

1. Der notarielle Kaufvertrag sollte Ihnen ein paar Tage vor dem Notartermin zugesandt werden, damit Sie in aller Ruhe die darin enthaltenen Punkte prüfen und fehlende Passagen und Fehler anmahnen können. Grundsätzlich müssen alle Nebenabreden im Kaufvertrag enthalten sein.
2. Das »Rubrum« (der Eingang) der Urkunde enthält die persönlichen Daten von Käufer und Verkäufer, die alle vom Notar überprüft werden müssen. Ferner müssen das Gesamtgrundstück und das auf Sie entfallende Teilobjekt mit allen Grundbuchbezeichnungen im Vertrag enthalten sein.
3. Das gesamte Wohnobjekt besteht durch Teilungsvertrag aus dem *Sondereigentum* (der einzelnen Eigentumswohnung) und dem Gemeinschaftseigentum. Zuvor hat die Baubehörde dem zuzustimmen und eine Abgeschlossenheitsbescheinigung zu erteilen; falls dies noch nicht geschehen ist, verlangen Sie zusätzliche Absicherungen. Das Wohnungseigentum erhält in der Teilungserklärung eine bestimmte Bezeichnung oder Nummer, die in allen amtlichen Papieren wieder erscheinen muß.
4. Achten Sie auf die beigefügte Planzeichnung und die Grundflächenzahl. Zum Sondereigentum gehören auch Keller und Speicher. Kfz-Plätze und Gartenterrassen müssen ebenfalls im Kaufvertrag enthalten sein.
5. Der Kaufpreis wird im Notariats-Kaufvertrag in einem Betrag angegeben, eventuell aufgeschlüsselt in den Grundstücksanteil und die Werkerstellungsvergütung. Auch der Preis für den Kfz-Abstellplatz/die Garage kann gesondert ausgewiesen sein.
Ein Zahlungsplan regelt die Fälligkeiten der einzelnen Kaufpreisraten fest. 60% werden nach Herstellung des Rohbaus einschließlich Dacheindeckung, 35% bei Übergabe der Eigentumswohnung und 5% nach Behebung aller baulichen Mängel fällig. Von Ihrem

Zahlungsverweigerungsrecht machen Sie Gebrauch, wenn Sie schon während der Fertigstellung Baumängel feststellen.

Ihre Zahlung landet zunächst auf dem Notar-Anderkonto. Erst nachdem eine Auflassungsvormerkung im Grundbuch zu Ihren Gunsten eingetragen ist, kann der Verkäufer über das Geld verfügen. Jetzt hat der Verkäufer keine Verfügungsgewalt mehr über Ihren Eigentumswohnungs-Anteil.

Durch die im Kaufvertrag enthaltene Zwangsvollstreckungsklausel kann der Verkäufer bei Zahlungsverzug durch Sie direkt mit der Urkunde eine Zwangsvollstreckung in Ihr Vermögen erwirken.

6. Vereinbaren Sie einen festen Fertigstellungstermin mit dem Verkäufer. Verbinden Sie damit eine Vertragsstrafe, damit Sie gut disponieren können.
7. In der Festpreisvereinbarung sollten alle Erschließungskosten und Abgaben für Anschlüsse enthalten sein.
8. Zur Abnahme der fertigen Eigentumswohnung wird ein Abnahmeprotokoll geschrieben, das festgestellte Mängel oder aber die ordnungsgemäße Fertigstellung ausweist.
9. Mit der Abnahme gehen einige Rechte und Pflichten auf Sie über:
   - Die Gewährleistungspflicht wird wirksam (zwei oder fünf Jahre nach VOB).
   - Für etwaige Baumängel tragen Sie nun die Beweispflicht.
   - Sämtliche Abgaben, wie Wohngeld und Steuern, werden jetzt von Ihnen getragen.
   - Ab sofort sind Sie der Geschädigte bei Brandausbruch usw.
10. Die Kosten, die mit der notariellen Beurkundung zusammenhängen, haben Sie zu tragen, falls es sich nicht um eine öffentlich geförderte Wohnung handelt. 1 % des Kaufpreises werden hier angesetzt. Jetzt geht Ihnen auch der Grunderwerbsteuerbescheid des Finanzamtes zu; diese beträgt 2 % des Kaufpreises.

VIII. Wie Füchse finanzieren

Beim Gang zum Notar sind wir davon ausgegangen, daß Sie die Frage der Finanzen bereits geregelt hatten. Meist ist man sich zunächst zumindest ungefähr darüber klar, *wie* man zu finanzieren gedenkt, bevor man Erkundigungen über den Kauf einer Eigentumswohnung einzieht. Oft gibt das hohe Gehalt den Ausschlag – schließlich will man Steuern sparen. Manchmal aber steht auch einfach Kapital zur Verfügung, das man möglichst sicher und frei von Inflationsverlust anlegen möchte. Mitunter fasziniert jedoch allein das »Abenteuer Eigentumswohnung« dermaßen, daß *zuerst* die Entscheidung steht, eine Wohnung zu erwerben, und man erst in *zweiter* Linie darüber nachdenkt, wie denn nun das Schnäppchen, das man entdeckt hat, zu finanzieren ist.

Vor allen Erwägungen, *wie* man eine Eigentumswohnung bezahlt, sollte unseres Erachtens jedoch zunächst die Überlegung stehen, *wieviel* man eigentlich ausgeben darf. Tatsächlich gibt es auf diese Frage eine sehr konkrete Antwort: Wie bestimmt man also die Höhe der Summe, die man sinnvoller investieren sollte? Es gibt hierfür eine einfache Formel, die Ihnen gute Dienste leistet. Sie lautet:

Monatliche Kaltmiete + monatliche Ersparnisse × 120 + Eigenkapital = maximale Kosten der Eigentumswohnung
---

Mit anderen Worten: Sie addieren zu Ihrer monatlichen Kaltmiete den Betrag, den Sie monatlich sparen können, und multiplizieren alles mit der Zahl 120. Dies ergibt den Betrag der maximalen Belastung, den Sie tragen können. Sind zusätzliche Ersparnisse vorhanden, dann können Sie diese als Eigenkapital der Summe hinzufügen.

Verdeutlichen wir das Ganze an einem Rechenbeispiel:
Ihre jetzige Miete pro Monat beläuft sich auf zum Beispiel 1.100 DM. 700 DM könnten Sie zusätzlich aufbringen. Nun multiplizieren Sie den Gesamtbetrag von 1.800 DM mit der Zahl 120 = 216.000 DM. Dieser Betrag ist der Richtwert für den Kaufpreis der angestrebten Eigentumswohnung. Verfügen Sie außerdem über ein Sparkonto oder über Wertpapiere zum Beispiel in Höhe von 80.000 DM – dann dürfte die Eigentumswohnung bereits 296.000 DM kosten, ohne daß Sie in der Folge Margarine statt Butter essen müßten. Selbstredend gehen wir hierbei davon aus, daß Sie die neue Eigentumswohnung *selbst* nutzen wollen. Diese Faustregel berücksichtigt dabei *nicht* die vielfältigen steuerlichen Vorteile.

Man könnte im übrigen genauso gut eine andere Betrachtungsweise anlegen und die möglichen *Steuerersparnisse* in den Vordergrund rücken. In diesem Fall könnte man die Faustregel formulieren, daß man etwa bei einem Jahresgehalt von 50.000 bis 60.000 DM steuerbegünstigte Investitionen tätigen *muß,* um dem Staat ein Schnippchen zu schlagen und das von ihm beanspruchte runde Steuer-Drittel vom Einkommen vor dem Zugriff des Finanzamtes zu retten. Wollen Sie eine Eigentumswohnung kaufen und diese selbst bewohnen und verfügen über einen Verdienst in der genannten Höhe, so können Sie sogar mit zusätzlichen steuerlichen Vergünstigungen rechnen. Im übrigen braucht man selbst als Angehöriger einer Bevölkerungsgruppe, die mit einem verhältnismäßig niedrigem Einkommen haushalten muß – und das sind bei weitem die meisten Bürger in diesem Land –, nicht auf Wohneigentum zu verzichten. Im Einzelfall gießt der Staat als väterlicher Sponsor (Bund, Land, Kreis und Stadt) mit einer gewissen Generosität ein Füllhorn von Unterstützungen in Form von Darlehen und Zuschüssen aus. Man muß nur wissen, wie es anzustellen ist. Damit sind wir jedoch bereits beim Thema: Wo werden Sie fündig?

1. Quellen, aus denen Geld sprudelt

Prinzipiell gilt, daß sich auf den zweiten Blick oft mehr Möglichkeiten eröffnen, als man vorderhand annehmen mag. Zunächst sollte man *nichts* ausschließen und sich im Gegenteil überlegen, wer und was alles in Frage kommt. Man könnte vorderhand unterscheiden zwischen

(1) eigenen, vorhandenen Finanzmitteln,
(2) privaten Geldgebern,
(3) der Rubrik Arbeitgeber/Staat und
(4) gewerblichen Kreditgebern, als da sind Banken, Versicherungsgesellschaften und Bausparkassen etwa.

(1) Zu dem ersten Posten »Eigenmittel« muß man alle privaten »Besitztümer« hinzuaddieren sowie das Gehalt (eventuell plus Einkommen der Ehefrau). Prinzipiell empfiehlt es sich, einmal systematisch aufzulisten, *was* man eigentlich alles besitzt; oft ist man wohlhabender, als man vermutet. Rechnen Sie bestehende Lebensversicherungen und Bausparverträge ebenso hinzu wie Aktien, Wertpapiere, Antiquitäten, Anlagen in Gold, den Notgroschen sowie Ihre Ersparnisse. Gewöhnlich kommt ein hübsches Sümmchen zusammen. Zu den Eigenmitteln zählen ferner die Mieteinnahmen etwa, die eine Immobilie, so man sie nicht selbst bewohnt, mit sich bringt – oder andererseits die *Mietersparnisse,* wenn man beabsichtigt, dort persönlich die Zelte in Zukunft aufzuschlagen.

(2) Oft rücken private Geldgeber völlig aus dem Gesichtsfeld, weil man so sehr daran gewöhnt ist, ausschließlich in der Kategorie »Bank« zu denken, die zugegebenermaßen die wichtigste Geldquelle darstellt. Aber auch die Großmutter kann ein »heißer Tip« sein und sollte nie vergessen werden. Seien Sie erfindungsreich, wenn es darum geht, Kapital aufzutun. Vergessen Sie nie, Privatleute und die Verwandtschaft als potentielle Geldgeber zu sehen. Manch einem Familienmitglied werden die Augen feucht,

GEMEINSAM GEHT'S LEICHTER

wenn es von Ihrem Vorhaben, sich Wohneigentum zu verschaffen, hört. Der gute Onkel oder die Eltern haben in ihrem Leben vielleicht auch einmal eine Wohnung besitzen wollen, aber die Umstände ließen es nicht zu. Vielleicht schlummert noch ein kleiner Geldschatz in einem Sparstrumpf beziehungsweise das Geld ist völlig unsachgemäß angelegt – etwa mit einem Sparzins von 2 bis 2,5%. Bieten Sie den Verwandten ein reelles Geschäft an mit 4 oder 5% Zinsen. Das Disagio und alle anderen Kosten fallen dabei weg. Gegebenenfalls erhalten Sie es sogar zinsfrei, weil Sie als kleine Familie noch ein Zimmer frei haben. Wenn Sie nachdenken, können Sie vielleicht die Wohnung mit von Freunden oder Verwandten geliehenem Geld teilweise finanzieren und sie dann an die noblen Geldspender zu günstigem Mietzins zurückvermieten.

Es gibt viele Wege, die nach Rom führen, wie zum Beispiel auch die sogenannte »Muskelhypothek«: Einige Baugesellschaften bieten sogar den Selbstausbau der Eigentumswohnung an. Bei Gebraucht-Eigentumswohnungen sparen Sie viel Geld, wenn Sie die völlige Renovierung oder einen Teil selbst übernehmen, je nach Ihrem handwerklichen Vermögen und der Zeit, die Sie neben Ihrem Beruf in die Eigentumswohnung investieren können. Handwerker sind heutzutage manchmal froh, wenn Sie zum Beispiel das Schlitzeklopfen für die Anschlüsse selbst übernehmen. Desgleichen kann Ihnen das Ablösen von Tapeten und das Vorbereiten von Wänden und Decken für die fachmännische Renovierung viel Geld sparen helfen. Hier rechnet der Handwerker noch nach Stunden ab und läßt sich auf keinen Pauschalpreis ein. Auch Bodenbeläge, sofern sie nicht verklebt sind, lassen sich leicht von Laien entfernen. Im Immobilienjargon spricht man von der »Muskelhypothek«, wenn man selbst zupacken kann. Die Liste der Vorschläge ist endlos lang. Jedenfalls kann man als Besitzer einer Gebraucht-Eigentumswohnung vieles den Handwerkern abnehmen.[*]

(3) Informieren Sie sich auch bei Ihrem Arbeitgeber über Arbeitnehmer-Darlehen. Einem geschätzten Mitarbeiter gegenüber ist der Arbeitgeber schon einmal bereit, starre Firmenprinzipien aufzuweichen und kurz- oder langfristig ein Darlehen einzuräumen. Sie sollten sich jedoch bestätigen lassen, daß der Zinssatz mindestens 4 % dafür beträgt, sonst muß der Arbeitgeber den warmen Geldregen noch

---

[*] Vgl. Klaus Kempe, Immobilien ohne Geld, Frankfurt 1987

versteuern. Nicht vergessen werden soll in diesem Kontext der öffentliche Dienst, der seinen Mitarbeitern kostenlose und kostengünstige Überbrückungs- und Vorschaltdarlehen für den Kauf von Wohneigentum gewährt. Desgleichen fördern die einzelnen Bundesländer mit öffentlichen Mitteln den Bau und Erwerb von Eigenheimen und Eigentumswohnungen. Am besten wenden Sie sich an die Stadt- und Gemeindeverwaltungen, die Ihnen die entsprechenden Auskünfte gerne erteilen. Alle Bank- und Finanzierungsinstitute sind im übrigen darauf spezialisiert, dem Kunden die staatlichen Geldquellen aufzuzeigen. Die sogenannten »Anspruchsvoraussetzungen« sind heute hoch genug angesetzt, daß auch Berufstätige mit mittlerem Einkommen mit einem Zuschlag rechnen können. Selbstverständlich gelten bestimmte Einkommensgrenzen. Gewöhnlich wird jedoch ein Eigenkapital von 10 % bei kinderreichen Familien, üblicherweise jedoch von 15 % erwartet. Selbsthilfe- und Familienzusatzdarlehen schließen oft die Lücke in der Finanzierung. Als Eigenkapital werden im übrigen auch bezahlte Notar- und Maklergebühren gewertet. Im übrigen hat der Staat ein Interesse daran, daß sich Familien nicht bei der Anschaffung von Wohneigentum übernehmen: So darf im Regelfall die Schuldentilgung nur ein Drittel des Bruttoeinkommens umfassen. Kinder- und Wohngeld gelten dabei als Einkommen. In Nordrhein-Westfalen wurden 1984 zinslose Baudarlehen an kinderreiche Familien (mit drei Kindern) von je 68.000 DM vergeben! Für jedes Kind gab es noch einmal je 3.000 DM. Das Darlehen wurde zu 99,6 % ausgezahlt. Lediglich 1 % Tilgung wurde verlangt. Der Verwaltungskostenaufwand betrug 0,5 %. Weitere Darlehen, wie das »Familienzuwachsdarlehen« oder »Aufwendungszuschüsse« von 3,30 DM pro Quadratmeter und Monat können die Belastung ebenfalls verringern helfen. Die Förderungsgrenze bei einer Familie mit drei Kindern betrug nebenbei bemerkt 68.400 DM Jahreseinkommen; dies entspricht durchaus einem mittleren Einkommen, mit dem viele Familien heute in unserem Staat haushalten müssen. Sie sehen, auch hier gilt der Grundsatz: Information ist alles!

Will man Vater Staat gerecht werden, so muß man an dieser Stelle auch auf die möglichen Steuervorteile hinweisen. Aber dies sei einem eigenen Kapitel vorbehalten.

(4) Verbleiben als Kreditgeber schließlich noch Bausparkassen, Sparkassen, Banken und Lebensversicherungsgesellschaften. Über die Bauspardarlehen wollen wir nicht weiter philosophieren, weil darüber schon so viel veröffentlicht worden ist, daß eine Doublette unseres Erachtens nicht nötig ist.[*]

Kurz zusammengefaßt, empfiehlt es sich hier, bei den existierenden 13 öffentlich-rechtlichen und 18 privaten Bausparkassen die Konditionen zu vergleichen *und* sie aber auch anderen Kreditformen einmal gegenüberzustellen.

Was Banken anbelangt, so gilt es hier ebenfalls zu differenzieren. Denn: Es gibt eine ganze Anzahl verschiedener Kreditinstitute, die durchaus nicht alle die gleichen Konditionen offerieren.

Zunächst: Von den rund 2000 existierenden Banken beschäftigen sich nicht alle auch mit Baufinanzierungen. Im übrigen unterscheidet man zwischen *öffentlich-rechtlichen* und *privatrechtlichen* Bankinstituten. Beispiele für öffentlich-rechtliche Kreditinstitute sind die Bundesbank, die Landesbanken, Stadtsparkassen und Kreissparkassen. Für öffentlich-rechtliche Kreditinstitute haften die öffentlichen Träger: für die Bundesbank der Bund, für die verschiedenen Landesbanken die einzelnen Bundesländer und für die öffentlich-rechtlichen Stadt- oder Gemeindebanken die Gemeinden oder Städte.

Beispiele für privatrechtliche Kreditinstitute sind die

---

[*] Vgl. Ha. A. Mehler, Ernst Haible, Ratgeber Geld, München 1987², S. 83 bis 99 sowie Klaus Kempe, Ernst Haible, Ha. A. Mehler, Ratgeber Bank, München 1987, S. 144 bis 188

Deutsche Bank, die Dresdner Bank, die Commerzbank sowie Privatbanken, Teilzahlungsbanken und Hypothekenbanken. Hierfür haften heute meist ganze Gremien.

Daneben gibt es die *Genossenschaftsbanken,* als da sind die Volksbanken und Raiffeisenbanken. Sie verfügen über das größte Bankstellennetz der Bundesrepublik. Raiffeisenkassen sind *landwirtschaftliche* Kreditgenossenschaften; sie wurden im 19. Jahrhundert von Friedrich-Wilhelm Raiffeisen gegründet.

Volksbanken sind *gewerbliche* Kreditgenossenschaften, die auf Initiative von Hermann Schulze-Delitzsch – ebenfalls im 19. Jahrhundert – entstanden.

Schließlich sollte man noch um die Existenz der privatrechtlichen *Realkreditinstitute* wissen, die ausschließlich langfristige Kreditgeschäfte betreiben. Andere Bankgeschäfte sind ihnen per Hypothekengesetz verboten. Ausnahmen sind die Bayerische Hypobank, die Bayerische Vereinsbank und die Norddeutsche Hypotheken- und Wechselbank. Hier kann die gesamte Baufinanzierung in einer Hand verbleiben. Aber auch andere Banken können diesen Service bieten: Sie arbeiten in diesem Fall mit sogenannten »Hypothekentöchtern« zusammen.[*]

Soviel zu einer ersten Unterscheidung. Damit weiß man indes noch nicht, an welche Bank man sich vertrauensvoll wenden soll. Nun, oft nimmt Ihnen dieses Problem der Geldanlageberater ab, der gute Beziehungen zu verschiedenen Banken pflegt. Im übrigen operieren auch Banken auf einem »Markt«, wo die Gesetze Angebot und Nachfrage gelten. Tatsächlich sind die Kreditangebote der rund 2000 Banken in der Bundesrepublik zum Teil recht unterschiedlich. Der Unterschied in den Kreditbedingungen, der Höhe des Zinssatzes, des Auszahlungskurses (ob 100 oder zum Beispiel 96%), der anfallenden Gebühren, mit denen man Sie nicht verschonen will, falls Sie sich nicht

---

[*] Vgl. Klaus Kempe und andere, a.a.O., S. 40 f.

energisch dagegen zur Wehr setzen, kann so gravierend sein, daß Sie unter Umständen jährlich 1.500 bis 2.000 DM mehr Belastung für die gleiche Kreditsumme zu tragen haben als der Eigentümer der benachbarten Eigentumswohnung, der über die gleiche Darlehenshöhe abgeschlossen hat. Unser Rezept für die günstigste Finanzierung kann deshalb wiederum nur in der Empfehlung bestehen: »*Vergleichen Sie*«, vergleichen Sie die Konditionen und operieren Sie niemals nur mit einer einzigen Bank.

Hinsichtlich Banken gilt: Auch sie sind Dienstleistungsinstitute. Sie können diese Institute vielleicht nicht gegeneinander ausspielen, aber Sie können sicherlich Kreditangebote vergleichen und mehrere Offerten einholen. Niemand besitzt ein Monopol in diesem Geschäftszweig. Damit aber sind wir schon bei unserem nächsten Kapitel, das die Finanzierung Ihrer Eigentumswohnung durch die Bank zum Inhalt hat.

2. Über den Umgang mit Banken

Wußten Sie, daß bis vor noch nicht allzu langer Zeit auf dem Bankenmarkt strengste Regeln in punkto Finanzierung herrschten? Gewissermaßen richtete man sich nach der alten Bauernregel des vergangenen Jahrhunderts: »Wer nichts erheirat' und nichts erbt, der bleibt arm als bis er sterbt!« ...

Konkret hieß das, daß man bei der »klassischen« Finanzierung davon ausging, daß der Kreditsuchende für ein eigenes Dach über dem Kopf etwa 40 % Erspartes mitzubringen hatte. Begriffe wie »Vollfinanzierung« oder »100prozentige Finanzierung« waren sozusagen Fremdwörter. Die klassische Finanzierung setzte also zum Beispiel bei einem Kaufpreis einer Eigentumswohnung von 200.000 DM ein vorhandenes Eigenkapital von nicht weniger als 80.000 DM voraus! Wen nimmt es wunder, daß es dazumal an Mutigen fehlte, die in eine Eigentumswohnung investierten.

In der Folge machte sich das denn auch auf dem Bau- und Immobilienmarkt bemerkbar. Um die Bau- und Immobilienwirtschaft wieder anzukurbeln, mußte man sich also etwas einfallen lassen ...

Experten beschlossen somit, die Kreditgrundsätze abzuändern. Man entschied, daß nicht mehr das, was bereits im Sparstrumpf steckte, von vorrangigem Interesse sein sollte, sondern das, was der einzelne an »Ertragskraft« besaß. Mit anderen Worten: Der sogenannte *personenbezogene* Kredit wurde modern. Die Frage lautete jetzt nicht mehr, was hast du, sondern: was kannst du von deinem monatlichen Einkommen abzwacken? Man kam überein, ab sofort 80 % des gesamten Kaufpreises für eine Eigentumswohnung beziehungsweise eine Immobilie überhaupt als Kredit zu vergeben, sofern 20 % Eigenkapital vorhanden waren. Um bei unserem Beispiel zu bleiben: Die Gelder für die gleiche Eigentumswohnung setzten sich jetzt aus 160.000 DM Fremdmittel und 40.000 DM Eigenkapital zusammen.

Damit war das Karussell in Bewegung geraten. In der Folge fragten sich die Experten schließlich, was denn in aller Welt dagegen spräche, endlich auch Vollfinanzierungen Rückenwind zu geben.

Wie Sie wissen, ist es heute kaum mehr problematisch, ein Objekt zu 100 % zu finanzieren. Für den Investor, der eines hohen Steuerabzugs gewärtig sein muß, ist diese Regelung durchaus sinnvoll. Aber selbst wenn man keinen Steuersatz von 50 % hat, ist die Vollfinanzierung diskutabel, jedenfalls wenn man in eine lohnende Immobilie investiert. Eine Vollfinanzierung macht es jedoch für die Bank erforderlich, sich rundum abzusichern. So wird in solchen Fällen die Bonität des Investors und oft auch die des Eigentumswohnungsobjekts selbst genau unter die Lupe genommen.

Die Vollfinanzierung, aber auch die Teilfinanzierung zwingt Sie meist dazu, die Karten offen auf den Tisch zu legen. Bevor Sie das Gespräch dafür mit der Bank suchen, sollten Sie sich also ausgezeichnet und bis ins Detail vorbereiten. Um die finanzielle Situation darzulegen, kann man beispielsweise den Vermögensstatus und die Ertragskraft fein säuberlich aufführen, damit sich der Banker ein Bild machen kann. Zu dem Vermögensstatus zählen auch die Wohnungseinrichtung, die Fotoausrüstung, Gemälde und andere Kunstgegenstände, die Erbteile der Eltern und Schwiegereltern, der Pkw, Wertpapiere und Lebensversicherungen etwa.

Zu der Ertragskraft rechnet man den Verdienst des Ehemannes, den Verdienst der Ehefrau und den Gewinn durch eventuelle nebenberufliche Tätigkeiten etwa.

Übersichtlich aufgelistet kann sich hieraus der Banker ein Bild machen. Man muß sich einmal *in* den Bankfachmann hineinversetzen: Alles, was *er* benötigt, ist Sicherheit.

Er will sich quasi rückversichern, daß sein Kredit zurückgezahlt wird. Bieten Sie ihm also diese Sicherheit.

Gewöhnlich werden Sie auch darum gebeten, eine *Selbstauskunft* auszufüllen. Sie enthält gleichzeitig einen Passus, in dem Sie schriftlich zustimmen, daß die Bank über Sie eine Schufa-Auskunft einholen darf. Gegen beides können Sie sich nicht wehren, wenn Sie einen Kredit aufnehmen wollen. Unser Tip jedoch: Füllen Sie die Selbstauskunft zu Hause aus, in aller Ruhe. Gegenüber ein Beispiel für ein solches Formular.

Die Schufa ist übrigens die »**Schu**tzgemeinschaft für **Al**lgemeine Kreditsicherung«, bei der alle vergebenen Kredite gespeichert sind (zur Zeit insgesamt 20 Millionen). Diese Schutzgemeinschaft informiert die Bank auch über die säumige oder untadelige Rückzahlung eines Kredites durch den Kreditnehmer.

Haben Sie auf Ihr »Image« geachtet, sind Sie der Bank durch einige Jahre vertrauensvoller Zusammenarbeit bekannt und haben bereits mehrere Kredite bei ihr (oder

Bereichs-Nr.	Kunden-Stammnummer

Selbstauskunft

Angaben zur Person

☐ ledig
☐ verheiratet
☐ geschieden
☐ verwitwet

Name – auch Geburtsname – Vorname ☐ Arbeiter ☐ Angestellter Geburtsdatum Staatsangehörigkeit Familienstand
☐ Beamter a.L./z.A./a.P. ☐ Zeitsoldat
☐ selbständig ☐ Pensionär

Beruf/Geschäftszweig   Stellung im Beruf   Arbeitgeber/Anschrift   seit

PLZ / Wohnort, Straße, Haus-Nr.   Telefon-Nr.

Vorherige Anschrift (falls innerhalb der letzten beiden Jahre verzogen)

──── ☐ Zugewinngemeinschaft ☐ Gütertrennung ────

Name – auch Geburtsname – Vorname des Ehepartners ☐ Arbeiter ☐ Angestellter Geburtsdatum Staatsangehörigkeit
☐ Beamter a.L./z.A./a.P. ☐ Zeitsoldat
☐ selbständig ☐ Pensionär

Beruf/Geschäftszweig   Stellung im Beruf   Arbeitgeber/Anschrift   seit

Unterhaltsberechtigte Kinder (Anzahl und Alter)   Sonstige unterhaltsberechtigte Personen (Anzahl und Alter)

Weitere Bankverbindungen

Einnahmen – ohne Beleihungsobjekt –
(netto – jährlich)
DM

Einnahmen aus Gehalt/Lohn/Pension
Geschäftseinkünfte
Einnahmen des Ehepartners
Sonstige Einkünfte

Ausgaben – ohne Beleihungsobjekt –
(jährlich)
DM

Miete/Wohngeld
  entfällt künftig ☐ ja ☐ nein
Feste Ausgaben
Lebenshaltungskosten
Hypotheken-/Ratenverpflichtungen
Versicherungsbeiträge
Sonst. Ausgaben (ggf. Unterhaltszahlungen)

Vermögen – ohne Beleihungsobjekt –
DM

Grundvermögen (unbebautes Grundstück/
Wohn-/Geschäftshaus/ETW)
in
Bankguthaben
Wertpapiere (Kurswert)
Betriebsvermögen (Eigenmittel)
per
Sonstiges Vermögen

Verbindlichkeiten – ohne Beleihungsobjekt –
DM

Hypotheken/Grundschulden (Restschuld)
Bank-/Ratenkredite (Restschuld)
Rückständige Steuern
Sonstige Verbindlichkeiten

Übernommene Bürgschaften

Lebensversicherungen	Versicherungs-gesellschaft	Versicherte Person	Abschlußjahr	Vers. Summe DM	Prämie p.a. DM
☐ Kapital-Lebensvers.					
☐ Risiko-Lebensvers.					
☐ Kapital-Lebensvers.					
☐ Risiko-Lebensvers.					
☐ Kapital-Lebensvers.					
☐ Risiko-Lebensvers.					

PK 10 63.1.85

HINWEIS:

Die Richtigkeit der vorstehend gemachten Angaben bzgl. der Einkommen- u. Vermögensverhältnisse bitten wir von Ihrem Steuerberater testieren zu lassen; dieses Testat kann entfallen, wenn uns die Angaben durch folgende Nachweise belegt werden:

a. bei Nicht-Selbständigen
 - 3 Gehaltsbescheinigungen
 - die letzten beiden Einkommensteuerbescheide

b. bei Freiberuflern
 - die letzten beiden Einkommensteuerbescheide

c. bei Firmeninhabern oder geschäftsführende Gesellschafter - alternativ
 - 3 Jahresbilanzen mit G+V
 - zu dieser Selbstauskunft Erklärung Ihres Steuerberaters über die Entwicklung v. Einkommen und Vermögen der letzten 3 verfügbaren Jahre

Testat und Anschrift des Steuerberaters:

Unterschrift des Steuerberaters

Die Bank ist berechtigt, der Schutzgemeinschaft für allgemeine Kreditsicherung (SCHUFA) Daten des Kontoinhabers und Mitantragstellers über die Errichtung und nicht vertragsgemäße Nutzung dieser Kontoverbindung zur Speicherung zu übermitteln.

Die Adresse der zuständigen SCHUFA kann bei der Bank erfragt werden. Gleichzeitig ermächtige(n) ich/wir die Bank bei meiner / unserer Bankverbindung Auskünfte einzuholen.

Unterschrift des Antragstellers

Unterschrift des Mitantragstellers bzw. Ehegatten

Ort, Datum ....

einer anderen Kreditanstalt) sauber zurückgeführt (laut Schufa), dann steht der Kreditgewährung gewöhnlich nichts mehr im Wege, sofern Ihr Einkommen stimmt. Sind Sie hingegen ein »unbeschriebenes Blatt«, das heißt, Sie haben noch nie mit Banken in Geldangelegenheiten zusammengearbeitet und noch nie einen Kredit beantragt, erhalten und einwandfrei zurückgeführt, so ist dies schizophrenerweise nachteilig für Sie – ganz einfach, weil die Banken gewissermaßen keine »Geschäftserfahrung mit Ihnen besitzen. Aber auch dies läßt sich handhaben, eben wieder dadurch, daß Ihre Papiere hinsichtlich Ihres Einkommens stimmen.

Ein kleiner Tip am Rande: Wenn Sie mehr über die Kreditgrundsätze der Banken und die Vergabe von Darlehen wissen wollen, empfehlen wir den »Ratgeber Bank«[*)] kritisch in Szene gesetzt und kurzweilig verfaßt. Das Buch vermeidet schwieriges Juristendeutsch und Insiderfloskeln. Es enthält Tips und Tricks rund um das Bankengeschäft, mit besonderem Schwerpunkt auf der Krediteinholung.

Wie gehen Sie nun weiter vor, um sich nicht mit einem Immobilienobjekt zu übernehmen? Die Ertragskraftberechnung dient dem Banker zum Entscheid über die Vergabe des Kredites. Sie können aber selbst sehr viel schneller abschätzen, in welcher Höhe Sie einen Kredit verkraften können. Stellen Sie einfach Ihre monatlichen fixen Kosten einschließlich der Lebenshaltungskosten Ihrem Nettoeinkommen gegenüber. Als Faustregel gilt, daß ca. 50% Ihres Nettoeinkommens für Ihre eigenen Bedürfnisse benötigt werden. Ein Alleinstehender muß monatlich *mindestens* über 1.000 DM zur Bestreitung seiner Lebenshaltungskosten verfügen, ein Ehepaar wenigstens über 1.500 DM, für jedes Kind sind nochmals 300 DM einzukalkulieren.

[*)] Klaus Kempe u. a., Ratgeber Bank, München 1987

Können Sie beispielsweise 600 DM monatliche Belastung tragen, dann multiplizieren Sie diese Zahl mit 12; Sie erhalten 7.200 DM. Teilen Sie diesen Betrag nun durch die im Moment geltende Zinslast von, na sagen wir, 7% = rund 1.028 DM. Multiplizieren Sie jetzt 1.028 × 100, das ergibt 102.800 DM. Diese 102.800 DM können Sie derzeit als Kredit verkraften. Anbei noch einmal die Formel:

$$\frac{\text{Monatliche tragbare Belastung} \times 12 \times 100}{\text{gültiger Zinssatz für Darlehen}} = \text{Darlehenssumme}$$

Diese Rechnung hilft Ihnen, eventuelle stille Reserven zu mobilisieren und die monatlich tragbare Belastung anzuheben. Aber hüten Sie sich davor, sich allzuviel zuzumuten! Im übrigen sollten Sie, wie gesagt, die verschiedenen Zinssätze vergleichen, die offeriert werden.

So unterschiedlich wie die Zinssätze ist auch die Höhe der Auszahlungswerte. Wenn Ihnen also fast 100% der Hypothek ausgezahlt werden, müssen Sie auch den höchsten Nominalzins berappen. Das Disagio, der Auszahlungsverlust also, besitzt im übrigen den Vorteil, daß Sie diesen Betrag von der Steuer absetzen können. Sind Sie darauf angewiesen, steuermindernde Kosten bei der Einkommensteuererklärung geltend zu machen, dann empfiehlt sich ein hohes Disagio und ein niedriger Zinssatz.

In den *Hypothekenspiegeln* sind im übrigen unterschiedliche Auszahlungswerte bei verschiedenen Laufzeiten (5, 10 und 15 Jahre) angegeben. Entscheiden Sie sich für eine Laufzeit von fünf Jahren, dann ist Ihr Zinssatz nur für fünf Jahre »festgeschrieben«, das heißt er bleibt fünf Jahre unverändert. Danach müssen Sie damit rechnen, daß Sie für die gleiche Hypothek mehr zahlen, das heißt, daß der Zinssatz steigt. Im Moment (1987/1988) sind die Hypothekenzinsen niedrig – wir müssen aber wieder mit einem Anstieg des Zinssatzes rechnen. Deshalb kann man heute guten

Gewissens empfehlen, die Festschreibung des Zinssatzes auf mindestens zehn Jahre festzulegen. Ist der Zinssatz dagegen hoch, so sollte man eine kurze Festschreibungsfrist anpeilen, denn die Zinsen können nur fallen. Darüber hinaus muß man auch in Erwägung ziehen, daß Ihre ganz persönliche wirtschaftliche Situation nach fünf oder zehn Jahren ganz anders aussieht und Sie vielleicht nach dieser Zeit die Hypothek gänzlich ablösen wollen.

Angesichts dieses Auszahlungsverlustes (Disagio) gilt es, nebenbei bemerkt, eine *neue* Rechnung aufzumachen. Nehmen wir an, Sie benötigen eine Hypothek/einen Kredit über 100.000 DM, die Bank zahlt aber nur 93,2 % aus.

Dann bleibt Ihnen nichts anderes übrig, als eine höhere Hypothek zu beantragen, nämlich 107.296,14 DM. Rechnen Sie es selbst nach:

Effektiver Darlehensbedarf: 100.000,00 DM
Auszahlung 93,2 %: 93.200,00 DM
Darlehenssumme: 107.296,14 DM
davon 93,2 % 100.000,00 DM

Eine einfache Formel hilft Ihnen, herauszufinden, welche Darlehenssumme Sie tatsächlich aufnehmen müssen:

$$\frac{\text{Darlehensbedarf}}{\text{Auszahlungskurs} \times 100} = \text{Darlehenssumme}$$

Die Aufnahme eines Bankkredits hat es also in sich. Wenn Sie sich sachkundig machen, können Sie indes im Extremfall einige tausend Märker sparen. Es lohnt sich somit, sich mit der Materie vertraut zu machen – schneller können Sie kaum Geld sparen.

Fahren wir im Text fort: Neben dem Zinssatz müssen noch andere Faktoren berücksichtigt werden: Zu dem Disagio und der Zinsfestschreibungsperiode sollten Sie auch die Wertermittlungsgebühren, die Bearbeitungsgebühren, die Teilzahlungszuschläge und die Verrechnung der geleisteten Tilgung unter die Lupe nehmen sowie alles, was unter der Rubrik »sonstige Gebühren« rangieren mag. Bei der Auswahl des Darlehens beziehungsweise der Hypothek sind jedoch *Zins, Festschreibungszeit,* das *Disagio* und die *Nebenkosten* die wichtigsten Kriterien. Trotz der Pflicht, daß die Banken einen Effektivzins offenlegen müssen, können Sie nicht darauf vertrauen, daß in jedem Fall *alle* anfallenden Gebühren und Kosten beim Effektivzins berücksichtigt sind. Da heißt es wieder einmal selbst recherchieren, unter Umständen mit der Hilfe eines Vermögens- oder Finanzberaters, der die vielfältigen Angebote beurteilt.

Nehmen wir nun an, Sie haben den günstigsten Kredit recherchiert. Sie haben Vergleiche angestellt beziehungsweise diese Arbeit einem Mann Ihres Vertrauens übertragen. Wie und in welcher Form sollen Sie nun das Darlehen zurückzahlen?

Klären wir hierzu zunächst einige Fachausdrücke, damit Sie sich in dem Bankenchinesisch gut zurechtfinden: Man unterscheidet mehrere Kreditarten: Die einfachste Form der Rückführung ist gegeben, wenn Sie ein *Annuitätsdarlehen* (auch »Tilgungsdarlehen« genannt) aufnehmen. Während der gesamten Laufzeit des Darlehens bleiben die Zahlungsraten gleich; es werden regelmäßig Zinsen und Tilgungsbeträge geleistet: Annuität bedeutet also Zinsen plus Tilgung. Die Zins- und Tilgungsraten sind von Anfang bis zum Ende eines Darlehens gleich. Bei 10.000 DM beispielsweise sind gegeben:

Zinsen 7 %
Tilgung 1 %
Annuität 8 % = 800 DM

Sie können auch eine 2prozentige Tilgung vereinbaren. Festzuhalten bleibt jedoch, daß Sie Jahr für Jahr einen unveränderten Gesamtbetrag zahlen, unabhängig davon, daß die Darlehensschuld abnimmt. Die Tilgung wird ständig *größer*. Das Beispiel veranschaulicht es: Der Zinsbetrag wird kleiner, die Gesamtbelastung bleibt gleich.

1. Jahr: Zinsen 700 DM, Tilgung 100 DM
2. Jahr: Zinsen nur von 9.787,28 DM = 689,95 DM
   + Tilgung 110,05 DM

Nach 30 Jahren ist auf diese Weise das Darlehen von 10.000 DM zurückgezahlt.

Tilgungsdarlehen einer Bank

Zins: 7,00 % p. a.,
Tilgung: 1,00 % p. a. (vierteljährliche Zahlweise)
Kapital: 10.000,– DM,
gleichbleibende Monatsbelastung: 66,66 DM

Jahre	Jahres-Zinsen	Jahres-Tilgung	Darlehens-Rest
1	697,33	102,67	9897,33
2	689,95	110,05	9787,28
3	682,04	117,96	9669,32
4	673,56	126,44	9542,88
5	664,48	135,52	9407,36
6	654,76	145,24	9262,12
7	644,30	155,70	9106,42
8	633,12	166,88	8939,54
9	621,13	178,87	8760,67
10	608,27	191,73	8568,94
11	594,50	205,50	8363,44
12	579,73	220,27	8143,17
13	563,90	236,10	7907,07
14	546,93	253,07	7654,00
15	528,75	271,25	7382,75
16	509,25	290,75	7092,00
17	488,37	311,63	6780,37
18	465,97	334,03	6446,34
19	441,97	358,03	6088,31
20	416,24	383,76	5704,55
21	388,66	411,34	5293,21
22	359,11	440,89	4852,32
23	327,42	472,58	4379,74
24	293,46	506,54	3873,20
25	257,06	542,94	3330,26
26	218,05	581,95	2748,31
27	176,23	623,77	2124,54
28	131,42	668,58	1455,96
29	83,36	716,64	739,32
30	31,86	739,32	0,00
Summen:	**13.971,18**	**10.000,00**	

(Ohne Angabe weiterer Gesamtaufwandskosten!)

Im Gegensatz dazu steht das *Festdarlehen* (auch »Fälligkeitsdarlehen« genannt), bei dem die gesamte Rückzahlung zu einem bestimmten Termin vorgenommen wird. Die Tilgung des gesamten Darlehens findet bei Auszahlung einer über diesen Zeitraum abgeschlossenen Lebensversicherung statt. Für diese Versicherung entrichtet der Versicherte/der Kreditnehmer im Laufe der Jahre monatlich eine Prämie in bestimmter Höhe. Nach 25 oder 30 Jahren zum Beispiel wird der Versicherungsbetrag dann an die Bank, als Tilgung, ausgezahlt.

Hypotheken beziehungsweise Darlehen werden in der Regel zu einem Auszahlungswert, der unter 100% liegt, ausgezahlt. Die Differenz, das Disagio, können Sie, wie ausgeführt, durch eine höhere Darlehenssumme ausgleichen. Sie können aber auch ein Zusatzdarlehen aufnehmen, ein sogenanntes *Tilgungsstreckungs-Darlehen*, das noch vor dem Hauptdarlehen, in unserem Beispiel den 93.200 DM (Auszahlungswert 93,2%), getilgt wird. Für die Zeit der Tilgung des zwischengeschalteten Darlehens wird die Tilgung des Hauptdarlehens ausgesetzt – die Tilgung wird *gestreckt,* wie der Fachmann sagt. Die Tilgungsstreckung zur Umgehung des Disagios wirkt sich jedoch kostenungünstig für den Bankkunden aus, deshalb können wir diese Variante nicht empfehlen. Signalisiert der Markt indes einen Zinsrückgang, so kann man mit dem Kreditinstitut für die Zeit bis zum Abschluß eines längerfristigen Darlehens (Zinsfestschreibung) ein sogenanntes *Vorschaltdarlehen* abschließen, das etwa ein bis zwei Jahre Laufzeit hat, und danach länger festschreiben. Schließlich gibt es noch die Möglichkeit, mit der Bank einen *variablen Zinssatz* zu vereinbaren, wenn Sie etwa an einer sich abzeichnenden günstigeren Zinssatzentwicklung teilhaben wollen. Sie legen dann nicht einen festen Zinssatz dem Darlehen zugrunde, sondern vereinbaren im Vertrag eine Anpassung an den aktuellen Marktzinssatz.

Wenn Sie jedoch kein ausgefuchster Experte sind, können Sie sich dabei natürlich auch verkalkulieren – wenn sich der Zinssatz nämlich nach oben statt nach unten bewegt. Ein ganzes Finanzierungskonzept kann auf diese Weise ins Wanken geraten.[*)]

Über all diese Fragen gilt es zu entscheiden, *bevor* Sie sich einer Bank nähern. Desgleichen tun Sie gut daran, alle Papiere vorzubereiten, die Ihre Eigentumswohnung betreffen. Neben dem Vermögensstatus und der Ertragskraft prüft die Bank nämlich auch die vorhandenen Beleihungsunterlagen auf ihre Aussagekraft. Im einzelnen müssen Sie bei einem Eigentumswohnungs-Neubauprojekt vorlegen:

- Bauzeichnungen und Lageplan
- Baubeschreibung
- Grundflächen- und Raumflächenberechnung Ihres Objektes
- Kaufpreis plus Kosten mit Finanzierungskonzept
- Grundbuchauszug
- Notarieller Teilungsvertrag (Teilungserklärung)

Bei bestehenden (Gebraucht-)Immobilien kommen hinzu (beziehungsweise ergänzen die Unterlagen):

- Kaufvertrag
- Feuerversicherungsschein
- Bei vermieteten Eigentumswohnungen muß außerdem eine Übersicht über die Mieteinkünfte hinzugefügt werden.
- Auch eventuell anfallende Renovierungskosten müssen bekannt sein.
- Einsicht in amtliche Unterlagen (Grundbuchauszug)
- Fotos des Objektes

Erwerben Sie eine Eigentumswohnung von einem Anlage-Unternehmen, bei dem Sie »von A bis Z« bedient werden

---

[*)] Vgl. Ha. A. Mehler, Klaus Kempe, Wie mache ich mich als Immobilienmakler selbständig, Bonn-Bad Godesberg 1987³

und das SERVICE großschreibt, so werden Sie sich normalerweise mit den Details nicht zu belasten brauchen.

Müssen Sie allein operieren, sind Sie mit diesen Tips fürs erste gerüstet. Wiederholen wir noch einmal: Prinzipiell empfiehlt es sich, *vor* dem Bankengespräch zu überlegen, wieviel Sie für welche Laufzeit brauchen. Legen Sie vorher alle Details fest und gehen Sie nach einem »Schlachtplan« vor. Bauen Sie außerdem systematisch persönliche Beziehungen zu Banken, Bankern und Sachbearbeitern auf. Gute Kontakte sind oft wichtiger als Bonität. Bereiten Sie darüber hinaus Ihre Vermögensverhältnisse optisch ansprechend auf.

Grundsätzlich sollte man Banker nicht als »Feinde« betrachten, die nicht kooperativ sind. Ihre Absicht besteht im Gegenteil darin, mit Kunden wie Ihnen Geschäfte zu tätigen. Wenn Sie professionell auftreten und sich gut vorbereiten, werden die Konditionen gewöhnlich besser ausfallen. Darin besteht das ganze Geheimnis im Umgang mit Banken.

3. Die Alternative: Fachkundig finanzieren durch Versicherungen

Wie funktioniert die Finanzierung mittels einer Versicherung? Lassen Sie uns Ihre Bedenken gleich zerstreuen: Wir planen kein Kapitel über die Altersvorsorge. Dennoch kann das Thema »Versicherungen« eng mit der Abwicklung von Baufinanzierungen verknüpft sein.

Angedeutet haben wir das Procedere im übrigen bereits in unserem Kapitel über das Bankgewerbe: Im Normalfall werden Sie mit dem Kreditinstitut über eine Hypothek handelseinig, die Sie rund 30 Jahre lang zurückzahlen, Jahr für Jahr. In dieser Zeit kann sich einiges ereignen. Nicht immer wird es Ihnen leichtfallen, Zinsen und Tilgung monatlich von Ihrem Einkommen abzuzweigen. Manchmal ergeben sich andere Prioritäten – von einschneidenden Veränderungen wie Krankheiten, Berufsunfähigkeit und Tod ganz zu schweigen. Aber nicht nur aufgrund solch bedrohlicher Gründe lohnt es sich, Einblick in diese andere Form der Baufinanzierung zu nehmen.

Die Verknüpfung einer Lebensversicherung mit einem Baudarlehen als akzeptable Alternative ist vielen Immobilieninvestoren tatsächlich bislang kaum ins Bewußtsein gerückt. Das Procedere ist im übrigen denkbar einfach: Sie schließen zuerst eine Lebensversicherung in der Höhe des Darlehensbetrages ab. Die Bank erhält nun die Garantie, daß bei Fälligkeit der Lebensversicherung der Betrag an sie ausgezahlt wird. Sie wiederum entrichten monatlich die mit der Versicherungsgesellschaft vereinbarte Lebensversicherungs-Prämie. Eine Tilgung während der Laufzeit des Darlehens findet dabei nicht statt. Sie zahlen lediglich die Zinsen an die Bank. Allerdings bleibt die Zinslast während der gesamten Darlehens-Laufzeit unverändert, denn die Darlehenssumme wird ja nicht durch Tilgungsraten vermindert. Die Zinslast können Sie dabei von Ihrer Steuerschuld (bei vermieteten Objekten) absetzen. Stellen wir es vereinfacht dar: Nehmen wir an, Sie kassieren bei einer vermieteten Eigentumswohnung monatlich 500 DM Miete und zahlen 1.000 DM Zinsen pro Monat an die Bank. In diesem Fall können Sie 500 × 12 = 6.000 DM Zinsen in Abzug bringen. Steuerlich sind beim Annuitätsdarlehen dagegen die Zinsen wie folgt absetzbar: im ersten Jahr: 6.000 DM, im zweiten Jahr: 5.500 DM[*)] und so weiter, da ja ein Teil des Darlehens durch die monatlichen Tilgungsraten zurückgezahlt wird. Somit nimmt die Zinslast hier ständig ab – aber auch der *Vorteil,* Zinslasten absetzen zu können, wird geringer.

Da die Tilgung bei dem Darlehensmodell via Lebensversicherungen erst am Ende der Laufzeit erfolgt, können Sie

---

[*)] Vgl. unser *Beispiel* aus dem vorherigen Kapitel.

während der gesamten Zeit *konstant* die Zinsen in gleicher Höhe absetzen, der Steuervorteil ist hier also größer. Im übrigen können Sie bei der Finanzierung durch eine Lebensversicherung zwischen zwei Alternativen auswählen:

(1) Sie schließen eine Lebensversicherung nur über 50 bis 60% (bei 25 Jahren Laufzeit) der Darlehenssumme ab, denn die zu erwartenden Gewinne, die am Ende der Laufzeit des Lebensversicherungsvertrages voraussichtlich ausgeschüttet werden, tragen schließlich dazu bei, daß die tatsächlich benötigte Summe des Darlehens erreicht wird. Durch die niedrigere Lebensversicherungssumme wird auch die monatliche Belastung durch die von Ihnen zu zahlende Prämie niedriger.

(2) Sie können auch die Höhe der Versicherungssumme der Höhe des Darlehens anpassen. In diesem Fall können Sie jedoch damit rechnen, daß nach Ende der Versicherungslaufzeit nicht nur die Darlehenssumme bei der Bank getilgt wird, sondern daß Ihnen auch gleichzeitig noch ein erkleckliches Sümmchen an Gewinnausschüttungen, die während der Laufzeit der Lebensversicherung angefallen sind, ausgezahlt wird. Nur: Garantiert sind Gewinne aus Lebensversicherungen nicht! Sie sind indes das Salz in der Suppe einer Lebensversicherung, wenn auch Experten immer wieder versichern, daß man durchaus damit rechnen kann.

Der wichtigste Vorteil bei der Finanzierung via Lebensversicherung ist, wie gesagt, die Abzugsfähigkeit der Schuldzinsen bei vermieteten Wohnungen – bei eigengenutzten Wohnungen entfällt diese Möglichkeit. Hier ist die laufende Prämienzahlung jedoch unter der Rubrik »Sonderausgaben« im Rahmen der sogenannten »Vorsorgepauschale« abzugsfähig.

Im übrigen sind auch die Konditionen der verschiedenen Versicherungsgesellschaften nicht normiert. Die Lösung besteht also wieder darin, zu *vergleichen*. Zeitschriften und Magazine (wie DM, Capital, impulse etc.) veröffentlichen in regelmäßigen Abständen Untersuchungen und Gegenüberstellungen der Konditionen der einzelnen Gesellschaften.

Nehmen wir nun an, Ihnen liegt ein günstiges Angebot einer Versicherungsgesellschaft vor. Profis werden Ihnen in diesem Fall sehr schnell begreiflich machen können, daß Sie damit finanziell besser fahren als mit der Bank! Im übrigen haben wir einen wesentlichen Faktor bislang außer acht gelassen. Mit einer Lebensversicherung sorgen Sie nicht nur für das Alter vor, Sie wissen auch, daß Ihre Familie im Ernstfall abgesichert ist. Selbst gegen eine Erwerbsunfähigkeit während des Berufslebens können Sie sich versichern. Solche Vorsorgemaßnahmen können verhindern, daß Ihre Eigentumswohnung eventuell unter den Hammer kommt.

Wenn der Versicherungsfall eintritt, gelangt die Lebensversicherung unmittelbar zur Auszahlung. Die eingegangenen Darlehensverpflichtungen bei der Bank können dadurch abgedeckt werden. Fazit: Die Finanzierung Ihrer Eigentumswohnung via einer Lebensversicherung ist durchaus empfehlenswert.

Wir sind nun davon ausgegangen, daß der Darlehensgeber eine Bank ist. Es kann indes ebensogut eine Versicherungsgesellschaft das Geld zur Verfügung stellen. Nun fungiert die Lebensversicherungsgesellschaft quasi als Bank. Die Tilgung wird ebenfalls über eine Lebensversicherung vorgenommen. Den Zins erhält die Lebensversicherungsgesellschaft. Oft sind die Zinssätze der Lebensversicherungsgesellschaften bis zu 1% günstiger als die der Banken! Es empfiehlt sich also immer, Vergleichsangebote einzuholen und verschiedene Lösungen durchzurechnen. Üblicherweise helfen hier die Experten einer Anlageberatungsgesellschaft. Wenn Sie solche Vergleichsrechnungen lieben, dann vollziehen Sie einmal folgende Kalkulation nach:

A. Annuitäten-Darlehen
(Bankdarlehen *ohne* Lebensversicherung):

Zinssatz 7%
Tilgungssatz 1%

Annuität p. a. 8% = DM 8.000,– bei einem Bruttodarlehen von DM 100.000,–

Die Zinsleistung im ersten Jahr beträgt DM 7.000,–, woraus sich eine Steuerersparnis von DM 3.500,– bei einem persönlichen Steuersatz von 50% errechnet. Die Tilgungsleistung von DM 1.000,– im ersten Darlehensjahr verringert das Bruttodarlehen auf DM 99.000,–.

Im zweiten Darlehensjahr ist daher eine geringere Zinsleistung von DM 6.930,– zu erbringen, was bei einem Steuersatz von 50% eine auf DM 3465,– verringerte Steuerersparnis bewirkt.

Die ersparte Zinsleistung von DM 70,– wird der Tilgungsleistung zugeschlagen, so daß im zweiten Jahr DM 1.070,– getilgt werden. Die Annuitätenleistung in Höhe von DM 8.000,– bleibt dieselbe wie im ersten Darlehensjahr.

In den Folgejahren setzt sich dieser Prozeß verstärkt fort. Die Zinsleistungen und die daraus resultierenden Steuerersparnisse sinken, und die Tilgungsleistungen steigen, während die Annuitätenleistungen konstant bei DM 8.000,– bleiben. Dies bedingt, daß das Bruttodarlehen nach ca. 31 Jahren getilgt ist.

B. LV-Darlehen
(Bankdarlehen *mit* Lebensversicherung):

Zinssatz 7%
LV-Prämie 1%

Annuität p. a. 8% = DM 8.000,– bei einem Bruttodarlehen von DM 100.000,–

Die Tilgungsleistung des ersten Jahres in Höhe von DM 1.000,– wird nun als konstante LV-Prämienleistung in eine Kapital-Lebensversicherung eingezahlt. Die Tilgung des Bruttodarlehens wird ausgesetzt. Dadurch bleiben die Zinsleistungen in Höhe von DM 7.000,– und die daraus resultierende Steuerersparnis von DM 3.500,– bei einem persönlichen Steuersatz von 50 % in allen Darlehensjahren konstant hoch. Dasselbe gilt für die Höhe des Bruttodarlehens. Erst beim Erreichen der vereinbarten Laufzeit wird die Ablaufleistung aus der Kapital-Lebensversicherung zur Darlehenstilgung verwendet.

Die Ablaufleistung der Kapital-Lebensversicherung (LV-Beiträge + Dividenden + Ablaufbonus) ist steuerfrei unter der Voraussetzung, daß die vereinbarte Laufzeit der Kapital-Lebensversicherung mindestens 12 Jahre beträgt.

Während beim Annuitäten-Darlehen die Steuerersparnis ständig sinkt, bleibt diese beim LV-Darlehen konstant hoch.

Beim LV-Darlehen erhält der Darlehensnehmer (bzw. seine Familie) zusätzlich ohne Mehraufwand eine Absicherung für den Todesfall, die beim Annuitäten-Darlehen nicht besteht.

Vergleicht man die beiden Finanzierungsalternativen, so ergeben sich für 12, 20 und 27 Jahre Laufzeit folgende Werte:

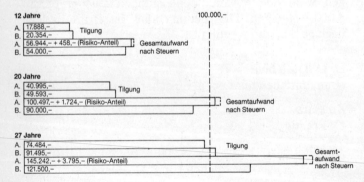

Werden die durch das LV-Darlehen erzielten Steuervorteile *unverzinslich* angesammelt und am Ende der Laufzeit als *zusätzliche Tilgungsleistung* verwendet, so bleibt der Gesamtaufwand nach Steuern derselbe wie beim Annuitäten-Darlehen. Die Gesamtlaufzeit wird durch die erhöhte Tilgungsleistung dadurch wesentlich verkürzt, vgl. dazu nachstehende Graphik.

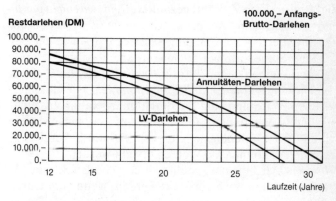

Nach ca. 28 Jahren ist beim LV-Darlehen das Brutto-Darlehen getilgt, wogegen beim Annuitäten-Darlehen noch ca. DM 18.000,– Restdarlehen bestehen.

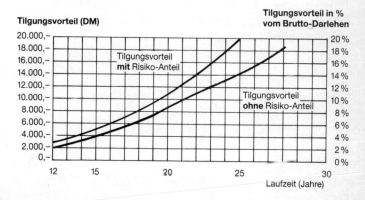

Der Tilgungsvorteil des LV-Darlehens erreicht über die Gesamtlaufzeit mehr als 20 % des Brutto-Darlehens und verstärkt sich noch wesentlich, wenn der Risiko-Anteil in Geld beim Annuitäten-Darlehen berücksichtigt wird, vgl. Graphik auf Seite 203 unten .

Die Berechnungen setzen voraus, daß die von der Lebensversicherungsgesellschaft erwirtschafteten Dividenden und Boni auch in Zukunft gezahlt werden, *was nicht garantiert werden kann*. Weiterhin wird *vorausgesetzt,* daß der Zinssatz bei 7 %, der Tilgungssatz bei 1 % sowie der persönliche Steuersatz bei 50 % konstant über die gesamte Laufzeit bleiben. *Als Eintrittsalter für die Kapital-Lebensversicherung wurden 35 Jahre angenommen.* Die hier angegebenen Werte sind zum Teil durch Interpolation aus einer LV-Tabelle gewonnen. Genauere auf die persönlichen Daten des Darlehensnehmers abgestimmte Vergleichsrechnungen können auf Wunsch erstellt werden.

Hinweis: Der hier dargestellte steuerliche Effekt des LV-Darlehens kann noch verstärkt werden, wenn vom Darlehensbeginn an mit einem LV-Prämien-Depot gearbeitet wird.[*]

Raucht Ihnen schon der Kopf? Nun gut, dafür können Sie im konkreten Fall jedoch auch eine Menge Geld sparen. Im Zweifelsfall hilft hier natürlich der Fachmann, der Ihnen die genaue Alternativrechnung aufmacht.

Scheuen Sie sich dennoch nie, *selbst* nachzurechnen. Es macht sich in Mark und Pfennig bezahlt.

---

[*] Dr. Türschmann, SAB, Bad Homburg, 1986/1987

Auf einen Blick

1. Wieviel dürfen Sie für die Eigentumswohnung ausgeben?
   Benutzen Sie die Formel

Monatliche Kaltmiete		maximale Kosten
+ monatliche Ersparnisse	× 120 + Eigenkapital =	der Eigentumswohnung

2. Bei einem Jahreseinkommen von 50.000 bis 60.000 DM *muß* man quasi in eine Immobilie investieren, wenn man Steuern sparen will.

3. Quellen, aus denen Geld sprudelt:
   (1) Eigenmittel (Einkommen, Ersparnisse, Lebensversicherungen, Bausparverträge, Wertpapiere, Goldanlagen, Mieteinnahmen beziehungsweise Mieterparnisse, »Muskelhypothek«)
   (2) Private Geldgeber (Verwandte, Freunde, Teilvermietung der Eigentumswohnung)
   (3) Arbeitgeber/öffentliche Stellen (Arbeitgeber, öffentlicher Dienst, Selbsthilfe, Familienzusatzdarlehen, Gemeinde/Länder/Bund, Steuernachlässe vom Vater Staat)
   (4) Gewerbliche Kreditgeber (Bausparkassen, Sparkassen, Banken, Versicherungsgesellschaften)

4. Die »klassische Finanzierung« sah vor, daß zur Erlangung eines Eigenheims 40 % des Eigenkapitals angespart werden mußten. Seit geraumer Zeit werden Kredite *personenbezogen* vergeben. Danach ist vorrangig von Interesse, was Sie an Ertragskraft in den kommenden Jahren aufbringen können. Heute sind Vollfinanzierungen durchaus üblich.

5. Um Ihrer Bank »Sicherheit« zu geben, können Sie beispielsweise Ihren *Vermögensstatus* (= Fotoausrüstung, Kunstgegenstände, Erbe, Pkw, Wertpapiere, Lebensversicherung und Wohneigentum usw.) und

Ihre *Ertragskraft* (die Einkünfte aus unselbständiger/ selbständiger Arbeit) säuberlich auflisten.

6. Füllen Sie die *Selbstauskunft* privatim aus. Bei der Schufa (Schutzgemeinschaft für Allgemeine Kreditsicherung) kann man Auskünfte über Ihre Zuverlässigkeit bei Kreditrückfragen einholen.

7. Eine Formel, mit der Sie ausrechnen können, welche Höhe die mögliche Darlehenssumme betragen soll:

$$\frac{\text{monatliche tragbare Belastung} \times 12 \times 100}{\text{gültiger Zinssatz für Darlehen}} = \text{mögliche Darlehenshöhe}$$

Vorhandenes Eigenkapital erhöht den möglichen Darlehensbetrag.

8. Hypothekenspiegel verdeutlichen, wie unterschiedlich Hypotheken-Darlehen angelegt sein können: Der Auszahlungskurs liegt nicht einheitlich bei 100%, er variiert beträchtlich. Je niedriger der Auszahlungskurs, desto niedriger der Nominalzinssatz.
Ein hohes Disagio (Disagio = Auszahlungsverlust) empfiehlt sich, wenn man Steuern sparen will.

9. Es gibt unterschiedlich lange Festschreibungszeiten: 5, 10 und 15 Jahre. Während der Laufzeit ist der Zinssatz festgeschrieben. Bei niedrigem Zinsniveau sollten Sie eine längere Laufzeit wählen, bei hohem Zinsniveau eine kürzere.

10. Eine Formel zur Ermittlung Ihrer Darlehenssumme:

$$\frac{\text{Darlehensbedarf}}{\text{Auszahlungskurs} \times 100} = \text{Darlehenssumme}$$

11. Die wichtigsten Kriterien bei der Auswahl des Darlehens: Zins, Festschreibungszeit, Disagio, Nebenkosten. Bringen Sie bei dem Sachbearbeiter der Bank in Erfahrung, ob noch andere Kosten entstehen.

12. Beim Annuitätsdarlehen (oder Tilgungsdarlehen) werden über die gesamte Laufzeit gleichmäßige Annuitäten geleistet, zum Beispiel 8% Zinsen, 1% Tilgung = Annuität 9%. Der Zins nimmt ab, die Tilgung steigt. Beim Festdarlehen (oder Fälligkeitsdarlehen) wird die gesamte Rückzahlung zu einem bestimmten Termin fällig. Zins und Tilgung bleiben gleich. Es handelt sich hier meist um ein Darlehen, das mit dem Abschluß einer Lebensversicherung verknüpft ist.
13. Das Disagio kann durch ein Tilgungsstreckungs-Darlehen ausgeglichen werden, das noch vor dem Hauptdarlehen getilgt wird – dadurch wird die Tilgung des Hauptdarlehens ausgesetzt, »gestreckt«. Unser Rat: Nicht empfehlenswert. Vorschaltdarlehen von 1 bis 2 Jahren Laufzeit werden bei zu erwartendem Zinsrückgang vor dem eigentlichen Darlehen gewährt.
Sie können mit der Bank auch einen variablen Zinssatz vereinbaren: In diesem Fall erfolgt regelmäßig eine Anpassung an das jeweilige Zinsmarktniveau.
14. Von Bedeutung sind für die Bank die von Ihnen einzureichenden Beleihungsunterlagen. Im einzelnen müssen Sie bei Ihrem Eigentumswohnungs-Neubauprojekt vorlegen:
    - Bauzeichnungen und Lageplan
    - Baubeschreibung
    - Grundflächen- und Raumflächenberechnung Ihres Objektes
    - Kaufpreis plus Kosten mit Finanzierungskonzept
    - Grundbuchauszug
    - Notarieller Teilungsvertrag

    Bei bestehenden (Gebraucht-)Immobilien kommen hinzu (beziehungsweise ergänzen die Unterlagen):
    - Feuerversicherungsschein
    - Kaufvertrag
    - Bei vermieteten Eigentumswohnungen muß außerdem eine Übersicht über die Mieteinkünfte hinzugefügt werden.
    - Auch eventuell anfallende Renovierungskosten müssen bekannt sein.

- Einsicht in amtliche Unterlagen (Grundbuch)
- Fotos des Objektes

15. Die Verknüpfung einer Lebensversicherung mit einem Baudarlehen ist empfehlenswert. Die Bank erhält hierbei die Garantie, daß bei Fälligkeit der Versicherung der Betrag an sie ausgezahlt wird. Sie zahlen monatlich Ihre Prämie an die Versicherungsgesellschaft. Eine Tilgung des Darlehens während der Laufzeit findet nicht statt. Des weiteren zahlen Sie die vereinbarten Zinsen für das Darlehen monatlich an die Bank; die Zinslast bleibt während der gesamten Laufzeit unverändert. Das ist steuerlich von Vorteil.

16. Es gibt zwei Möglichkeiten der Finanzierung durch eine Lebensversicherung:
    (1) Die abgeschlossene Lebensversicherung lautet nur über 50 bis 60 % der Darlehenssumme, da die zu erwartenden Gewinne aus der Versicherung am Ende der Laufzeit den gesamten Darlehensbetrag voraussichtlich abdecken. Sie sparen Prämien.
    (2) Sie können auch die Lebensversicherung über die ganze Darlehenssumme abschließen. In diesem Fall findet am Ende der Laufzeit nicht nur die Tilgung des Darlehensbetrages statt, Sie verbuchen außerdem noch Gewinne. Nur: Gewinne bei Lebensversicherungen können zwar erwartet, aber nicht garantiert werden.

17. Größter Vorteil bei der Lebensversicherung ist die Abzugsfähigkeit der konstant anfallenden Zinsen bei vermieteten Wohnungen. Bei eigengenutzter Wohnung ziehen Sie die Versicherungsprämien als »Sonderausgaben« im Rahmen der »Vorsorgepauschale« ab.

18. Sie sollten auch die verschiedenen Konditionen der einzelnen Versicherungsgesellschaften vergleichen.

19. Prinzipiell empfiehlt sich die Finanzierung via einer Lebensversicherung. Im Einzelfall sollte man, abhängig von der persönlichen Situation und den speziellen Rahmendaten, genaue Vergleiche anstellen.

IX. Steuern: Der Staat als Steigbügelhalter

Wenn Sie so wollen, sind wir hiermit bei dem interessantesten Kapitel angelangt, aber auch bei einem Kapitel, das einige Grundkenntnisse voraussetzt. Zunächst also eine Anmerkung in eigener Sache – nicht um Sie »aufzubauen«, sondern weil es der Wahrheit entspricht: Selbst *Fachleute* benötigen lange Zeit, um sich in dieses Gebiet einzuarbeiten. In finanzieller Hinsicht handelt es sich also um das vielleicht wichtigste Kapitel, aber die Materie selbst erscheint auf den ersten Blick kompliziert. Einige Modelle, Konzeptionen und Rechenexempel arbeiten selbst Experten zehnmal durch, bevor sie sie *wirklich* verstehen. Das Problem besteht also für uns, die Autoren, darin, das Steuerkauderwelsch in eine Sprache zu übersetzen, die zumindest die Prinzipien verdeutlicht. Soweit die schlechte Nachricht. Die gute: Natürlich sparen Sie im Einzelfall durch Steuern immens. Tatsächlich existiert keine einzige andere Anlagemöglichkeit, die in steuerlicher Hinsicht so interessant und vorteilhaft ist wie das Investment in Immobilieneigentum.

Der gutverdienende Zeitgenosse wird immer nach Chancen Ausschau halten, sein Geld vor dem Zugriff des Fiskus zu retten. Mittlerweile pfeifen es die Spatzen schon von den Dächern, daß man auch hierzulande, in der besten aller Republiken, bei entsprechendem Einkommen bis zu 50 % Steuern berappen muß! Das schmerzt. Treibt auf die Barrikaden. Und läßt nach (selbstredend legalen) Möglichkeiten suchen, wie man Steuergelder vor dem Zugriff von Vater Staat, der sich in dieser Beziehung so wenig väterlich verhält, retten kann. Worüber man sich im allgemeinen am meisten empört, ist die Tatsache, daß man heute hierzulande prozentual gesehen *mehr* Steuern zahlt, wenn man *mehr* verdient.

Betrachten wir uns hierzu ein Beispiel: Während eines Berufslebens ergeben sich erstaunliche Durchschnittswerte: bei 100.000 DM Jahreseinkommen zahlen Sie heute während eines ganzen Lebens rund 1,5 Millionen ans Finanzamt. Bei 200.000 DM Jahreseinkommen jedoch wandern bereits ca. 3,8 Millionen DM ans Finanzamt – also *mehr* als das Doppelte.

Wir wissen nicht, was *Sie* pro Jahr an Steuern zu entrichten haben. Aber schauen Sie sich einmal den folgenden Auszug aus einer Steuertabelle an – differenziert nach »Grundtabelle« (für Ledige) und »Splittingtabelle« (für Verheiratete). Auf einen Blick sehen Sie hier sehr schnell, was Sie *eigentlich* entrichten müssen.

Wir können uns vorstellen, daß diese Zahlen Sie zum Nachdenken veranlassen. Und Sie haben recht! Es lohnt sich also, sich zumindest in Grundzügen mit der Materie auseinanderzusetzen – das Ergebnis bedeutet blanke Taler – die zusätzlich in Ihrer Tasche klimpern können und das Gefühl vermitteln werden, dem Staat und seinen Gesetzen ganz legal ein Schnippchen geschlagen zu haben. Der Staat dient tatsächlich als Steigbügelhalter für einen schnellen Parforce-Ritt in punkto Steuern, wenn es gilt, das eigene Einkommen zur Vermögensanlage zu verwenden.

Aber zunächst einige Tips vorab: Die schönste Rentabilitäts- und Finanzierungsberechnung wird gegenstandslos, wenn etwas mit den Steuern nicht stimmt. Gegebenenfalls empfiehlt es sich also, einen Steuerberater hinzuzuziehen. Ausgefuchste Steuerprofis oder auch der Finanzberater Ihres Vertrauens kann das für Sie »richtige« Modell unter Umständen sehr rasch eruieren. Außerdem ist ein Umstand immer in Erwägung zu ziehen: Steuerliche Vorschriften sind nicht für die Ewigkeit geschaffen. Was heute noch gang und gäbe ist, wird morgen – zum Wohle des Staatssäckels – wieder verworfen. Sie können jedoch kaum ständig Steuerseminare besuchen, um auf dem laufenden zu bleiben, wie der Steuerberater. Im Moment werden zum Bei-

Auszug aus den aktuellen Steuertabellen

Grundtabelle

Einkommen DM	Einkommen- steuer DM	Kirchen- steuer 9 % DM	Gesamte Einkommen- steuer DM	Durchschnitts- steuersatz mit Kirchensteuer %	Spitzensteuer- satz der letzten DM 10.000 %
10.000,00	1.199,80	107,98	1.307,78	13,0	13,0
12.000,00	1.639,36	147,54	1.786,90	14,8	17,8
14.000,00	2.078,92	187,10	2.266,02	16,1	22,6
16.000,00	2.518,48	226,66	2.745,14	17,1	23,9
18.000,00	2.958,04	266,22	3.224,26	17,9	23,9
20.000,00	3.420,69	307,86	3.728,55	18,6	24,2
22.000,00	3.928,63	353,57	4.282,21	19,4	24,9
24.000,00	4.479,30	403,13	4.882,44	20,3	26,1
26.000,00	5.070,23	456,32	5.526,55	21,2	27,8
28.000,00	5.699,01	512,91	6.211,92	22,1	29,8
30.000,00	6.363,31	572,69	6.936,01	23,1	32,0
32.000,00	7.060,91	635,48	7.696,39	24,0	34,1
34.000,00	7.789,64	701,06	8.490,71	24,9	36,0
36.000,00	8.547,42	769,26	9.316,69	25,8	37,9
38.000,00	9.332,26	839,90	10.172,16	26,7	39,6
40.000,00	10.142,23	912,80	11.055,03	27,6	41,1
42.000,00	10.975,49	987,79	11.963,29	28,4	42,6
44.000,00	11.830,30	1.064,72	12.895,03	29,3	44,0
46.000,00	12.704,96	1.143,44	13.848,41	30,1	45,3
48.000,00	13.597,89	1.223,81	14.821,70	30,8	46,5
50.000,00	14.507,57	1.305,68	15.813,25	31,6	47,5
52.000,00	15.432,55	1.388,92	16.821,48	32,3	48,5
54.000,00	16.397,05	1.475,73	17.872,78	33,0	49,7
56.000,00	17.348,99	1.561,40	18.910,39	33,7	50,6
58.000,00	18.312,38	1.648,11	19.960,49	34,4	51,3
60.000,00	19.286,10	1.735,74	21.021,85	35,0	52,0
62.000,00	20.269,13	1.824,22	22.093,36	35,6	52,7
64.000,00	21.260,52	1.913,44	23.173,96	36,2	53,0
66.000,00	22.259,38	2.003,34	24.262,72	36,7	53,5
68.000,00	23.264,93	2.093,84	25.358,77	37,2	53,9
70.000,00	24.276,45	2.184,88	26.461,33	37,8	54,4
72.000,00	25.293,32	2.276,39	27.569,72	38,2	54,7
74.000,00	26.314,98	2.368,34	28.683,33	38,7	55,0
76.000,00	27.340,97	2.460,68	29.801,65	39,2	55,3
78.000,00	28.370,88	2.553,37	30.924,26	39,6	55,6
80.000,00	29.404,42	2.646,39	32.050,82	40,0	55,9
82.000,00	30.440,12	2.739,61	33.179,74	40,4	56,1
84.000,00	31.480,07	2.833,20	34.313,28	40,8	56,3
86.000,00	32.523,38	2.927,10	35.450,48	41,2	56,4
88.000,00	33.570,04	3.021,30	36.591,34	41,5	56,6
90.000,00	34.620,05	3.115,80	37.735,85	41,9	56,8
92.000,00	35.673,41	3.210,60	38.884,02	42,2	57,0
94.000,00	36.730,13	3.305,71	40.035,84	42,5	57,2
96.000,00	37.790,20	3.401,11	41.191,31	42,9	57,4
98.000,00	38.853,62	3.496,82	42.350,44	43,2	57,5
100.000,00	39.920,40	3.592,83	43.513,23	43,5	57,7
105.000,00	42.616,56	3.835,49	46.452,05	44,2	58,2

Grundtabelle

Einkommen DM	Einkommen- steuer DM	Kirchen- steuer 9% DM	Gesamte Einkommen- steuer DM	Durchschnitts- steuersatz mit Kirchensteuer %	Spitzensteuer- satz der letzten DM 10.000 %
110.000,00	45.333,91	4.080,05	49.413,96	44,9	59,0
115.000,00	48.042,88	4.323,85	52.366,74	45,5	59,1
120.000,00	50.802,38	4.572,21	55.374,59	46,1	59,6
125.000,00	53.553,04	4.819,77	58.372,81	46,6	60,0
130.000,00	56.354,68	5.071,92	61.426,60	47,2	60,5
135.000,00	59.167,00	5.325,03	64.492,03	47,7	61,1
140.000,00	61.949,08	5.575,41	67.524,49	48,2	60,9
145.000,00	64.761,40	5.828,52	70.589,92	48,6	60,9
150.000,00	67.543,48	6.078,91	73.622,39	49,0	60,9
155.000,00	70.355,80	6.332,02	76.687,82	49,4	60,9
160.000,00	73.137,88	6.582,40	79.720,28	49,8	60,9
165.000,00	75.950,20	6.835,51	82.785,71	50,1	60,9
170.000,00	78.762,52	7.088,62	85.851,14	50,5	61,3
175.000,00	81.544,60	7.339,01	88.883,61	50,7	60,9
180.000,00	84.356,92	7.592,12	91.949,04	51,0	60,9
185.000,00	87.139,00	7.842,51	94.981,51	51,3	60,9
190.000,00	89.951,32	8.095,61	98.046,93	51,6	60,9
195.000,00	92.763,64	8.348,72	101.112,36	51,8	61,3
200.000,00	95.545,72	8.599,11	104.144,83	52,0	60,9
205.000,00	98.358,04	8.852,22	107.210,26	52,2	60,9
210.000,00	101.140,12	9.102,61	110.242,73	52,4	60,9
215.000,00	103.952,44	9.355,71	113.308,15	52,7	60,9
220.000,00	106.764,76	9.608,82	116.372,58	52,8	61,3
225.000,00	109.546,84	9.859,21	119.406,05	53,0	60,9
230.000,00	112.359,16	10.112,32	122.471,48	53,2	60,9
235.000,00	115.141,24	10.362,71	125.503,95	53,4	60,9
240.000,00	117.953,56	10.615,82	128.569,38	53,5	60,9
245.000,00	120.765,88	10.868,92	131.634,80	53,7	61,3
250.000,00	123.547,96	11.119,31	134.667,27	53,8	60,9
255.000,00	126.360,28	11.372,42	137.732,70	54,0	60,9
260.000,00	129.142,36	11.622,81	140.765,17	54,1	60,9
265.000,00	131.954,68	11.875,92	143.830,60	54,2	60,9
270.000,00	134.767,00	12.129,03	146.896,03	54,4	61,3
275.000,00	137.549,08	12.379,41	149.928,49	54,5	60,9
280.000,00	140.361,40	12.632,52	152.993,92	54,6	60,9
285.000,00	143.143,48	12.882,91	156.026,39	54,7	60,9
290.000,00	145.955,80	13.136,02	159.091,82	54,8	60,9
295.000,00	148.737,88	13.386,40	162.124,28	54,9	60,9
300.000,00	151.550,20	13.639,51	165.189,71	55,0	60,9
305.000,00	154.362,52	13.892,62	168.255,14	55,1	61,3
310.000,00	157.144,60	14.143,01	171.287,61	55,2	60,9
315.000,00	159.956,92	14.396,12	174.353,04	55,3	60,9
320.000,00	162.739,00	14.646,51	177.385,51	55,4	60,9
325.000,00	165.551,32	14.899,61	180.450,93	55,5	60,9
330.000,00	168.363,64	15.152,72	183.516,36	55,6	61,3
335.000,00	171.145,72	15.403,11	186.548,83	55,6	60,9
340.000,00	173.958,04	15.656,22	189.614,26	55,7	60,9
345.000,00	176.740,12	15.906,61	192.646,73	55,8	60,9
350.000,00	179.552,44	16.159,71	195.712,15	55,9	60,9

Splittingtabelle

Einkommen DM	Einkommensteuer DM	Kirchensteuer 9% DM	Gesamte Einkommensteuer DM	Durchschnittssteuersatz mit Kirchensteuer %	Spitzensteuersatz der letzten DM 10.000 %
10.000,00	189,92	17,09	207,01	2,0	2,0
12.000,00	641,36	57,72	699,08	5,8	6,9
14.000,00	1.069,04	96,21	1.165,25	8,3	11,6
16.000,00	1.520,48	136,84	1.657,32	10,3	16,5
18.000,00	1.948,16	175,33	2.123,49	11,7	21,2
20.000,00	2.399,60	215,96	2.615,56	13,0	24,0
22.000,00	2.827,28	254,45	3.081,73	14,0	23,8
24.000,00	3.278,72	295,08	3.573,80	14,8	24,0
26.000,00	3.706,40	333,57	4.039,97	15,5	23,8
28.000,00	4.157,84	374,20	4.532,04	16,1	24,0
30.000,00	4.585,52	412,69	4.998,21	16,6	23,8
32.000,00	5.036,96	453,32	5.490,28	17,1	24,0
34.000,00	5.464,64	491,81	5.956,45	17,5	23,8
36.000,00	5.916,08	532,44	6.448,52	17,9	24,0
38.000,00	6.354,58	571,91	6.926,49	18,2	23,9
40.000,00	6.841,38	615,72	7.457,10	18,6	24,5
42.000,00	7.324,60	659,21	7.983,81	19,0	24,9
44.000,00	7.857,26	707,15	8.564,42	19,4	26,0
46.000,00	8.382,69	754,44	9.137,13	19,8	26,8
48.000,00	8.958,61	806,27	9.764,89	20,3	28,3
50.000,00	9.523,81	857,14	10.380,95	20,7	29,2
52.000,00	10.140,46	912,64	11.053,10	21,2	30,6
54.000,00	10.777,07	969,93	11.747,01	21,7	31,8
56.000,00	11.398,02	1.025,82	12.423,84	22,1	32,8
58.000,00	12.071,69	1.086,45	13.158,14	22,6	33,9
60.000,00	12.726,63	1.145,39	13.872,03	23,1	34,9
62.000,00	13.435,04	1.209,15	14.644,20	23,6	35,9
64.000,00	14.121,83	1.270,96	15.392,79	24,0	36,4
66.000,00	14.862,74	1.337,64	16.200,39	24,5	37,7
68.000,00	15.579,29	1.402,13	16.981,42	24,9	38,2
70.000,00	16.350,55	1.471,54	17.822,10	25,4	39,5
72.000,00	17.094,85	1.538,53	18.633,39	25,8	39,8
74.000,00	17.894,39	1.610,49	19.504,88	26,3	41,1
76.000,00	18.664,52	1.679,80	20.344,33	26,7	41,4
78.000,00	19.490,34	1.754,13	21.244,47	27,2	42,6
80.000,00	20.284,46	1.825,60	22.110,06	27,6	42,8
82.000,00	21.134,65	1.902,11	23.036,77	28,0	44,0
84.000,00	21.950,99	1.975,58	23.926,58	28,4	44,2
86.000,00	22.823,74	2.054,13	24.877,87	28,9	45,3
88.000,00	23.660,60	2.129,45	25.790,06	29,3	45,4
90.000,00	24.554,15	2.209,87	26.764,02	29,7	46,5
92.000,00	25.409,93	2.286,89	27.696,83	30,1	46,6
94.000,00	26.322,63	2.369,03	28.691,66	30,5	47,6
96.000,00	27.195,79	2.447,62	29.643,41	30,8	47,6
98.000,00	28.126,05	2.531,34	30.657,39	31,2	48,6
100.000,00	29.015,14	2.611,36	31.626,50	31,6	48,6
105.000,00	31.370,00	2.823,30	34.193,30	32,5	50,2
110.000,00	33.717,30	3.034,55	36.751,85	33,4	51,2
115.000,00	36.101,88	3.249,16	39.351,05	34,2	51,5

Splittingtabelle

Einkommen DM	Einkommen-steuer DM	Kirchen-steuer 9% DM	Gesamte Einkommen-steuer DM	Durchschnitts-steuersatz mit Kirchensteuer %	Spitzensteuer-satz der letzten DM 10.000 %
120.000,00	38.572,21	3.471,49	42.043,71	35,0	52,9
125.000,00	41.019,10	3.691,71	44.710,82	35,7	53,5
130.000,00	43.491,14	3.914,20	47.405,34	36,4	53,6
135.000,00	46.039,52	4.143,55	50.183,08	37,1	54,7
140.000,00	48.552,91	4.369,76	52.922,67	37,8	55,1
145.000,00	51.082,83	4.597,45	55.680,28	38,4	54,9
150.000,00	53.627,19	4.826,44	58.453,64	38,9	55,3
155.000,00	56.240,04	5.061,60	61.301,64	39,5	56,2
160.000,00	58.808,84	5.292,79	64.101,64	40,0	56,4
165.000,00	61.385,56	5.524,70	66.910,26	40,5	56,0
170.000,00	64.030,82	5.762,77	69.793,59	41,0	56,9
175.000,00	66.630,27	5.996,72	72.627,00	41,5	57,1
180.000,00	69.240,10	6.231,60	75.471,70	41,9	56,7
185.000,00	71.860,28	6.467,42	78.327,71	42,3	57,0
190.000,00	74.548,14	6.709,33	81.257,47	42,7	57,8
195.000,00	77.189,28	6.947,03	84.136,32	43,1	58,0
200.000,00	79.840,80	7.185,67	87.026,47	43,5	57,6
205.000,00	82.560,65	7.430,45	89.991,11	43,8	58,5
210.000,00	85.233,12	7.670,98	92.904,11	44,2	58,7
215.000,00	87.915,96	7.912,43	95.828,40	44,5	58,3
220.000,00	90.667,82	8.160,10	98.827,93	44,9	59,2
225.000,00	93.371,61	8.403,44	101.775,06	45,2	59,4
230.000,00	96.085,77	8.647,71	104.733,49	45,5	59,0
235.000,00	98.810,30	8.892,92	107.703,22	45,8	59,2
240.000,00	101.604,76	9.144,42	110.749,19	46,1	60,1
245.000,00	104.350,24	9.391,52	113.741,76	46,4	60,3
250.000,00	107.106,09	9.639,54	116.745,63	46,6	59,9
255.000,00	109.932,55	9.893,92	119.826,48	46,9	60,8
260.000,00	112.709,36	10.143,84	122.853,20	47,2	61,0
265.000,00	115.491,44	10.394,22	125.885,66	47,5	60,5
270.000,00	118.334,00	10.650,06	128.984,06	47,7	61,3
275.000,00	121.116,08	10.900,44	132.016,52	48,0	61,3
280.000,00	123.898,16	11.150,83	135.048,99	48,2	60,6
285.000,00	126.680,24	11.401,22	138.081,46	48,4	60,6
290.000,00	129.522,80	11.657,05	141.179,85	48,6	61,3
295.000,00	132.304,88	11.907,43	144.212,31	48,8	61,3
300.000,00	135.086,96	12.157,82	147.244,78	49,0	60,6
305.000,00	137.929,52	12.413,65	150.343,17	49,2	61,3
310.000,00	140.711,60	12.664,04	153.375,64	49,4	61,3
315.000,00	143.493,68	12.914,43	156.408,11	49,6	60,6
320.000,00	146.275,76	13.164,81	159.440,57	49,8	60,6
325.000,00	149.118,32	13.420,64	162.538,96	50,0	61,3
330.000,00	151.900,40	13.671,03	165.571,43	50,1	61,3
335.000,00	154.682,48	13.921,42	168.603,90	50,3	60,6
340.000,00	157.525,04	14.177,25	171.702,29	50,5	61,3
345.000,00	160.307,12	14.427,64	174.734,76	50,6	61,3
350.000,00	163.089,20	14.678,02	177.767,22	50,7	60,6

spiel von einigen schwarzen Schafen »Erwerbermodelle« angeboten, in denen angeblich Steuerersparnisse möglich sind. Der Haken: Diese sogenannten »Erwerbermodelle« sind von den Finanzbehörden bislang noch nicht abgesegnet! Damit wir uns recht verstehen: Das Erwerbermodell bietet 100prozentig Steuervorteile! Nur: Es *gibt* Verkäufer von *angeblichen* »Erwerbermodellen«, die mit Steuervorteilen locken, die *nicht* gegeben sind.

Unser Rat deshalb: Begeben Sie sich beim Abschluß für den Kauf von Eigentumswohnungen nicht auf unsicheren Boden. Operieren Sie nur und ausschließlich mit einem sorgfältig ausgearbeiteten Finanzierungsplan. Und kooperieren Sie stets mit einem Fachmann, wie zum Beispiel mit Ihrem Steuerberater. Dennoch müssen Sie zumindest in Grundzügen verstehen, wie die Angelegenheit funktioniert. Bemühen wir uns um einen einfachen Einstieg:

1. Steuern steuern oder Vorteile bei der Einkommensteuer

Wenn Sie Ihre Steuern steuern wollen, sprich: am Finanzamt vorbeisteuern wollen, so gilt es, sich vorderhand sachkundig zu machen, worin die *Vorteile* bestehen, die Ihnen bei der *Einkommensteuer* erwachsen, wenn Sie eine Eigentumswohnung erwerben. Gehen wir systematisch vor: Prinzipiell unterscheidet man drei Abschreibungsmöglichkeiten. Wenn Sie diese verstanden haben, besitzen Sie bereits einen ausgezeichneten Überblick. Es gibt

(1) die lineare AfA,
(2) die degressive AfA und
(3) den Paragraphen 10 e, wie er heute heißt, der den Paragraphen 7 b abgelöst hat.

Definieren wir diese drei Abschreibungsmöglichkeiten zunächst, das heißt, klären wir dazu einige Schlüsselbegriffe: »AfA« bedeutet »*A*bsetzung *f*ür *A*bnutzung«. Der Gesetzgeber geht davon aus, daß Immobilien einer »Abnutzung« unterliegen, das heißt, daß sie mit der Zeit ständig an Wert verlieren. Obwohl das angesichts der Inflation durchaus nicht der Fall ist, »denkt« der Gesetzgeber auf diese Weise. Diese »Abnutzung« belohnt der Gesetzgeber, indem er es erlaubt, diesen (angenommenen oder tatsächlichen) Wertverlust der Immobilie steuerlich geltend zu machen. Das heißt, er gestattet für diese Abnutzung eine »Abschreibung«, erlaubt also steuerliche Vorteile.

(1) »Linear« bedeutet »gleichmäßig«, »gleichförmig«. Die *lineare AfA* enthält nun die Regelung, daß Sie 2% von der Kaufsumme jedes Jahr von Ihrer Immobilie »gleichmäßig abschreiben« können, weil eine entsprechende »Abnutzung« gegeben ist. Wenn Sie also in Ihre Immobilie 200.000 DM investiert haben, so dürfen Sie 2% davon, also 4.000 DM jedes Jahr, »absetzen«. Verfügen Sie über 120.000 DM zu versteuerndes Einkommen, so würden Sie also nur 116.000 DM zu versteuern haben. 50 Jahre lang!

(2) Die zweite Form der Abschreibungsmöglichkeit heißt *degressive AfA.* »Degressiv« heißt wörtlich »nachlassend«, »abnehmend« oder »sinkend«. Bei dieser Form der Abschreibung können Sie zunächst (= in den ersten acht Jahren) 5% jedes Jahr absetzen, in den folgenden sechs Jahren 2,5% und in den darauffolgenden 36 Jahren 1,25%. Sie können also immer weniger absetzen, wobei der Anfang mit 5% im Einzelfall eine wirkliche Steuerersparnis bedeutet. Bei Ihrer Immobilie für 200.000 DM können Sie also in den ersten acht Jahren 5% = 10.000 DM absetzen! Acht Jahre lang! Ein ordentlicher Batzen mehr als bei der linearen AfA also. Am Beginn zumindest! Im übrigen kann man nur *neue* Eigentumswohnungen degressiv abschreiben, die *vermietet* sind.

(3) Die dritte Möglichkeit eröffnet der *Paragraph 10 e*. Hierbei dürfen Sie 5% aus maximal 300.000 DM Herstellungskosten absetzen – wobei Sie 50% des Grundstückspreises einrechnen dürfen.

Ein Beispiel: Wenn Sie eine Eigentumswohnung erwerben, die insgesamt 340.000 DM kostet, beträgt der Preis für Ihren Grundstücksanteil dabei vielleicht 60.000 DM. Nun können Sie folgende Rechnung aufmachen:

340.000 DM minus 60.000 DM = 280.000 DM. Nun ermitteln Sie 50% des Grundstückspreises: Die Hälfte von 60.000 DM ist 30.000 DM. Und jetzt addieren Sie der Summe von 280.000 DM diese 30.000 DM hinzu. Es ist Ihnen also erlaubt, 310.000 DM abzusetzen. *Aber* beim § 10 e gibt es eine *Obergrenze,* die mit 300.000 DM angegeben ist. Also dürfen Sie dennoch nur von 300.000 DM 5%

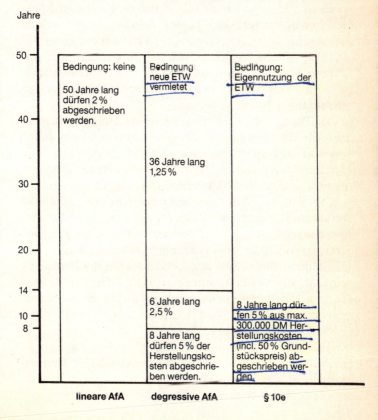

absetzen. Das sind jedoch noch immer stattliche 15.000 DM.

Bedingung beim § 10 e ist, daß Sie die Eigentumswohnung *selbst* nutzen.

Dürfen wir Ihnen eine gute Nachricht zukommen lassen? Damit haben Sie bereits den Löwenanteil aller steuerlichen Rechenkunststückchen verstanden!

Sehen Sie, es *gibt* nur diese drei möglichen Abschreibungsformen. Betrachten wir diese noch einmal optisch übersichtlich aufbereitet auf der vorhergehenden Seite.

Steigen wir nun in die Tücke des Details: Der kühle Rechner wird sehr schnell sehen, daß die lineare Abschreibung weniger interessant ist, weil man am Anfang nicht so viel abschreiben kann. Genau daran ist dem Zeitgenossen, der kräftig Steuern sparen will, jedoch gelegen. Der professionelle Steuersparer konzentriert sein Augenmerk also auf den Paragraphen 10 e sowie auf die degressive Abschreibung.

Der Paragraph 10 e besitzt allerdings einige Einschränkungen: Man darf ihn nur bei eigengenutzten Immobilien zum Einsatz bringen, und das auch nicht beliebig oft. Das ist natürlich ein kleiner Wermutstropfen. Dennoch stehen die Sterne trotz dieser Einschränkung immer noch gut.

Kommen wir zu der zweiten Unterscheidung, die man treffen sollte, wenn man im Überblick das Gebiet Steuern hinsichtlich Eigentumswohnungen beherrschen will. Differenzieren Sie des weiteren einfach zwischen den
(1) Steuervorteilen, die *vor* dem Einzug in die Immobilie möglich sind (der Investitionsphase) und den
(2) Steuervorteilen, die *nach* dem Einzug in die Immobilie gegeben sind.

Es ist nebenbei bemerkt bei den

(1) Steuervorteilen in der Investitionsphase völlig unerheblich, ob die Eigentumswohnung neu oder gebraucht ist, ob sie von Ihnen selbst bewohnt oder ob sie vermietet

ist. Bestimmte Steuervorteile fallen *immer* an. So können Sie zum Beispiel absetzen

- Disagio,
- Zinsen für den Kredit, den Sie zum Kauf der Eigentumswohnung aufgenommen haben,
- Wertermittlungsgebühren,
- Bearbeitungsgebühren aller Art,
- Bereitstellungszinsen,
- Grundschuldbestellungskosten

und einiges mehr.

(2) Was die Steuervorteile anbelangt, die nach Einzug gegeben sind, so existieren hier *nur* Abschreibungsmöglichkeiten, die wir bereits besprochen haben, nämlich die lineare und die degressive AfA sowie der § 10 e.

Im übrigen können Sie bei der vermieteten Eigentumswohnung zusätzlich noch die *Zinskosten* in der Folge absetzen. Vom steuerlichen Gesichtspunkt her gesehen, ist es also günstiger, eine Eigentumswohnung zu vermieten. Allerdings müssen Sie die Miete, die Sie einnehmen, gegenrechnen. Kassieren Sie also 500 DM Miete und müssen 1.000 DM Zinsen für Ihren Kredit berappen, so können Sie nur 1.000 DM minus 500 DM = 500 DM steuerlich absetzen.

Im übrigen können Sie in der *zweiten Phase* (nach dem Einzug) auch noch die »Nebenkosten« (wie Gebühren für Versicherung, Verwaltung und Reparaturen etwa) zum Abzug bringen ...

Die zweite gute Nachricht: Damit haben Sie praktisch die *gesamten* steuerlichen Vorteile im Überblick in der Tasche! Es ist also *nicht* kompliziert! Schauen wir uns auch hier die steuerlichen Reglementierungen noch einmal im Überblick an:

(1) Steuerliche Vorteile *vor* dem Einzug/ Investitionsphase:	(2) Steuerliche Vorteile *nach* dem Einzug
Steuerlich in Abzug zu bringen sind zum Beispiel:	
1. Disagio 2. Zinsen 3. Wertermittlung 4. Bearbeitungsgebühr 5. Bereitstellungszinsen 6. Grundschuldbestellungskosten	1. linear/degressiv/§ 10 e 2. bei vermieteten Eigentumswohnungen die Zinskosten (Miete gegenrechnen!) 3. Nebenkosten: Versicherung, Verwaltung, Reparaturen usw.

So weit, so gut! Nur: Wie setzt man nun diese Erkenntnisse in die Praxis um? Wie transponieren wir unsere neugewonnenen Einsichten in die Realität? Ziehen wir ein vorläufiges Fazit: Steuern sparen, können Sie immer mit Eigentumswohnungen. Man kann dieses Raster, das wir uns erarbeitet haben, an die verschiedenen Möglichkeiten, die auf dem Markt offeriert werden, anlegen und prüfen, wann welche Vorteile bei welchem Objekt gegeben sind. Das ist unter Umständen zeitaufwendig. Man kann jedoch auch feststellen, daß sich am leichtesten Steuervorteile realisieren lassen, wenn es sich bei der Eigentumswohnung um eine *neue* Wohnung handelt und wenn Sie diese an andere *vermieten*. Soviel als kurzes Resultat, das der reine *Investor* beherzigen sollte.

Im übrigen handelt es sich bei dieser vorangestellten *Einleitung* in die Steuermaterie nur um einen Prolog sozusagen. Auf Details wurde vorderhand absichtlich verzichtet, um das Thema nicht von Anfang an zu kompliziert erscheinen zu lassen. Mit diesen ersten Informationen besitzen Sie jedoch bereits ein Gerüst, auf dem Sie aufbauen können, besitzen Schubladen, in die Sie die *anderen* steuerlichen Informationen leicht einzuordnen vermögen.

2. Ertragreiche Tips

Gehen wir nun ins Detail – zumindest ansatzweise. Wir haben für Sie auf den folgenden Seiten einige Tips aufgelistet, die uns wichtig erscheinen. Diese Ratschläge stehen in keinem organischen Zusammenhang, das heißt die Reihenfolge, die Sequenz folgt keinem bestimmten Prinzip. Das einzige Kriterium war der Nutzen, den Sie möglicherweise aus diesen Tips ziehen können. Aber nun zu den konkreten Ratschlägen und Anmerkungen:

Tip 1: Die Förderung des Wohneigentums wir seit 1987 nicht mehr über den § 7 b EStG, sondern nach § 10 e EStG geregelt, wie wir schon erwähnt haben. Nach der neuen Regelung wird die Vergünstigung nach § 10 e jedoch nur noch für eigengenutzte Wohnungen gewährt. Aber: Die Wohnung *muß* nicht ausschließlich vom Eigentümer belegt sein. So können Sie beispielsweise einzelne Räume vermieten und so zumindest einen Teil der Grundförderung nach § 10 e einstreichen. Die Vergünstigung fällt jedoch weg, wenn Sie die gesamte Wohnung einer Person zum unentgeltlichen Wohnen überlassen. Wollen Sie indes Ihren Kindern oder Freunden die Wohnung über einen gewissen Zeitraum unentgeltlich überlassen, so sollten Sie Vorsorge treffen, daß Ihnen das Finanzamt nicht die Steuervergünstigung nach § 10 e streicht. Sprechen Sie deshalb *vorher* mit Ihrem Steuerberater.

Tip 2: 300.000 DM ist die Bemessungsgrenze für steuerbegünstigte Eigentumswohnungen nach § 10 e, wie dargestellt. Wenn Sie nicht mit Ihrem Lebensgefährten verheiratet sind, aber gemeinsam die Räume bewohnen *und* vor allen Dingen auch gemeinsam Eigentümer einer Eigentumswohnung sind, dann wird auf Antrag die Vergünstigung nach § 10 e aufgeteilt, und zwar entsprechend Ihrem Anteil. Allerdings muß die Förderungshöhe nicht gleichmäßig verteilt werden. Prüfen Sie vorher, was die günstigste Konstellation ist.

Tip 3: Nutzen Sie die Förderung beim § 10 e von 5% nicht gleich vom ersten Jahr an voll aus, wenn Sie zu wenig verdienen. Die Differenz kann innerhalb der ersten vier Jahren nachgeholt werden. Im konkreten Fall können Sie sogar im vierten Jahr insgesamt 20% (vier Jahre × 5% Jahr) in einem Betrag geltend machen. Vorbedingung: Sie müssen für die förderungswürdigen Jahre die Eigentumswohnung selbst bewohnt haben.

Tip 4: Wie bereits beim (alten) § 7 b können Sie beim § 10 e die in den ersten acht Jahren anfallenden Anschaffungs- und Herstellungskosten soweit noch geltend machen, bis die eventuell noch nicht ausgeschöpften 300.000 DM Förderungshöhe erreicht sind. Das ist besonders interessant, wenn Sie innerhalb dieser acht Jahre noch wertsteigernde Verbesserungen und Anbauten (zum Beispiel eine Garage) hinsichtlich Ihrer Eigentumswohnung planen und durchführen.

Tip 5: Haben Sie schon früher die achtjährige Steuervergünstigung nach § 7 b in Anspruch genommen, dann wird Ihnen nicht noch einmal die gleiche Förderung nach § 10 e eingeräumt. Eine Förderung nach § 10 e wird jeder Person nur einmal gewährt. Eheleute, die nicht getrennt leben, können indes diese Förderung für *zwei* völlig voneinander getrennte Eigentumswohnungen in Anspruch nehmen! Sie dürfen allerdings nicht im gleichen Haus liegen. Haben Sie zum Beispiel bei Ihrem Eigenheim fünf Jahre lang eine Förderung nach § 7 b ausgenutzt und Sie ziehen innerhalb der folgenden drei Jahre in eine eigene Eigentumswohnung, dann erhalten Sie auf die Eigentumswohnung für weitere drei Jahre die Förderung, jetzt nach § 10 e. Diese selbstgenutzte Eigentumswohnung kann sogar schon zwei Jahre vor dem Umzug und während der Förderung des Eigenheims (nach § 7 b) gekauft worden sein. Damals war die Eigentumswohnung indes vermietet.

Die Erhöhung der Bemessungsgrundlage nach § 10 e für selbstgenutzten Wohnraum kann es angezeigt erscheinen lassen, jetzt eine Förderung auf die Eigentumswohnung zu übertragen und hier noch zusätzliche Herstellungskosten (zur Erreichung der neuen Bemessungsgrundlage von 300 000 DM) durch Renovierungen geltend zu machen. Das gilt aber nur für Eigentumswohnungen, die nach dem 1.1.1987 angeschafft wurden. Sie können also Ihre gegenwärtige Förderung für die ältere Eigentumswohnung oder Ihr Eigenheim (falls Sie sie noch nicht acht Jahre ausgenutzt haben) überprüfen und zu dem Schluß gelangen, daß Sie mit einer neuen Eigentumswohnung eine höhere steuerliche Förderung einheimsen können.

Tip 6: Bestimmte Baumaßnahmen können als Sonderausgaben mit 10 v. H. jährlich abgezogen werden:
- Baumaßnahme zur Errichtung von Schutzräumen (§ 7 Schutzbaugesetz),
- Baumaßnahmen an denkmalgeschützten Gebäuden (§ 82 i EStDV),

- Baumaßnahmen in Sanierungsgebieten (§ 82 g EStDV).
- Der Einbau energiesparender Anlagen und Heizungs- und Warmwasseranlagen (§ 82 a EStDV).

Diese Vergünstigung ist auf den Zeitraum vom 31.12.1986 bis 1.1.1992 beschränkt, unabhängig von dem Baujahr der Eigentumswohnung. Bei Heizungs- und Warmwasseranlagen muß das Gebäude mindestens zehn Jahre alt sein.

Tip 7: *Baukindergeld* wird gewährt, wenn die Steuerbegünstigung nach § 10 e EStG zutrifft. Die 600 DM Kinderfreibetrag (pro Kind, das zum Haushalt zählt), darf man direkt von der Steuerschuld abziehen, das entspricht einer tatsächlichen Steuerersparnis von 4 800 DM während der acht förderungswürdigen Jahre.

Tip 8: Bei der vermieteten Eigentumswohnung werden die Einnahmen den als Werbungskosten deklarierten Kosten gegenübergestellt. Sie haben selbstverständlich Ihr Augenmerk darauf gelegt, daß die Werbungskosten Ihre Mieteinnahmen übersteigen, sonst müssen Sie mit einer Steuermehrbelastung rechnen.

Tip 9: Erfassen Sie wirklich alles unter dem Stichwort »Werbungskosten«, was möglich ist. Also auch:

- Abfindungen, Abstandszahlungen an Mieten für vorzeitige Räumung (keine Werbungskosten, wenn ein Zusammenhang mit dem Verkauf oder dem Erwerb der Eigentumswohnung besteht),
- Abschlußgebühren für Bausparverträge (Guthabenzinsen als Einnahmen aus »Vermietung und Verpachtung« muß man allerdings gegenrechnen!),
- Anzeigen wegen Vermietung,
- Bausparkassen-Darlehenszinsen,
- Erbbauzinsen,
- Fahrstuhlbetriebskosten,
- Fahrtkosten zur Besichtigung nicht erworbener Objekte und im Zusammenhang mit Geldbeschaffung (mit eigenem Pkw 0,42 DM pro km),

- Gutachterkosten für nicht erworbene Objekte,
- Hausbeleuchtung,
- Hausmeistervergütung,
- Heizungskosten,
- Kaminkehrergebühren,
- Kanalreinigungsgebühren,
- Mietrückzahlungen (= negative Einkünfte),
- Möbel bei möblierter Vermietung (abzugsfähig in Höhe der Abschreibung),
- Müllabfuhr,
- Prozeßkosten wegen Streitigkeiten mit Mietern (Räumungsklage, Mieterhöhungsverlangen),
- Rechtsanwaltskosten, soweit sie nicht durch den Erwerbsvorgang entstanden sind,
- Schornsteinfegergebühren,
- Versicherungen (Brand-, Glas-, Leitungswasser-, Sturm-, Haftpflichtversicherungen u. a.).[*]

Tip 10: Das Finanzamt steckt seine Nase in alles: Es verlangt genaue Auskunft darüber, woher der plötzliche Geldsegen kommt, der Ihnen den Kauf der Eigentumswohnung ermöglicht hat. Achten Sie darauf, daß für das angegebene Eigenkapital in der Vergangenheit ordnungsgemäß Kapitalertragsteuer gezahlt wurde, sonst müssen Sie mit einer Nachforderung für mehrere Jahre rechnen.

Tip 11: Verkaufen Sie Ihre Eigentumswohnung nicht innerhalb der ersten zwei Jahre, sonst müssen Sie den Mehrerlös als Spekulationsgewinn versteuern.

Tip 12: Im Zweifelsfall gilt: Konsultieren Sie immer einen erfahrenen Steuerberater oder Vermögensberater, der Ihnen ein Steuerkonzept auf den Leib schneidert.

---

[*] Vgl. auch die ausführliche, ausgezeichnete Darstellung von Wolf-Dietrich Deckert, Mein Wohneigentum (Rechts- und Steuerratgeber) Freiburg 1987[2], S. 97 f. sowie Gerd Stuhrmann, Steuertips zum Haus- und Grundbesitz, Köln 1986[2].

3. Mit Steuern rechnen

Selbst wenn man mit allen Wassern gewaschen ist, man kommt als braver Bürger nicht umhin, dem Staat auch Steuern zukommen zu lassen. Man muß also seinen Obulus entrichten und mit Steuern rechnen.

Soviel jedoch schon vorab: Es ist zu ertragen! Schauen wir uns aber zunächst einmal diese Steuern, die auf Sie zukommen, im Detail an:

(1) Die Grunderwerbsteuer

Kaum sind Sie frischgebackener Eigentumswohnungs-Besitzer, schickt Ihnen das Finanzamt einen Grunderwerbsteuerbescheid ins Haus. Seit dem 1.1.1983 muß beim Kauf einer Eigentumswohnung 2 v. H. (2%) der Bemessungsgrundlage gezahlt werden. Die Bemessungsgrundlage besteht aus dem Kaufpreis plus den Sonderleistungen, die der Verkäufer erbringt – also etwa die Erneuerung der Sanitär- und Heizungsinstallation. Angenommen, die Eigentumswohnung kostete 200.000 DM und für die vom Verkäufer erbrachten Leistungen werden 20.000 DM angesetzt, dann ist die Bemessungsgrundlage 220.000 DM; 2% davon entsprechen 4.400 DM, die in diesem Fall als »Grunderwerbsteuer« entrichtet werden müssen.

Übernehmen Sie vom Vorbesitzer »echtes« Inventar, als da sind Kücheneinrichtungen oder Möbel, dann ist das Finanzamt gehalten, großzügig zu verfahren. Es akzeptiert gewöhnlich eine Minderung der Bemessungsgrundlage.

Eine weitere Steuerminderung ist möglich, wenn der Verkäufer vertraglich festgelegt hatte, Renovierungsarbeiten in einer bestimmten Höhe durchzuführen und diese bis zum Einzug nicht ausgeführt wurden. Sie sind jetzt gezwungen, in die unrenovierte Wohnung zu ziehen und die Mängel auf eigene Kosten zu beheben. Können Sie nachweisen, daß der Verkäufer nicht zu den Vereinbarungen steht und er auch nicht in die Pflicht genommen werden kann, dann können Sie selbst bei einem Grunderwerbsteuerbescheid, der bereits ergangen und dessen Einspruchsfrist bereits verstrichen ist, diesen Umstand steuermindernd geltend machen.

Zusätzlich Grunderwerbsteuer fällt an, wenn Ihre Eigentumswohnung innerhalb eines Wohnkomplexes auf einem Erbbaugrundstück errichtet wurde: Sie zahlen zusätzlich zur einmaligen 2% Grunderwerbsteuer einen (minimalen) Betrag für den Erbbauzins.

Das Gros der (möglichen) Steuerbefreiungen von der Grunderwerbsteuer wurde im übrigen am 1. Januar 1983 aufgehoben. Es gibt nur noch wenige Ausnahmen, die in den Paragraphen 3, 4, 6 und 7 GvEStG (Grunderwerbs-Einkommensteuer-Gesetz) geregelt sind.*⁾

(2) Vermögensteuer

Vermögensteuer fällt normalerweise zunächst *nicht* an, es sei denn, Sie zählen zu den mit Geld wirklich Gesegneten! Wenn Sie *bisher* allerdings zur Vermögensteuer veranlagt wurden, dann muß ab sofort eine neue Veranlagung vorgenommen werden. Berechnet wird die Vermögensteuer indes nach dem *Einheitswert***⁾ der Eigentumswohnung,

---

*⁾ Vgl. Ha. A. Mehler, Ernst Haible, Geld – Vermögen bilden, Steuern sparen, a.a.O., S. 305

**⁾ Der vom Finanzamt für Ihre Eigentumswohnung festgelegte sogenannte *Einheitswert* ist rein steuerlicher Natur und wird für die Festsetzung einiger Steuerarten benötigt. Der Einheitswert beläuft sich auf etwa ¼ bis ¹⁄₁₂ des Verkehrswertes. Das Sondereigentum und der Miteigentumsanteil werden nicht getrennt bewertet. Der Einheitswert wird folgendermaßen errechnet:
Jahresrohmiete x Vervielfältiger = Einheitswert (abgerundet auf 100 DM)
Die Jahresrohmieten setzt das Finanzamt nach einem Mietspiegel von 1964 (!) fest, den Vervielfältiger je nach Gemeindegröße mit 9,0 oder 9,8. Starker Lärm, Rauch und intensive Gerüche, nicht aber Verkehrslärm, mindern den Einheitswert.

während gleichzeitig die Schulden ungeschmälert abgezogen werden können. Ein Vorteil also!
Um in den Genuß dieses Vorteils zu gelangen, ist es jedoch notwendig, daß Sie sich ans Finanzamt wenden und einen entsprechenden Antrag stellen. Um es also nochmals zusammenzufassen: Normalerweise fällt Vermögensteuer nicht an (70.000 DM Freibetrag pro Person!).
Durch den Kauf einer Eigentumswohnung kann die Bilanz Ihres Vermögens sich optisch sogar verschlechtern![*]

(3) Grundsteuer

Sie werden es spätestens bei der *Vermögensteuer* bemerkt haben: es wird äußerst diffizil.
Um die *Grundsteuer* nun zu erklären, die Steuer also, die Sie während des Besitzes einer Immobilie zu entrichten haben, bräuchte man ein kleines Tagesseminar. Versuchen wir es dennoch, diesen Begriff in gebotener Kürze und sehr vereinfacht darzustellen.
Zunächst, was ist die Grundsteuer und wie errechnet sie sich? Nun, die Grundsteuer wird von den Gemeinden auf inländische Grundstücke erhoben, die land- und forstwirtschaftlichen, gewerblichen oder Wohnzwecken dienen.
Zur Berechnung der Grundsteuer werden drei Größen herangezogen: Der »Einheitswert«, die »Steuermeßzahl« und der »Hebesatz«. Die Berechnung der Grundsteuer geschieht in drei Schritten:

- Das Finanzamt ermittelt den »Einheitswert« mittels eines Fragebogens, der vom Besitzer des Grundstücks/Gebäudes ausgefüllt wird.
- Das Finanzamt wendet auf den »Einheitswert« die zutreffenden »Steuermeßzahlen« an und ermittelt den »Steuermeßbetrag«.

---

[*] Eigentumswohnungen werden nur mit dem 1,4fachen Einheitswert angesetzt. Der Steuersatz der Vermögensteuer beträgt pro Jahr 0,5 v. H. des steuerpflichtigen Vermögens.

- Mit Hilfe des »Hebesatzes«, der von den Gemeinden festgelegt wird, errechnet man die Grundsteuer.

Lassen wir es uns angelegen sein, einige Begriffe zu definieren:
»Steuermeßzahlen« sind von den Finanzämtern festgesetzte Größen zur Berechnung der Grundsteuer. Mit den »Steuermeßzahlen« errechnet man den »Steuermeßbetrag«. Unter dem *Hebesatz* versteht man eine von den Gemeinden festgesetzte Größe, mit der in Verbindung mit dem *Steuermeßbetrag* die *Grundsteuer* errechnet wird. Der Bundesdurchschnitt der »Hebesätze« im Kalenderjahr 1982: Bei der Grundsteuer A (= Betriebe der Land- und Forstwirtschaft): 253 v. H.; bei der Grundsteuer B (= Grundstücke): 281 v. H.[*]

---

[*] Vgl. Mehler/Haible, a.a.O., S. 304 f

Soweit eine vereinfachte Darstellung der komplizierten Berechnungen der Grundsteuer.

Wann kann man nun mit Grundsteuervergünstigungen rechnen? Nun, das 2. Wohnungsbaugesetz erlaubt Grundsteuervergünstigungen bei (normalerweise) neu erstellten Eigentumswohnungen, für zehn Jahre bei öffentlich geförderten Wohnungen. Durch einen entsprechenden Antrag bei der Baubehörde, die den Bauantrag genehmigt hat, gelangt man in den Genuß der Steuervergünstigung. Voraussetzung ist:

- Es muß sich um eine neu erbaute Eigentumswohnung handeln. Aber auch Altbauwohnungen, die nach heutigem Standard entsprechend modernisiert wurden und in die mindestens ein Drittel der Neubaukosten nochmals investiert wurden, können begünstigt werden.
- Von der begünstigten Wohnung darf nicht mehr als die Hälfte der Grundfläche gewerblichen oder beruflichen Zwecken dienen.
- Eigengenutzte Eigentumswohnungen dürfen nicht größer als 144 qm sein. Besteht die Familie aus mehr als vier Mitgliedern, wird pro Person eine Vergrößerung der Grundfläche von 20 qm akzeptiert. Im Falle kranker Personen kann die Grundflächenzahl ebenfalls erhöht werden; hier empfiehlt sich jedoch eine Rücksprache mit dem Finanzamt. Auch Ferienwohnungen werden als steuerbegünstigte Wohnungen anerkannt, sofern sie kleiner als 108 qm sind und die Wohnung nicht ständig an Feriengäste vermietet wird. Wichtig ist, daß sie über längere Zeit ständig bewohnt wird.
- Kriegsbeschädigten oder Körperbehinderten, die nach dem Bundesversorgungsgesetz eine Grundrentenabfindung (nach dem Rentenkapitalisierungsgesetz) zum Erwerb einer Eigentumswohnung erhalten haben, wird ebenfalls Grundsteuerermäßigung gewährt.

- Unwetterschäden, Brand und unverschuldeter Mietausfall können nachträglich zu einer Minderung der Grundsteuer herangezogen werden.

Gut! Zunächst ein großes Kompliment: Sie haben durchgehalten und sich durch dieses gewiß nicht leichte Kapitel der Steuern geschlagen. Wir wollen indes nicht darauf verzichten, das ganze noch einmal ein bißchen übersichtlicher zu gestalten:

Von den drei Steuerarten, die wir zuletzt besprochen haben, sind die *Grundsteuer* und die *Vermögensteuer* relativ unwichtig. Die Vermögensteuer fällt selten an – die überwiegende Mehrzahl der Bundesbürger muß sich damit nicht herumplagen; die Grundsteuer wiederum ist üblicherweise nicht besonders hoch. Sie muß übrigens viermal im Jahr entrichtet werden. (Fälligkeitstermine: 15.2./15.5./15.8./15.11.). Warum also die ganze Aufregung?

Bleibt die Grunderwerbsteuer mit 2%, die nur einmal, beim Erwerb der Immobilie, anfällt.

Wenn Sie unsere, der Autoren *wirkliche* Meinung wissen wollen, so müssen wir gestehen, daß diese drei Steuerarten eigentlich von den Fakten, die tatsächlich von Bedeutung sind, *ablenken*.

Tatsächlich von Bedeutung sind nämlich die Steuern, die Sie *sparen* können. Hier addieren sich wirklich hübsche Sümmchen zusammen. Dennoch ist es gut, zumindest im Ansatz über diese Steuerarten Bescheid zu wissen.

Nehmen wir nun an, Sie haben Ihre Eigentumswohnung gekauft, um sie nach einigen Jahren wieder zu verkaufen. Sie wollen dabei Gewinn erzielen. Ein Schnäppchen machen. Gibt es ein Know-how, wie man Immobilien, speziell Eigentumswohnungen, wieder weiterveräußert? Gibt es Verkaufstechniken, die Ergebnisse zeitigen? Und gibt es wirkliches Wissen, das weiterhilft?

Auf einen Blick

1. Während eines Berufslebens zahlt man bei 100.000 DM Jahreseinkommen ca. 1,5 Millionen DM an das Finanzamt. Bei 200.000 DM rund 3,8 Millionen DM.

2. Konsultieren Sie immer einen Fachmann, speziell um festzustellen, ob die angegebenen Steuervorteile im Einzelfall auch tatsächlich gegeben sind.

3. Die drei Methoden der Abschreibung:
   (1) lineare AfA: 50 Jahre lang 2 %
   (2) degressive AfA: acht Jahre lang 5 %, sechs Jahre lang 2,5 %, 36 Jahre lang 1,25 %
   (3) § 10 e: 5 % aus maximal 300.000 DM Herstellungskosten (inklusive 50 % aus Grundstückspreis gegebenenfalls)

4. Differenzieren Sie zwischen den
   (1) Steuervorteilen, die *vor* dem Einzug in die Immobilie möglich sind,
   (absetzbar sind zum Beispiel Disagio, Zinsen, Wertermittlungsgebühren, Bearbeitungsgebühren, Bereitstellungszinsen, Grundschuldbestellungskosten) und den
   (2) Steuervorteilen, die *nach* dem Einzug gegeben sind:
   lineare AfA/degressive AfA/§ 10 e,
   bei vermieteten Eigentumswohnungen: Zinsen, Nebenkosten.

5. Fazit für den »reinen« Investor:
   Gute Steuervorteile sind gegeben bei neuen Eigentumswohnungen, die vermietet sind.

6. Ertragreiche Tips:
   (1) Bei der nach § 10 e geförderten Eigentumswohnung kann eine Variante darin bestehen, die Wohnung *zum Teil* selbst zu nutzen.
   (2) Überlegen Sie, ob nicht auch *zwei* Personen eine Eigentumswohnung erwerben können und wie die Vergünstigungen aufgeteilt werden sollten.

(3) Nicht immer ist es klug, die Förderung von 5 % gleich in den ersten Jahren zu nutzen – bei geringem Einkommen zum Beispiel.

(4) Wertsteigernde Verbesserungen und Anbauten können dazu beitragen, die volle Förderungshöhe nach § 10 e auszunutzen.

(5) Eheleute können den § 10 e zweimal nutzen, allerdings dürfen sie die Eigentumswohnung nicht im gleichen Haus besitzen.

(6) Bestimmte Baumaßnahmen können als Sonderausgaben abgezogen werden.

(7) Nutzen Sie das Baukindergeld – 600 DM Kinderfreibetrag pro Kind, das zum Haushalt zählt.

(8) Die Werbungskosten sollten die Mieteinnahmen übersteigen.

(9) Listen Sie wirklich *alle* Werbungskosten auf.

(10) Achten Sie darauf, daß für das angegebene Eigenkapital in der Vergangenheit ordnungsgemäß Kapitalertragsteuer gezahlt wurde.

(11) Verkaufen Sie Ihre Eigentumswohnung nicht innerhalb der ersten zwei Jahre.

(12) Konsultieren Sie im Zweifelsfall einen erfahrenen Steuerberater, der Ihnen ein Steuerkonzept exakt auf den Leib schneidert.

7. Rechnen Sie rechtzeitig mit Steuern.
   (1) Grunderwerbsteuer = 2 % (Steuerminderung möglich: bei nicht ausgeführten Renovierungen, im Falle der Übernahme von Inventar).
   (2) Vermögensteuer (der Kauf einer Eigentumswohnung kann zur Minderung der Vermögensteuer führen!).
   (3) Grundsteuer (in einigen Fällen werden Grundsteuervergünstigungen gewährt).

X. Tips und Tricks beim Verkauf von Eigentumswohnungen

Wie man Eigentumswohnungen (beziehungsweise Immobilien überhaupt) veräußert – darüber könnte man ganze Bände füllen!

Prinzipiell bieten sich Ihnen zwei Möglichkeiten an: Entweder Sie bemühen einen Immobilienmakler – oder Sie bemühen sich selbst.

Beginnen wir mit den Herren Maklern!

Zunächst: Wie in jeder Branche gibt es auch hier die berühmten schwarzen Schafe. Tatsächlich sind regelrechte Schwarzbücher schon darüber verfaßt worden, wie und mit welchen Methoden unlautere Makler arbeiten.[*] Offizielle Verbraucherschutzverbände haben sich stark gemacht, um den sogenannten »kleinen Mann« vor Schaden zu bewahren. Nennen wir des Interesses halber einmal *eine* unfeine Methode und greifen wir in die Trickkiste dieser Branche. Unsauber arbeitende Immobilienmakler gehen manchmal wie folgt vor: Sie nehmen fröhlich Ihre Eigentumswohnung in ihre Kartei auf – tun aber monatelang, ja jahrelang *nichts* dafür. Sie als Verkäufer werden nun regelmäßig vertröstet und mit angeblich neuen potentiellen Käufern geködert. Tatsache aber ist, daß *nichts* geschieht. Da Sie einen Knebelvertrag unterschrieben haben und *ohne* den Makler nicht mehr operieren können, sind Ihnen die Hände gebunden. Je mehr Sie nachfragen, um so entmutigender sind indes die Nachrichten, die hereintröpfeln. Mit knirschenden Zähnen erzählt Ihnen Ihr Makler schließlich, daß Sie den Preis zu hoch angesetzt hätten ...

Zugegebenermaßen ist es so, daß unrealistische Preisvorstellungen den Kauf einer Eigentumswohnung verei-

---

[*] Vgl. Klaus Kempe, Der Millionencoup, Bonn-Bad Godesberg 1987

teln können. Überzogene Preise torpedieren den Verkauf. Aber wenn der Immobilienmakler selbst aktiv den Verkauf hintertreibt, so hat dies damit natürlich nichts zu tun.

Schreiben wir also unsere Geschichte fort: Unser Makler überredet Sie schließlich *dreimal,* den Preis herunterzusetzen. Da sich immer noch kein Käufer findet, geraten Sie schier aus dem Häuschen. Der Makler »erbarmt« sich jetzt endlich Ihrer und bietet Ihnen an, die Immobilie *selbst* zu kaufen, aus reinem Mitleid angeblich. Sie schlagen ein – und machen das schlechteste Geschäft Ihres Lebens ...

Zugegeben, das sind die *Ausnahmen!* Sie sollten einen Umstand nämlich nie vergessen: Auch in der Branche der Makler gibt es zwar wie überall schwarze Schafe, aber auch wirklich Profis, die Ihnen sehr wohl weiterhelfen können. Tatsächlich landet die überwiegende Mehrzahl der Immobilienbesitzer, die verkaufen wollen, *letztlich* bei einem Makler! Man sollte also nicht die ganze Branche verteufeln. Dennoch, wenn Sie sich einem Makler anvertrauen, empfiehlt es sich, anhand eines Check-Plans vorzugehen, mit dessen Hilfe Sie sicherstellen können, daß Sie nicht über den Tisch gezogen werden.

Schauen wir uns eine solche Check-Liste einmal Punkt für Punkt an.

(1) Lassen Sie sich einen guten Makler *empfehlen.* Erkundigen Sie sich hierzu bei Ihrer Hausbank. Die Mitgliedschaft im RDM (Ring Deutscher Makler) bietet eine gewisse Sicherheit. Operieren Sie mit Referenzen und stellen Sie sicher, daß der Makler einen guten Ruf genießt.
(2) Bringen Sie in Erfahrung, wie weit der Einflußbereich Ihres Maklers tatsächlich geht. Ein »Jungfuchs« verfügt über weniger Kontakte und Adressen als eine alteingesessene Firma.
(3) Vereinbaren Sie nur eine Maklerprovision, deren Höhe angemessen ist. Es gibt zwar keine verbindliche Gebührenordnung, da die Edition einer solchen Gebührenord-

nung ein Verstoß gegen das Kartellgesetz wäre und somit eine strafbare Handlung darstellen würde. Grundsätzlich dürfen Provisionen frei vereinbart werden. Es gibt indes einige allgemeine Regelungen, an die sich gute Makler halten: Die Forderung des Maklers darf nämlich nicht »sittenwidrig« hoch sein, so daß der Tatbestand des »Sachwuchers« vorliegt. Gemäß § 6 Wirtschaftsstrafgesetz handelt der Makler ordnungswidrig, wenn er zu hohe Entgelte fordert. Eine Ordnungswidrigkeit kann mit einer Geldbuße bis zu 50.000 DM geahndet werden. Liegt außerdem der Tatbestand der Ausnutzung einer Mangellage, des Leichtsinns oder der Unerfahrenheit vor, drohen sogar Freiheitsstrafen.

Die Provisionshöhe richtet sich im übrigen nach der »Ortsüblichkeit«, wie das so schön im Amtsdeutsch heißt. In Nordrhein-Westfalen sind zum Beispiel 3 Prozent plus Mehrwertsteuer vom Verkaufspreis (zu zahlen von Käufer und Verkäufer) üblich. Auch 5 Prozent werden verlangt.[*)] Damit besitzen Sie einen Anhaltspunkt.

(4) Zahlen Sie *nur* Provision, wenn tatsächlich auch ein Provisionsanspruch gegeben ist. Um einen Provisionsanspruch durchzusetzen, müssen vier Voraussetzungen gegeben sein:

- Sie müssen einen korrekten Maklervertrag unterschrieben oder in einer entsprechend schriftlichen Form rechtsverbindlich den Provisionsanspruch zugestanden haben.
- Der Makler muß tatsächlich »gemakelt« haben, also tätig geworden sein. Wenn er die Hände in den Schoß legt, brauchen Sie *nicht* zu zahlen!
- Er muß einen »wirksamen« Abschluß, also einen notariellen Vertrag, zustande gebracht haben.

[*)] Vgl. Ha. A. Mehler, Klaus Kempe, Wie mache ich mich als Immobilienmakler selbständig, Bonn-Bad Godesberg, 1987³, S. 220

- Es muß ein »ursächlicher Zusammenhang« zwischen der Tätigkeit des Maklers und dem Vertragsabschluß bestehen.

Sind diese Voraussetzungen nicht gegeben, brauchen Sie keinen Pfennig zu bezahlen.*)

Vorsicht Falle: Einige schwarze Schafe operieren mit Begriffen wie »Unkostenpauschalen« oder »Verrechnungsgelder«, die auch dann fällig werden, wenn kein Erfolg eintritt, das heißt kein Verkauf getätigt wird. Unterschreiben Sie nichts, was in diese Richtung zielt!

(5) Der Makler *muß* den Kunden nicht über die finanz- und steuerrechtlichen Seiten informieren. Er ist nicht automatisch Vermögensberater. Dennoch wird Sie ein guter Makler auch in diesen Punkten beraten. Überhaupt können Sie an seiner *Service*-Einstellung ersehen, inwieweit der Immobilienvermittler etwas taugt.

Damit besitzen Sie bereits einen Informationsvorsprung gegenüber den »grünen« Wohnungsverkäufern, was die Maklergilde anbelangt. Der Vorteil, mit einem Immobilienvermittler zu kooperieren, besteht darin, daß Sie *Zeit und Mühen* sparen und sich der *Kontakte* eines Profis bedienen. Beim Verkauf einer Eigentumswohnung können wir Makler deshalb zweifellos empfehlen.

Nehmen wir nun aber an, es kommt für Sie nicht in Frage, Ihre heißgeliebte Eigentumswohnung über einen Immobilienmakler zu verkaufen. Sie wollen selbst in den Ring steigen. Es reizt Sie geradezu, sich persönlich in dem Markt der 1000 Möglichkeiten zu tummeln. Wie sollten Sie hierbei vorgehen? Nun, auch in diesem Fall empfiehlt es sich, mit einer gewissen Systematik zu operieren. Nehmen Sie einen Schritt nach dem anderen. Konkret bedeutet dies:

---

*) Vgl. Ha. A. Mehler, Klaus Kempe, a.a.O., S. 221

(1) Tragen Sie zunächst dafür Sorge, daß sich Ihre Eigentumswohnung in einem *erstklassigen* Zustand befindet. Sie müssen den Standpunkt des potentiellen Käufers einnehmen, der *oft nicht* den (möglicherweise intelligenteren) Standpunkt des Investors einnimmt und prüft, ob die Eigentumswohnung wirklich ein gutes Schnäppchen ist. Der Käufer ist vielleicht beeindruckt von dem schicken Teppich oder der geschmackvollen Tapete, obwohl dies bei Licht betrachtet wenig mit der Eigentumswohnung zu tun hat. Richten Sie also vorderhand die Wohnung so her, daß einem Käufer das Wasser im Mund zusammenläuft.

(2) Sie müssen differenzieren, ob ein Investor eine gutvermietete Wohnung sucht oder ob der mögliche Käufer selbst einziehen will. Ein Kapitalanleger legt Wert auf einen guten Mieter. Eine entsprechende Instruktion des Mieters *vor* einer Besichtigung durch den Investor kann nur von Vorteil sein.

(3) Ihre Preisvorstellungen dürfen nicht überzogen sein. Auf der anderen Seite sollten Sie keinen Schleuderpreis akzeptieren. Ortsgerichte stellen (relativ preiswert) ein Wertgutachten aus, das Ihnen hilft, einen korrekten Preis festzusetzen.

(4) Mit der Kunst, gute Anzeigen zu texten, beschäftigen sich Werbeprofis ein Leben lang. Sie wissen jedoch bereits, wie Experten Annoncen lesen. Haben Sie einen reellen Preis anzubieten, so sollten Sie

- Standort,
- Baujahr,
- Ausstattung und
- Endpreis

betonen. Besonderheiten und »Extras«, die Käufer aufmerksam machen können, vermögen als »Anreißer« zu dienen. Das Inserat kann knapp gestaltet sein, es muß aber einige Informationen enthalten. Zum Beispiel:
»Eigentumswohnung Wiesbaden-Erbenheim, 86 qm,

3 ZiKBB, Garage, Baujahr 1984, Kaufpreis 200.000 DM, Tel.: 06121/58710«.
Beispiele für Anreißer:
»Eigentumswohnung in einer Jugendstilvilla« (für die Nostalgischen) oder
»Spitzenlage« beziehungsweise
»300 m zu Fuß bis zur City« (für die cleveren Investoren, die wissen, was ein guter Standort wert ist).
Vergessen Sie jedoch nie, zumindest Ihre Telefonnummer in der Annonce anzugeben. Im allgemeinen sollte bei einer Anzeige die Telefonnummer *und* die Adresse aufgeführt sein. Tatsächlich empfiehlt es sich, zuvor Annoncen vom Gesichtspunkt des »Machers« aus zu studieren. Außerdem sollte man den Standpunkt des Käufers einnehmen können.
Existiert für Ihre Eigentumswohnung Ihrer Ansicht nach eine spezielle Zielgruppe, so gilt es in Erfahrung zu bringen, über welche Zeitungen und Zeitschriften sich diese Zielgruppe informiert. Sie können Anzeigen in überregionalen und örtlichen Tageszeitungen schalten. Aber auch Fachzeitschriften mögen interessant sein.
Darüber hinaus sollten Sie es nicht unterlassen, Gespräche mit Nachbarn zu führen und eine gewisse Mund-zu-Mund-Propaganda in Gang zu setzen.
(5) Bevor Sie sich in den Ring wagen, bereiten Sie sich wirklich vor, was Ihre Unterlagen anbelangt. Das heißt, noch bevor der erste potentielle Käufer Sie anruft, müssen Sie alle Ihre »Papiere« parat haben.
Die ersten Anrufe beinhalten meist stereotype Fragen nach der Größe der einzelnen Zimmer und der Ausstattung sowie nach dem genauen Standort und einiges mehr. Meist legt der Interessent nach einem kurzen Murmeln, das soviel wie »Dankeschön« heißen soll, auf – und Sie sind nicht einmal richtig zu Wort gekommen. Dabei wollten Sie sich gerade ins Zeug legen und die ganze Litanei der Vorteile Ihres Objektes herunterbeten. Gut, daß Sie es *nicht*

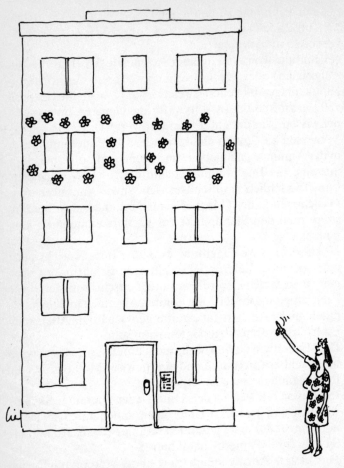

getan haben! Tatsächlich können Sie damit den Interessenten in die Flucht schlagen. Intelligent ist es, auf den Anrufer einzugehen und etwa die Frage zu stellen, ob der/die Interessent(in) auf etwas Bestimmtes Wert lege? Mit anderen Worten: Rücken Sie den *anderen* in den Mittelpunkt des Universums. Sie haben ein Stück gewonnen, wenn es Ihnen gelingt, einen persönlichen Kontakt herzustellen.

Hierfür kann man keine Fragen vorprogrammieren. Wichtig ist jedoch eines: einen Termin für eine Besichtigung zu vereinbaren.

(6) Für das tatsächliche Verkaufsgespräch sollten Sie die Unterlagen optisch ansprechend vervielfältigt vorliegen haben. Es empfiehlt sich, beim Verkauf ein kleines Exposé zur Hand zu haben, das Sie anfertigen lassen können – mit dem Grundriß im Maßstab 1:50 oder 1:100, der ursprünglichen Teilungserklärung der Eigentumswohnung, dem letzten Wirtschaftsplan der Eigentümergemeinschaft, der Hausordnung und der Aufschlüsselung des Wohngeldes etwa. Halten Sie sogar die Adressen Ihres Elektrikers und Wasserinstallateurs sowie der Heizungsfirma bereit, falls es sich um eine Gebraucht-Eigentumswohnung handelt. Auch die Wertbestimmung durch das Ortsgericht sollte vorliegen. Aber: Sie sollten Unterlagen nicht aufdrängen. Nur, wie verkaufen Sie Ihre Wohnung nun »eigentlich«?

(7) Die einzig wirklich empfehlenswerte Vorgehensweise besteht darin, den Gesichtspunkt des Interessenten in Erfahrung zu bringen. Tatsächlich gibt es gänzlich unterschiedliche *Motive, warum* Menschen eine Eigentumswohnung kaufen wollen. Untersuchungen und Befragungen haben zutage gefördert, daß für den Kauf einer Immobilie bemerkenswerterweise die steigenden Mietpreise ausschlaggebend sind (48 Prozent aller Käufer nennen dies als wichtigstes Kaufargument!). An zweiter Stelle steht das Argument »Kapitalanlage« (47 Prozent), und an dritter Stelle rangiert der Wunsch, »schöner zu wohnen« (46 Prozent).[*] Es gibt also eine ganze Reihe von Gründen, *warum* eine Person eine Immobilie beziehungsweise eine Eigentumswohnung erwerben will.

Der springende Punkt ist nun, daß man genau diesen Grund oder diese Gründe herausfinden sollte, die diese

---

[*] Ha. A. Mehler, Wie mache ich mich als Immobilienmakler selbständig, a.a.O., S. 126

Personen, die direkt vor Ihnen stehen, die mit Ihnen gerade Ihre Eigentumswohnung besichtigen, bewegen. Nur dann können Sie *wirklich* argumentieren.

Gehen Sie hingegen von Ihrem eigenen Gesichtspunkt aus, so argumentieren Sie möglicherweise in den luftleeren Raum, das heißt Sie führen zwar positive Merkmale auf, aber sie interessieren den Kunden nicht die Bohne, salopp gesprochen. Sie verstehen?

Die Kunst besteht somit darin, *seine* Kaufmotive herauszufinden und von dieser Seite her zu argumentieren. Im übrigen werden Sie immer gewisse Einwände zu hören bekommen, wenn es ans »Eingemachte« geht und der Interessent Kaufabsichten andeutet. Wirkliche Schwächen Ihrer Wohnung sollten Sie im übrigen nicht vertuschen, ja sie nicht einmal zu beschönigen versuchen. Geben Sie einfach ein Negativmerkmal zu und kommen Sie sofort wieder auf einen positiven Umstand zu sprechen. Der Clou bei Einwänden besteht darin, daß Sie sich darauf vorbereiten und sich optimale Antworten *vor* der Besichtigung überlegen sollten – und nicht erst, wenn der Kunde bereits über Ihre Schwelle tritt. Schreiben Sie die zehn wichtigsten Einwände vorher auf und überlegen Sie sich hierzu eine Spitzenantwort!

Profis raten schließlich dazu, den potentiellen Käufer selbst Dinge auch *anfassen* zu lassen! Es ist eine alte Verkaufsweisheit, daß dadurch Nähe und Identifizierung entsteht. Lassen Sie den Interessenten also zum Beispiel selbst die Fenster oder die Türen öffnen. Spätestens wenn er beginnt zu überlegen, wo er was hinstellen könnte, haben Sie gewonnen. Dies geschieht jedoch nur, indem Sie ihn Wände (und anderes mehr) berühren lassen.

In der Endphase können Sie ihn sogar Berechnungsbeispiele anstellen lassen. Wenn das Geld ein wirkliches Problem darstellt, so gibt es keinen Grund unter der Sonne, den Interessenten zu fragen, wie er das Geld aufbringen könnte, und mit ihm »gemeinsam« zu überlegen. Helfen

Sie dem potentiellen Käufer also immer, Lösungen für seine speziellen Probleme zu finden.

Von Anfang an gilt es natürlich zu differenzieren, ob Sie es mit einem »Profi« oder einem »Laien« zu tun haben. Einen Profi können Sie nicht damit beeindrucken, daß Sie zwei oder drei Interessenten zur gleichen Zeit bestellen – nur um zu demonstrieren, daß eine große Nachfrage nach Ihrer Eigentumswohnung besteht. Den Laien vielleicht. Der relativ unerfahrene Käufer wird im übrigen oft von der Angst geplagt, einen unüberlegten Schritt zu tun. Manchmal *berät* er sich deshalb mit jemandem. Wenn Sie nun herausfinden können, *wer* Ihren Interessenten berät (der Steuerberater oder die Ehefrau zum Beispiel), so müssen Sie *diesem* Berater die Wohnung verkaufen! Sie können in diesem Fall die Ehefrau ausdrücklich zu einer Zweitbesichtigung einladen – oder fragen, ob Sie den Steuerberater kontaktieren dürfen!

Im übrigen gilt es, positive Kontrolle auszuüben. Kontrolle etabliert sich, indem Sie *fragen*. Ganze Verkaufsmethodiken ranken sich nur um Fragetechniken. Tatsächlich gilt: Wer fragt, der führt. Üben Sie in diesem Sinne auch Kontrolle über Termine aus. Lassen Sie *nie* offen, wann man (nach der ersten Besichtigung) wieder aufeinander zukommt, sondern vereinbaren Sie einen konkreten Termin. Zu guter Letzt steht Ihnen oft noch ein »Preispoker« bevor.

Hierzu ein Tip: Profis riechen es auf Meilen, wenn ein Besitzer unter Zeitdruck steht und verkaufen *muß*. Sie drücken in diesem Fall schamlos den Preis. Lassen Sie also *nie* den Eindruck entstehen, daß Ihnen die Zeit unter den Nägeln brennt.

Wenn Sie die Eigentumswohnung im übrigen nicht verkaufen konnten, so lassen Sie sich auf keinen Fall Ihre Enttäuschung anmerken. Reduzieren Sie jedoch den Preis und verstärken Sie Ihre Verkaufsanstrengungen.

Auf einen Blick

1. Man kann den Verkauf einer Eigentumswohnung einem Immobilienmakler übertragen oder sich selbst um einen Käufer bemühen.

2. Benutzen Sie einen kleinen Check-Plan, wenn Sie mit einem Makler kooperieren:
   (1) Engagieren Sie einen Makler mit gutem Ruf und guten Referenzen.
   (2) Bringen Sie in Erfahrung, wie weit sich der Einflußbereich des Immobilienvermittlers erstreckt.
   (3) Achten Sie auf die vereinbarte Höhe der Maklerprovision.
   (4) Zahlen Sie nur Provision, wenn tatsächlich ein Provisionsanspruch gegeben ist.
   (5) Prüfen Sie, inwieweit Ihnen echter Service geboten wird.

3. Wenn Sie Ihre Eigentumswohnung persönlich verkaufen, empfiehlt es sich, mehrere Schritte zu gehen:
   (1) Sorgen Sie dafür, daß sich Ihre Wohnung in erstklassigem Zustand befindet.
   (2) Instruieren Sie gegebenenfalls Ihren Mieter.
   (3) Setzen Sie einen realistischen Preis fest.
   (4) Nennen Sie in Anzeigen Standort, Ausstattung, Endpreis, Adresse, Telefonnummer. Arbeiten Sie mit »Anreißern«. Inserieren Sie in überregionalen und örtlichen Tageszeitungen und in Fachzeitschriften. Wenn möglich, schneiden Sie die Anzeige auf eine Zielgruppe zu.
   (5) Gehen Sie bei dem ersten Telefonkontakt auf den potentiellen Käufer ein. Vereinbaren Sie einen Besichtigungstermin.
   (6) Bereiten Sie mögliche Unterlagen vor:
   – Exposé: Grundriß, Teilungserklärung, Wirtschaftsplan, Hausordnung, Aufschlüsselung des Wohngeldes.

- Adressen von Elektriker, Wasserinstallateur, Heizungsfirma.
- Wertbestimmung.

(7) Bringen Sie den Gesichtspunkt des Interessenten in Erfahrung. Was ist *sein* Kaufmotiv? Bereiten Sie sich auf Einwände vor. Lassen Sie den Interessenten Dinge berühren. Helfen Sie dem potentiellen Käufer, Lösungen für seine speziellen Probleme zu finden. Finden Sie heraus, wer Ihren Interessenten berät. Zeigen Sie nie, daß Sie unter Zeitdruck verkaufen müssen.

Wie geht es weiter?

Damit sind wir am Ende dieses Büchleins angelangt. Sie konnten mit uns gemeinsam die verschiedenen Schritte von der ersten Information über die Eigentumswohnung bis hin zum Kauf und schließlich zum Verkauf gehen. Wir können nur noch einmal wiederholen, daß es sich bei Eigentumswohnungen um eine wirklich interessante Anlagemöglichkeit handelt, speziell wenn man die momentanen Tendenzen und Trends in Augenschein nimmt. Besitzt man eine »Immobilienphilosophie«, achtet man also auf den richtigen Standort, eine exzellente Ausstattung, und stimmt das Preis/Wert-Verhältnis, so kann man auf diesem Markt sicherlich nur gewinnen.

Vielleicht wurden Sie durch dieses Buch animiert, sich weiter in dieses faszinierende Gebiet »Immobilie« einzuarbeiten. Die Wahrheit ist, daß es nicht eben wenig darüber zu wissen gibt und daß selbst wir, die wir seit über einem Jahrzehnt ständig damit zu tun haben, kontinuierlich hinzulernen. Je mehr man sich mit diesem Thema auseinandersetzt, um so mehr kann man sich dafür unserer Erfahrung nach begeistern. Immobilien verkörpern immer noch Sicherheit, Wertbeständigkeit und »Bodenständigkeit« im wahrsten Sinne des Wortes. Sie sind nicht der Inflation unterworfen. Immobilienbesitzer waren während verschiedener »Währungskrisen« stets die lachenden Dritten. Die Immobilie, am richtigen Standort und in gutem Zustand, ist damit nach wie vor eine Anlagemöglichkeit, die durch keine Alternative zu ersetzen ist.

Vielleicht bietet dieses Buch also den Anstoß, sich weiter mit der Eigentumswohnung und der Investition in Wohnungseigentum zu beschäftigen. In diesem Fall hätten diese Seiten ihr Ziel erreicht.

Wir, die Autoren, bedanken uns für Ihr Interesse, Ihre Aufmerksamkeit und Ihre Lernbereitschaft.

Anhang

Rechte und Pflichten des Eigentümers einer Eigentumswohnung

Eine Eigentumswohnung ist kein Eigenheim – das Zusammenleben der Eigentümer, die Verteilung der anfallenden Kosten, die Rechte und Pflichten der verschiedenen Besitzer bedürfen der Regelung.

Der *Verwalter* ist die Zentralfigur, der im Auftrag der Eigentümergemeinschaft deren Rechte und Pflichten wahrnimmt und ihre Geschäfte führt. Er wird von der Gemeinschaft während der Versammlung mit einfacher Mehrheit für maximal fünf Jahre gewählt, falls ihm nicht erneut das Mandat übertragen wird (der Zeitraum von fünf Jahren ist vom Gesetzgeber vorgeschrieben). Der Verwalter wird im kaufmännischen Bereich tätig, indem er die notwendigen Versicherungs- und Wartungsverträge abschließt, er bestellt die Handwerker, er vertritt die Eigentümergemeinschaft gegenüber der Gemeinde oder der Stadt, er zahlt die erforderlichen Abgaben, er überwacht den Hausmeister, die Hausordnung und die Zahlung des monatlichen Wohngeldes, er führt Buch über die Einnahmen und Ausgaben der Gemeinschaft und erstellt den jährlichen Wirtschaftsplan, der von der Eigentümergemeinschaft in einer Versammlung angenommen oder abgelehnt werden kann.

Wenn die Eigentümergemeinschaft ihm nachweisen kann, daß er grob fahrlässig gehandelt hat, kann er mit sofortiger Wirkung seines Amtes enthoben werden. In diesem Fall wird der Vorsitzende des Verwaltungsbeirates eine Versammlung einberufen. Einfache Mehrheit genügt, um den Verwalter zu entlassen. Allerdings können Regreßforderungen auf die Eigentümergemeinschaft zukommen. Für die Zeit bis zur Einsetzung eines neuen Verwalters kann der Verwaltungsbeiratsvorsitzende die Geschäfte einstweilen übernehmen.

Mitglied des Verwaltungsbeirates kann grundsätzlich jeder Eigentümer werden – wiederum mit einfacher Mehrheit der Versammlung gewählt. Der Verwaltungsbeirat soll dem Verwalter zur Seite stehen. <u>Das Mandat ist ehrenamtlich und zeitaufwendig</u>, Vertretungs- und Weisungsrechte gegenüber dem Verwalter bestehen nicht. Auch kann er keine eigenen Entscheidungen für die Eigentümergemeinschaft treffen. <u>Die jährlichen Ausgaben und Einnahmen der Gemeinschaft unterliegen der Prüfung durch den Verwaltungsbeirat, dessen Vorsitzender jeweils die Versammlungsprotokolle gegenzeichnet</u>. Es besteht eine Haftung der Beiratsmitglieder bei Fahrlässigkeit. Das Mandat kann jederzeit wieder niedergelegt werden. Von der Haftung kann man sich durch Beschluß der Versammlung befreien lassen.

Der Verwalter erstellt jedes Jahr den *Wirtschaftsplan* für das nächste Jahr. Hierin sind vier Kostengruppen (<u>Allgemeine Betriebskosten, Heizkosten, Verwalterkosten, Instandhaltungsrücklage</u>) enthalten. (Beispiel rechts).

Der Aufteilungsschlüssel ist bei diesem Beispiel bei den Kostengruppen 1 und 2 nach den Eigentümeranteilen vorgenommen, bei der Kostengruppe 3 richtet man sich nach dem Verbrauch des Vorjahres, und die Verwaltervergütung (Kostengruppe 4) beträgt pro Wohnung 27,50 DM und pro Garage 4,40 DM zuzüglich Mehrwertsteuer.

Das Wohngeld wird in einer gesonderten Aufstellung ebenfalls festgelegt, der Verwalter bestimmt die Kostenaufteilung. Vor der Jahresversammlung der Eigentümer erhält jedes Mitglied der Gemeinschaft diese Unterlagen zur Einsicht und kann dagegen auch während der Versammlung Einwände vorbringen und Beschlüsse erwirken. Die Heizkosten- und Warmwasserabrechnung erfolgt nach bestimmten, festgelegten Kostenverteilungsrichtlinien, etwa 50:50 oder 70:30, das bedeutet: 70 oder 50% durch Ablesung von Heizkosten- und Warmwasserverteilern und 50 beziehungsweise 30% Umlage nach der Wohnungsgrundfläche.

<u>Die Instandhaltungsrücklage ist nicht eben gering</u>. Dies

Wirtschaftsplan 1988 für die Eigentumswohnanlage X	
Kostengruppe 1	
Müllabfuhr	1.272,– DM
Kanalgebühren	3.200,– DM
Straßenreinigung	355,– DM
Versicherungen	3.650,– DM
Wasser	6.000,– DM
Strom	3.500,– DM
Hausmeister	10.700,– DM
Gartenpflege	1.500,– DM
Verschiedenes	3.000,– DM
Reparaturen	7.000,– DM
Garage	300,– DM
Instandhaltungsrücklage	20.000,– DM
	60.477,– DM
Kostengruppe 2	
Aufzug	2.000,– DM
Kostengruppe 3	
Heizung und Warmwasserbereitung	16.500,– DM
Kostengruppe 4	
Verwaltervergütung	7.975,– DM
	86.952,– DM

ist aber von Vorteil, da dadurch notwendige Reparaturen nicht unvorhergesehenermaßen zu Buche schlagen.

Der Wirtschaftsplan wird von der Jahresversammlung der Eigentümergemeinschaft mit einfacher Mehrheit genehmigt. Hat man die Wohnung vermietet, so kann man bestimmte Kosten auf den Mieter übertragen, nicht jedoch die Verwalterpauschale. Das Wohngeld wird monatlich erhoben. Für Wohngeldschulden eines Vorgängers muß man nicht haften, wenn die Fälligkeit vor Eigentumsübergang gegeben war.

Die Annahme des neuen Wirtschaftsplanes entlastet gleichzeitig den Verwalter für das abgelaufene Jahr. Die Gemeinschaft verzichtet damit gleichzeitig auch auf Ansprüche gegenüber dem Verwalter für das vergangene Jahr.

Der Verwalter hat den Eigentümern jederzeit Einsicht in die Bücher der Wohnanlage zu gewähren und sie auch darüber zu informieren, wer säumiger Wohngeldschuldner ist; Schulden können auch gerichtlich eingetrieben werden. Der Verwalter legt den Eigentümern auf Anfrage ein Verzeichnis aller Eigentümer vor. Es trifft nicht zu, daß datenrechtliche Vorbehalte bestehen, Einsicht in diese Unterlagen zu nehmen; die Unterlagen sind Eigentum der Gemeinschaft und deshalb für jeden einsehbar. Wohngeld ist auch für unverkaufte und leerstehende Wohnungen vom bisherigen Eigentümer zu zahlen.

In der *Eigentümerversammlung* bestimmt ein festgelegtes Procedere den Ablauf. Der Versammlungsleiter – meist der Verwalter – überzeugt sich am Anfang von der Beschlußfähigkeit der Versammlung. Sie liegt vor, wenn mehr als die Hälfte aller Eigentumsanteile durch Eigentümer oder deren Vertreter präsent sind. Beschlüsse werden mit einfacher Ja-Stimmenmehrheit gefaßt. Enthaltungen werden zu den Nein-Stimmen hinzugezählt. Werden je 50% Ja- und Nein- beziehungsweise Enthaltungsstimmen abgegeben, ist der Antrag abgelehnt. Durch Anträge zur Geschäftsordnung kann die Tagesordnung ergänzt, umgestellt oder die Debatte beendet werden. Entschieden wird hierüber in der Versammlung wiederum mit einfacher Mehrheit. Der Verwalter fertigt über die Versammlung ein Protokoll aus, das in der Regel allen Eigentümern zugeht oder das zur Einsicht ausgelegt ist. Innerhalb eines Monats kann der Eigentümer gegen bestimmte Form- und Sachfehler Einspruch erheben. Gerichtliche Auseinandersetzungen finden vor dem zuständigen Amtsgericht des Ortes statt.

Bauliche Veränderungen bedürfen der Zustimmung der Gemeinschaft. Bei eigenmächtiger Veränderung können einzelne Eigentümer verlangen, daß der ursprüngliche Zustand, zum Beispiel an der Außenfassade, wiederhergestellt wird. Änderungen an der Außenfassade und nachteilig erscheinende Veränderungen am Gemeinschaftseigentum oder den -einrichtungen und dem Garten bedürfen der Zustimmung aller Eigentümer. Beabsichtigt ein Eigentümer, Änderungen an seinem Sondereigentum vorzunehmen, so darf er das nur innerhalb der Wohnung ausführen. Man darf nichttragende Wände herausreißen, die Badezimmereinrichtung verändern, neue, bessere Heizkörper anbringen lassen, den Fußbodenbelag verändern und Wände und Decken nach eigenem Gusto gestalten. Auch Innentüren kann man austauschen, wenn sie nicht den eigenen Vorstellungen entsprechen. Beabsichtigt man indes, wärme- und schalldämmende Fenster installieren zu lassen, so muß man diese überwiegend nach dem Gesichtspunkt der optischen Einheitlichkeit mit den anderen, bestehenden Fenstern der Anlage auswählen. Grundsätzlich sollte man vor größeren Umbau- und Renovierungsmaßnahmen mit dem Verwalter sprechen. Während man verpflichtet ist, die Bausubstanz der Wohnanlage zu erhalten, braucht man zum Beispiel der FS-Breitbandkabelverlegung nicht zuzustimmen und muß auch nicht die eventuell umgelegten Kosten dafür tragen, wenn man eine solche Einrichtung nicht wünscht. Man kann jedoch Einzelanschlüssen für andere Eigentümer nicht widersprechen und muß die notwendigen Arbeiten dulden.

Der Verwalter ist bei einer neuen Wohnanlage speziell verpflichtet, anfängliche Baumängel beseitigen zu lassen und die Gemeinschaft bei der Geltendmachung der Gewährleistungsmängel mit besten Kräften zu unterstützen, ansonsten handelt er sich Schadenersatzansprüche von seiten der Gemeinschaft ein. Gegebenenfalls muß er Gutachter und Bausachverständige hinzuziehen, damit Nachbesserungen von seiten der Bauhandwerker vorgenommen und Ersatzansprüche gegenüber der Baufirma frühzeitig, vor Ablauf der Gewährleistungsfrist (beträgt zwei oder fünf Jahre), gestellt werden können. Außerdem muß er darüber wachen, daß nachträglich erkannte Mängel am Gemeinschafts- und Sondereigentum der Gemeinschaft aus dem großen Gemeinschaftstopf bezahlt werden. Das gilt auch für Tapetenschäden bei undichten Dächern und bei anderen unsachgemäß ausgeführten Bau- und Installationsarbeiten.

Die *Hausordnung* regelt das Zusammenleben innerhalb der Wohnanlage. Manche Hausordnungen sind betont »locker« angelegt und getragen von dem Gedanken, daß mündige Bürger als Eigentümer selbst bestrebt sind, das Zusammenleben untereinander erträglich zu gestalten. Andere Hausordnungen verbieten strikt einige Annehmlichkeiten, die man vielleicht gerade als Wohneigentümer herbeisehnt. Es empfiehlt sich also, sich vor Kauf die Hausordnung vorlegen zu lassen. Unter Umständen kann der Kauf an der Art der Hausordnung scheitern. Auf der anderen Seite kann man auch durch die Hausordnung vor unliebsamen Störern geschützt werden, denn man kann sich gegen Verstöße zur Wehr setzen.

Bei einer vermieteten Eigentumswohnung haftet der Eigentümer für die Einhaltung der Hausordnung durch die Mieter.

Auszug aus dem Wohnungseigentumsgesetz

§ 1. (1) Nach Maßgabe dieses Gesetzes kann an Wohnungen das Wohnungseigentum, an nicht zu Wohnzwecken dienenden Räumen eines Gebäudes das Teileigentum begründet werden.

(2) Wohnungseigentum ist das Sondereigentum an einer Wohnung in Verbindung mit dem Miteigentumsanteil an dem gemeinschaftlichen Eigentum, zu dem es gehört.

(3) Teileigentum ist das Sondereigentum an nicht zu Wohnzwecken dienenden Räumen eines Gebäudes in Verbindung mit dem Miteigentumsanteil an dem gemeinschaftlichen Eigentum, zu dem es gehört.

(4) Wohnungseigentum und Teileigentum können nicht in der Weise begründet werden, daß das Sondereigentum mit Miteigentum an mehreren Grundstücken verbunden ist.

(5) Gemeinschaftliches Eigentum im Sinne dieses Gesetzes sind das Grundstück sowie die Teile, Anlagen und Einrichtungen des Gebäudes, die nicht im Sondereigentum oder im Eigentum eines Dritten stehen.

(6) Für das Teileigentum gelten die Vorschriften über das Wohnungseigentum entsprechend.

§ 5. Gegenstand und Inhalt des Sondereigentums.
(1) Gegenstand des Sondereigentums sind die gemäß § 3 Abs. 1 bestimmten Räume sowie die zu diesen Räumen gehörenden Bestandteile des Gebäudes, die verändert, beseitigt oder eingefügt werden können, ohne daß dadurch das gemeinschaftliche Eigentum oder ein auf Sondereigentum beruhendes Recht eines anderen Wohnungseigentümers über das nach § 14 zulässige Maß hinaus beeinträchtigt oder die äußere Gestaltung des Gebäudes verändert wird.

(2) Teile des Gebäudes, die für dessen Bestand oder Sicherheit erforderlich sind, sowie Anlagen und Einrichtungen, die dem gemeinschaftlichen Gebrauch der Wohnungseigentümer dienen, sind nicht Gegenstand des Sondereigentums, selbst wenn sie sich im Bereich der im Sondereigentum stehenden Räume befinden.

(3) Die Wohnungseigentümer können vereinbaren, daß Be-

standteile des Gebäudes, die Gegenstand des Sondereigentums sein können, zum gemeinschaftlichen Eigentum gehören.

(4) Vereinbarungen über das Verhältnis der Wohnungseigentümer untereinander können nach den Vorschriften des 2. und 3. Abschnittes zum Inhalt des Sondereigentums gemacht werden.

§ 8. Teilung durch den Eigentümer. (1) Der Eigentümer eines Grundstücks kann durch Erklärung gegenüber dem Grundbuchamt das Eigentum an dem Grundstück in Miteigentumsanteile in der Weise teilen, daß mit jedem Anteil das Sondereigentum an einer bestimmten Wohnung oder an nicht zu Wohnzwecken dienenden bestimmten Räumen in einem auf dem Grundstück errichteten oder zu errichtenden Gebäude verbunden ist.

(2) Im Falle des Absatzes 1 gelten die Vorschriften des § 3 Abs. 2 und der §§ 5, 6, § 7 Abs. 1, 3 bis 5 entsprechend. Die Teilung wird mit der Anlegung der Wohnungsgrundbücher wirksam.

§ 10. Allgemeine Grundsätze. (1) Das Verhältnis der Wohnungseigentümer untereinander bestimmt sich nach den Vorschriften dieses Gesetzes und, soweit dieses Gesetz keine besonderen Bestimmungen enthält, nach den Vorschriften des Bürgerlichen Gesetzbuches über die Gemeinschaft. Die Wohnungseigentümer können von den Vorschriften dieses Gesetzes abweichende Vereinbarungen treffen, soweit nicht etwas anderes ausdrücklich bestimmt ist.

(2) Vereinbarungen, durch die die Wohnungseigentümer ihr Verhältnis untereinander in Ergänzung oder Abweichung von Vorschriften dieses Gesetzes regeln, sowie die Abänderung oder Aufhebung solcher Vereinbarungen, wirken gegen den Sondernachfolger eines Wohnungseigentümers nur, wenn sie als Inhalt des Sondereigentums im Grundbuch eingetragen sind.

(3) Beschlüsse der Wohnungseigentümer gemäß § 23 und Entscheidungen des Richters gemäß § 43 bedürfen zu ihrer Wirksamkeit gegen den Sondernachfolger eines Wohnungseigentümers nicht der Eintragung in das Grundbuch.

(4) Rechtshandlungen in Angelegenheiten, über die nach diesem Gesetz oder nach einer Vereinbarung der Wohnungseigentü-

mer durch Stimmenmehrheit beschlossen werden kann, wirken, wenn sie auf Grund eines mit solcher Mehrheit gefaßten Beschlusses vorgenommen werden, auch für und gegen die Wohnungseigentümer, die gegen den Beschluß gestimmt oder an der Beschlußfassung nicht mitgewirkt haben.

§ 12. Veräußerungsbeschränkung. (1) Als Inhalt des Sondereigentums kann vereinbart werden, daß ein Wohnungseigentümer zur Veräußerung seines Wohnungseigentums der Zustimmung anderer Wohnungseigentümer oder eines Dritten bedarf.

(2) Die Zustimmung darf nur aus einem wichtigen Grunde versagt werden. Durch Vereinbarung gemäß Absatz 1 kann dem Wohnungseigentümer darüber hinaus für bestimmte Fälle ein Anspruch auf Erteilung der Zustimmung eingeräumt werden.

(3) Ist eine Vereinbarung gemäß Absatz 1 getroffen, so ist eine Veräußerung des Wohnungseigentums und ein Vertrag, durch den sich der Wohnungseigentümer zu einer solchen Veräußerung verpflichtet, unwirksam, solange nicht die erforderliche Zustimmung erteilt ist. Einer rechtsgeschäftlichen Veräußerung steht eine Veräußerung im Wege der Zwangsvollstreckung oder durch den Konkursverwalter gleich.

§ 13. Rechte des Wohnungseigentümers. (1) Jeder Wohnungseigentümer kann, soweit nicht das Gesetz oder Rechte Dritter entgegenstehen, mit den im Sondereigentum stehenden Gebäudeteilen nach Belieben verfahren, insbesondere diese bewohnen, vermieten, verpachten oder in sonstiger Weise nutzen, und andere von Einwirkungen ausschließen.

(2) Jeder Wohnungseigentümer ist zum Mitgebrauch des gemeinschaftlichen Eigentums nach Maßgabe der §§ 14, 15 berechtigt. An den sonstigen Nutzungen des gemeinschaftlichen Eigentums gebührt jedem Wohnungseigentümer ein Anteil nach Maßgabe des § 16.

§ 14. Pflichten des Wohnungseigentümers. Jeder Wohnungseigentümer ist verpflichtet:
1. die im Sondereigentum stehenden Gebäudeteile so instand zu halten und von diesen sowie von dem gemeinschaftlichen

Eigentum nur in solcher Weise Gebrauch zu machen, daß dadurch keinem der anderen Wohnungseigentümer über das bei einem geordneten Zusammenleben unvermeidliche Maß hinaus ein Nachteil erwächst;
2. für die Einhaltung der in Nummer 1 bezeichneten Pflichten durch Personen zu sorgen, die seinem Hausstand oder Geschäftsbetrieb angehören oder denen er sonst die Benutzung der im Sonder- oder Miteigentum stehenden Grundstücks- oder Gebäudeteile überläßt;
3. Einwirkungen auf die im Sondereigentum stehenden Gebäudeteile und das gemeinschaftliche Eigentum zu dulden, soweit sie auf einem nach Nummer 1, 2 zulässigen Gebrauch beruhen;
4. das Betreten und die Benutzung der im Sondereigentum stehenden Gebäudeteile zu gestatten, soweit dies zur Instandhaltung und Instandsetzung des gemeinschaftlichen Eigentums erforderlich ist; der hierdurch entstehende Schaden ist zu ersetzen.

§ 15. Gebrauchsregelung. (1) Die Wohnungseigentümer können den Gebrauch des Sondereigentums und des gemeinschaftlichen Eigentums durch Vereinbarung regeln.

(2) Soweit nicht eine Vereinbarung nach Absatz 1 entgegensteht, können die Wohnungseigentümer durch Stimmenmehrheit einen der Beschaffenheit der im Sondereigentum stehenden Gebäudeteile und des gemeinschaftlichen Eigentums entsprechenden ordnungsmäßigen Gebrauch beschließen.

(3) Jeder Wohnungseigentümer kann einen Gebrauch der im Sondereigentum stehenden Gebäudeteile und des gemeinschaftlichen Eigentums verlangen, der dem Gesetz, den Vereinbarungen und Beschlüssen, soweit sich die Regelung hieraus nicht ergibt, dem Interesse der Gesamtheit der Wohnungseigentümer nach billigem Ermessen entspricht.

§ 16. Nutzungen, Lasten und Kosten. (1) Jedem Wohnungseigentümer gebührt ein seinem Anteil entsprechender Bruchteil der Nutzung des gemeinschaftlichen Eigentums. Der Anteil bestimmt sich nach dem gemäß § 47 der Grundbuchordnung im Grundbuch eingetragenen Verhältnis der Miteigentumsanteile.

(2) Jeder Wohnungseigentümer ist den anderen Wohnungseigentümern gegenüber verpflichtet, die Lasten des gemeinschaftlichen Eigentums sowie die Kosten der Instandhaltung, Instandsetzung, sonstigen Verwaltung und eines gemeinschaftlichen Gebrauchs des gemeinschaftlichen Eigentums nach dem Verhältnis seines Anteils (Absatz 1 Satz 2) zu tragen.

(3) Ein Wohnungseigentümer, der einer Maßnahme nach § 22 Abs. 1 nicht zugestimmt hat, ist nicht berechtigt, einen Anteil an Nutzungen, die auf einer solchen Maßnahme beruhen, zu beanspruchen; er ist nicht verpflichtet, Kosten, die durch eine solche Maßnahme verursacht sind, zu tragen.

(4) Zu den Kosten der Verwaltung im Sinne des Absatzes 2 gehören insbesondere Kosten eines Rechtsstreits gemäß § 18 und der Ersatz des Schadens im Falle des § 14 Nr. 4.

(5) Kosten eines Verfahrens nach § 43 gehören nicht zu den Kosten der Verwaltung im Sinne des Absatzes 2.

§ 21. Verwaltung durch die Wohnungseigentümer. (1) Soweit nicht in diesem Gesetz oder durch Vereinbarung der Wohnungseigentümer etwas anderes bestimmt ist, steht die Verwaltung des gemeinschaftlichen Eigentums den Wohnungseigentümern gemeinschaftlich zu.

(2) Jeder Wohnungseigentümer ist berechtigt, ohne Zustimmung der anderen Wohnungseigentümer die Maßnahmen zu treffen, die zur Abwendung eines dem gemeinschaftlichen Eigentum unmittelbar drohenden Schadens notwendig sind.

(3) Soweit die Verwaltung des gemeinschaftlichen Eigentums nicht durch Vereinbarung der Wohnungseigentümer geregelt ist, können die Wohnungseigentümer eine der Beschaffenheit des gemeinschaftlichen Eigentums entsprechende ordnungsmäßige Verwaltung durch Stimmenmehrheit beschließen.

(4) Jeder Wohnungseigentümer kann eine Verwaltung verlangen, die den Vereinbarungen und Beschlüssen und, soweit solche nicht bestehen, dem Interesse der Gesamtheit der Wohnungseigentümer nach billigem Ermessen entspricht.

(5) Zu einer ordnungsmäßigen, dem Interesse der Gesamtheit der Wohnungseigentümer entsprechenden Verwaltung gehört insbesondere:

1. die Aufstellung einer Hausordnung;
2. die ordnungsmäßige Instandhaltung und Instandsetzung des gemeinschaftlichen Eigentums;
3. die Feuerversicherung des gemeinschaftlichen Eigentums zum Neuwert sowie die angemessene Versicherung der Wohnungseigentümer gegen Haus- und Grundbesitzerhaftpflicht;
4. die Ansammlung einer angemessenen Instandhaltungsrückstellung;
5. die Aufstellung eines Wirtschaftsplans (§ 28);
6. die Duldung aller Maßnahmen, die zur Herstellung einer Fernsprechteilnehmereinrichtung, einer Rundfunkempfangsanlage oder eines Energieversorgungsanschlusses zugunsten eines Wohnungseigentümers erforderlich sind.

(6) Der Wohnungseigentümer, zu dessen Gunsten eine Maßnahme der in Absatz 5 Nr. 6 bezeichneten Art getroffen wird, ist zum Ersatz des hierdurch entstehenden Schadens verpflichtet.

§ 23. Wohnungseigentümerversammlung. (1) Angelegenheiten, über die nach diesem Gesetz oder nach einer Vereinbarung der Wohnungseigentümer die Wohnungseigentümer durch Beschluß entscheiden können, werden durch Beschlußfassung in einer Versammlung der Wohnungseigentümer geordnet.

(2) Zur Gültigkeit eines Beschlusses ist erforderlich, daß der Gegenstand bei der Einberufung bezeichnet ist.

(3) Auch ohne Versammlung ist ein Beschluß gültig, wenn alle Wohnungseigentümer ihre Zustimmung zu diesem Beschluß schriftlich erklären.

(4) Ein Beschluß ist nur ungültig, wenn er gemäß § 43 Abs. 1 Nr. 4 für ungültig erklärt ist. Der Antrag auf eine solche Entscheidung kann nur binnen eines Monats seit der Beschlußfassung gestellt werden, es sei denn, daß der Beschluß gegen eine Rechtsvorschrift verstößt, auf deren Einhaltung rechtswirksam nicht verzichtet werden kann.

§ 24. Einberufung, Vorsitz, Niederschrift. (1) Die Versammlung der Wohnungseigentümer wird von dem Verwalter mindestens einmal im Jahr einberufen.

(2) Die Versammlung der Wohnungseigentümer muß von dem Verwalter in den durch Vereinbarung der Wohnungseigentümer bestimmten Fällen, im übrigen dann einberufen werden, wenn dies schriftlich unter Angabe des Zweckes und der Gründe von mehr als einem Viertel der Wohnungseigentümer verlangt wird.

(3) Fehlt ein Verwalter oder weigert er sich pflichtwidrig, die Versammlung der Wohnungseigentümer einzuberufen, so kann die Versammlung auch, falls ein Verwaltungsbeirat bestellt ist, von dessen Vorsitzenden oder seinem Vertreter einberufen werden.

(4) Die Einberufung erfolgt schriftlich. Die Frist der Einberufung soll, sofern nicht ein Fall besonderer Dringlichkeit vorliegt, mindestens eine Woche betragen.

(5) Den Vorsitz in der Wohnungseigentümerversammlung führt, sofern diese nicht anders beschließt, der Verwalter.

(6) Über die in der Versammlung gefaßten Beschlüsse ist eine Niederschrift aufzunehmen. Die Niederschrift ist von dem Vorsitzenden und einem Wohnungseigentümer und, falls ein Verwaltungsbeirat bestellt ist, auch von dessen Vorsitzenden oder seinem Vertreter zu unterschreiben. Jeder Wohnungseigentümer ist berechtigt, die Niederschrift einzusehen.

§ 25. Mehrheitsbeschluß. (1) Für die Beschlußfassung in Angelegenheiten, über die die Wohnungseigentümer durch Stimmenmehrheit beschließen, gelten die Vorschriften der Absätze 2 bis 5.

(2) Jeder Wohnungseigentümer hat eine Stimme. Steht ein Wohnungseigentum mehreren gemeinschaftlich zu, so können sie das Stimmrecht nur einheitlich ausüben.

(3) Die Versammlung ist nur beschlußfähig, wenn die erschienenen stimmberechtigten Wohnungseigentümer mehr als die Hälfte der Miteigentumsanteile, berechnet nach der im Grundbuch eingetragenen Größe dieser Anteile, vertreten.

(4) Ist eine Versammlung nicht gemäß Absatz 3 beschlußfähig, so beruft der Verwalter eine neue Versammlung mit dem gleichen Gegenstand ein. Diese Versammlung ist ohne Rücksicht auf die Höhe der vertretenen Anteile beschlußfähig; hierauf ist bei der Einberufung hinzuweisen.

(5) Ein Wohnungseigentümer ist nicht stimmberechtigt, wenn die Beschlußfassung die Vornahme eines auf die Verwaltung des gemeinschaftlichen Eigentums bezüglichen Rechtsgeschäfts mit ihm oder die Einleitung oder Erledigung eines Rechtsstreits der anderen Wohnungseigentümer gegen ihn betrifft oder wenn er nach § 18 rechtskräftig verurteilt ist.

§ 26. Bestellung und Abberufung des Verwalters. (1) Über die Bestellung und Abberufung des Verwalters beschließen die Wohnungseigentümer mit Stimmenmehrheit. Die Bestellung darf auf höchstens fünf Jahre vorgenommen werden. Die Abberufung des Verwalters kann auf das Vorliegen eines wichtigen Grundes beschränkt werden. Andere Beschränkungen der Bestellung oder Abberufung des Verwalters sind nicht zulässig.

(2) Die wiederholte Bestellung ist zulässig; sie bedarf eines erneuten Beschlusses der Wohnungseigentümer, der frühestens ein Jahr vor Ablauf der Bestellungszeit gefaßt werden kann.

(3) Fehlt ein Verwalter, so ist ein solcher in dringenden Fällen bis zur Behebung des Mangels auf Antrag eines Wohnungseigentümers oder eines Dritten, der ein berechtigtes Interesse an der Bestellung eines Verwalters hat, durch den Richter zu bestellen.

(4) Soweit die Verwaltereigenschaft durch eine öffentlich beglaubigte Urkunde nachgewiesen werden muß, genügt die Vorlage einer Niederschrift über den Bestellungsbeschluß, bei der die Unterschriften der in § 24 Abs. 6 bezeichneten Personen öffentlich beglaubigt sind.

§ 27. Aufgaben und Befugnisse des Verwalters. (1) Der Verwalter ist berechtigt und verpflichtet:
1. Beschlüsse der Wohnungseigentümer durchzuführen und für die Durchführung der Hausordnung zu sorgen;
2. die für die ordnungsmäßige Instandhaltung und Instandsetzung des gemeinschaftlichen Eigentums erforderlichen Maßnahmen zu treffen;
3. in dringenden Fällen sonstige zur Erhaltung des gemeinschaftlichen Eigentums erforderliche Maßnahmen zu treffen;
4. gemeinschaftliche Gelder zu verwalten.

(2) Der Verwalter ist berechtigt, im Namen aller Wohnungseigentümer und mit Wirkung für und gegen sie:
1. Lasten- und Kostenbeiträge, Tilgungsbeträge und Hypothekenzinsen anzufordern, in Empfang zu nehmen und abzuführen, soweit es sich um gemeinschaftliche Angelegenheiten der Wohnungseigentümer handelt;
2. alle Zahlungen und Leistungen zu bewirken und entgegenzunehmen, die mit der laufenden Verwaltung des gemeinschaftlichen Eigentums zusammenhängen;
3. Willenserklärungen und Zustellungen entgegenzunehmen, soweit sie an alle Wohnungseigentümer in dieser Eigenschaft gerichtet sind;
4. Maßnahmen zu treffen, die zur Wahrung einer Frist oder zur Abwendung eines sonstigen Rechtsnachteils erforderlich sind;
5. Ansprüche gerichtlich und außergerichtlich geltend zu machen, sofern er hierzu durch Beschluß der Wohnungseigentümer ermächtigt ist;
6. die Erklärungen abzugeben, die zur Vornahme der in § 21 Abs. 5 Nr. 6 bezeichneten Maßnahmen erforderlich sind.

(3) Die dem Verwalter nach den Absätzen 1, 2 zustehenden Aufgaben und Befugnisse können durch Vereinbarung der Wohnungseigentümer nicht eingeschränkt werden.

(4) <u>Der Verwalter ist verpflichtet, Gelder der Wohnungseigentümer von seinem Vermögen gesondert zu halten. Die Verfügung über solche Gelder kann von der Zustimmung eines Wohnungseigentümers oder eines Dritten abhängig gemacht werden.</u>

(5) Der Verwalter kann von den Wohnungseigentümern die Ausstellung einer Vollmachtsurkunde verlangen, aus der der Umfang seiner Vertretungsmacht ersichtlich ist.

Literaturverzeichnis

Wolf-Dietrich Deckert: Mein Wohnungseigentum. Freiburg i. Br. 1987²

Dieter Diemann: Brüllen wie ein Baulöwe. München 1985

Klaus Kempe/Ernst Haible/Ha. A. Mehler: Ratgeber Bank, Tips und Tricks für den kritischen Bankkunden. München 1987

Klaus Kempe/Ha. A. Mehler: Der Millionencoup. Bonn-Bad Godesberg 1987

Klaus Kempe/Ha. A. Mehler: Wie man mit Immobilien ein Vermögen aufbaut. Bonn-Bad Godesberg 1987²

Ha. A. Mehler/Ernst Haible: Geld. Vermögen bilden, Steuern sparen. München 1987²

Ha. A. Mehler/Klaus Kempe: Wie mache ich mich als Immobilienmakler selbständig. Bonn-Bad Godesberg 1987³

Henning von Muellern: Fachwörterbuch für Immobilienmakler. Kissingen 1982

Gerd Stuhrmann: Steuertips zum Haus- und Grundbesitz. Köln 1987²

Register

Abgeschlossenheitsbescheinigung 170
Abnahmeprotokoll 172
Abschreibungen 215
 –, lineare 215 f.
 –, degressive 215 f.
 –, Paragraph 10 e 215 f., 218, 221 ff.
Anbieter 104
 –, gewerbliche 104
 –, private 105
Anderkonto (Notar) 170
Annuitätsdarlehen (Tilgungsdarlehen) 193, 201 f., 204
Anstrich für Decken und Wände 70
Anzeigen (Käufer) 107
 – (Verkäufer) 238
Arbeitnehmer-Darlehen 180
Auflassungsvormerkung 172
Aufteilungsplan 122
Aufwendungszuschüsse 181
Außenputz 85
Ausstattung, optimale 34

Badewannen 87
 Stahl- 87
 Acryl- 87
Balkone 71
Bankinstitute 182
 –, öffentlich-rechtliche 182
 –, privatrechtliche 182
Bauherrengesellschaft 138
Bauherrenmodell 136
 –, Check-Plan 143
Baukindergeld 224
Baulastenbuch 122

Bauliche Veränderungen 253
Baumängel-Gewährleistung 123
Bauplanungsamt 48
 –, bauliche Fragen 48
 –, Baugesetzbuch 49
Bauspardarlehen 182
Bautätigkeit 27
Bauträgermodell 160
Bauzeitzinsen 145
Bebauungsplan 50
BGB-Gesellschaftsvertrag 138
Bidet 88
Bodenablauf im Bad 88
Bodenbelag, textiler 82
Bodenplatten, keramische 82

Comfort-Siegel

Decken 72
degressive AfA 215 f.
Denkmalpfleger 53
Disagio 141, 190 f., 195, 219
Dreilagigkeit des Putzes 85
Dreischeiben-Isolierglas 79

Edelkratzputz 85
Eigenmittel 178
Eigentümerversammlung 252
Eigentumswohnung, Check-Plan 95
 – (Verkauf) 225
Einhandarmaturen 87
 –, Mischbatterie 88
Einheitswert 227 f.
Einrohrheizungen 83
Elektroinstallation 72

Erhaltungsaufwand 156
Erhaltungsmodell 155
Erschließungskosten 122
Ertragskraft 186, 196
Erwerbermodell 146
Estrich 81
–, Zement 81
–, Anhydrit 81
Etagenheizung 83

Faltblatt 73
Familienzuwachsdarlehen 181
Fenster 78
–, Holz 78
–, Kunststoff 78
–, Aluminium 78
–, Drehflügel 79
–, Drehkippflügel 79
Fertigbaumaße 92
Festdarlehen (Fälligkeitsdarlehen) 195
Feststellungsverfahren 124
Feuchtigkeitsausgleich 72
Fichtenholz 79
Finanzierungsvermittlungsverträge 138
Fliesen 80
–, Steingut 81
–, Steinzeug 81
–, Uni 81
–, geflammte 81
–, Dekor 81
Förderung (Wohneigentum) 221
Fußboden 81
Fußbodenheizung 83

Gasbetonsteine 85
Gasetagenheizung 84, 120
Geldmengenwachstum 30

Gemeinschaft gegen Dritte 122
Gemeinschaftsheizanlage 120
Gemeinschaftsordnung 121, 138
Genossenschaftsbanken 183
Gerichtsverfahren 122
Geschäftsbesorgungsvertrag 138 f.
Geschoßflächenzahl (GFZ) 50
Gewährleistungspflicht 69, 172
Gewerbegebiete 50
Grundbuch 168, 170
Grunderwerbsteuer 226, 231
Grundflächenberechnung 93
Grundflächenzahl (GRZ) 50
Grundsteuer 228
Grundsteuervergünstigungen 230
Grundtabelle (Steuertabelle) 210
Gußasphalt 81

Handelsware 81
Hausordnung 254
Hebedrehkippflügel 79
Hebesatz 228 f.
Heizungsinstallation 83
Herstellungsaufwand 158
Holzmaserung 79
Holzzargen 90

Immobilienangebote 107
Immobilienphilosophie 135
Industriegebiete 50
Innenputz 86
Instandhaltungsrücklage 251
Investitionsphase 218
Investment, Immobilien 209

Kalksandsteine 85
Kalk- und Leimfarben 70
Kalkzementputz 85
Kapitalmarkt 28
Kaufmotive 241
Kaufphase 147
kinderreiche Familien (zinslose Baudarlehen in NRW) 181
Körperschall 89
Kratzputz 85
Kreditgenossenschaften 183
–, gewerbliche (Volksbanken) 183
–, landwirtschaftliche (Raiffeisenkassen) 183
Kunstharz-Dispersionsfarben 70
Kunststoffputz 85

Lebensversicherungen 198
Leichtbeton-Hohlblocksteine 85
Leim- und Kalkfarben 70
lineare AfA 215 f.
Loggien 71
Luftschall 89
LV-Darlehen 201 ff.

Makler (Check-Liste) 235
–, Provision 235
–, Vertrag 236
Maklerfirma, Seriosität 134
Makrostandort 41
–, zweitklassiger 55
Mauerwerk 85
Merkblatt M 73
Metallbedampfung 79
Mietzins, steigender 27
Mikrostandort 41, 47
–, erstklassiger 55

Mindersortierung 81
Mindestraumgrößen 92
Mindest-Schallschutzdämmung 89
Mischgebiete 49
Miteigentumsanteile 169
Mobilität, berufliche 45

Nebenkosten 220
Nettoeinkommen 189
Nord-Süd-Gefälle (Gesamtindex) 42
Notar-Anderkonto 170
notarieller Vertrag 169

Ölzentralheizung 84

Paragraph 10 e 215 f., 218, 221 ff.
Parkettfußboden 82
Pflichten des Eigentümers 249
Planungsamt 52
Porenziegel 85
Preis-Wert-Verhältnis 34
Putz 85

RAL-Gütezeichen 79
Rauhputz 85
Realkreditinstitute 183
Rechte des Eigentümers 249
Reservierungsvertrag 168
Rigipsplatten 72
Ring Deutscher Makler (RDM) (Adressen) 114
Rohbaumaße 92
Rubrum (Notar) 169

Sanierungsmaßnahmen 52
Sanitärinstallation 86
Schadenersatzansprüche 124
Schalldämmung 89

267

Schallschutzklasse 80
Schlagregenschutz 90
Selbstauskunft 186
Sickerwasser 71
Sipo-Mahagoni 79
Sonderausgaben 223
Sondereigentum 169
soziologische Entwicklung 27
Splittingtabelle (Steuertabelle) 210
Stahlzargen 90
Standort 34
   Ausland 35
      London 36
      New York 36
   BRD 40
   Check-Plan 60
Steuermeßzahl 228 f.
Steuertabelle 210

Teileigentum 169
Teilungserklärung 138
Teppich-Siegel 82
Terrassen 71
Tiefbauamt 52, 56
Tiefspülklosett 87
Tierhaltung 121
Tilgungsstreckungs-Darlehen 195
Türen 90

Überbrückungs- und Vorschaltdarlehen 181

Verband Deutscher Makler (VDM) (Adressen) 115
Verdingungsordnung für Bauleistungen (VOB) 69
Verkaufsgespräch (Verkäufer) 241
Vermessungsamt 52
Vermietungsphase 148
Vermögensstatus 186
Vermögensteuer 227
Versammlungsprotokolle 122
Versicherungen 197
Verwalter 249
Verwaltervertrag 138
Verwaltungsbeirat 250
Vertrag, notarieller 169
Verzugszinsen 171
Vollholztür 90
Vorschaltdarlehen 195

Wandurinal 88
Wärmedämmung 91
Warmwasser-Zentralheizung 83
Wasserinstallation 120
WC 87
Werbungskosten 141, 161, 224
Werkerstellungsvergütung 171
Wertbestimmung (Immobilie) 125
Wirtschaft, blühende (Standort) 44
Wirtschaftslage, allgemeine 25
Wirtschaftsplan 251
Wohngebiet 49
–, reines 49
–, allgemeines 49
Wohngeld 121, 250
Wohngeldrückstände 122
Wohnungseigentumsgesetz (Auszug) 255
Wohnungsschnitt 92

Ziegelsteine 85
Zinskosten 219
Zinssatz, variabler 195
Zurückbehaltungsrecht 171
Zwangsvollstreckungsunterwerfungsklausel 172
Zweirohrheizungen 83
Zweischeiben-Isolierglas 78 f.

HEYNE RATGEBER

Recht und Steuern im Heyne-Taschenbuch

08/4997 - DM 7,80

08/4959 - DM 7,80

08/9126 - DM 7,80

08/9049 - DM 7,80

08/9149 - DM 7,80

08/9119 - DM 8,80

08/9060 - DM 10,–

08/9124 - DM 7,80

Jeder will dabei sein – alle wollen Bescheid wissen: Bücher, die sagen, was Sache ist!

Wolfgang Brenneisen
Survival in der Schule
Tricks für Lehrer – und was Schüler daraus lernen können
01/7611

Helmut Dietl/
Anita Niemeyer
Münchner Geschichten
Szenen einer Stadt
01/7609

Helmut Dietl/
Patrick Süskind
Kir Royal
Aus dem Leben eines Klatschreporters
01/6881

Das Lexikon der Rache
Hinterhältige Rezepte für den Alltag und die besonderen Gelegenheiten
01/6884

Bernhard Ludwig
Anleitung zum Herzinfarkt
Leb schneller, besser – kürzer
01/6988

Andreas Lukoschik
Ganz schön shaky
Die Schicki-Micki-Sprache
01/6688

Programmänderungen vorbehalten.

**Wilhelm Heyne Verlag
München**

Leo's In & Out Führer '89
Der Leitfaden duch Moden, Trends und Wellen
01/7739

Pardon
Das große Buch der Ausreden und Entschuldigungen
01/6651

Claudia und
Reinold Fischer
Mach mit!
Aktiver Umweltschutz zuhause
08/9118

Tobias Mündemann
Die 68er
... und was aus ihnen geworden ist
10/53

Öko-Atlas Bundesrepublik Deutschland
Karten – Tabellen – Statistiken
10/31

Thomas Jeier/
Hans-Georg Fischer
Das Coca Cola Kultbuch
100 Jahre Coke
18/60

Ronald M. Hahn/
Volker Jansen
Kultfilme
32/73

Heyne Sachbuch

DAS HEYNE SACHBUCH – die modern und zeitgemäß konzipierte Sachbuchreihe. Themen aus Wirtschaft, Zeitgeschichte, Wissenschaft und Kultur. Originalausgaben ebenso wie Lizenzen erfolgreicher Hardcover-Ausgaben in sorgfältig ausgestatteten Taschenbüchern.

19/1

19/5

19/10

10/4

19/6

19/11

Wilhelm Heyne Verlag München

Praktische Lebenshilfe in Lebenskrisen

HEYNE RATGEBER

Bücher, die Mut machen, denn es gibt immer einen Ausweg.

08/9166

08/9203

08/9157

08/9152

08/9170

08/9147

Wilhelm Heyne Verlag München